KB212651

눈빛을 반짝이게 하는 글 마음에 길이 남는 글

책벌레 선생님의
행복한
글쓰기

혼잣말 반복해서 하는 글 비틀어 잡게 보는 글

책벌레 선생님의
**행복한
글쓰기**

2015년 1월 15일 처음 펴냄
2017년 9월 20일 3쇄 찍음

지은이 권일한
펴낸이 신명철
펴낸곳 (주)우리교육
등록 제 313-2001-52호
주소 03993 서울특별시 마포구 월드컵북로 6길 46
전화 02-3142-6770
팩스 02-3142-6772
홈페이지 www.uriedu.co.kr
인쇄 천일문화사

이 도서의 국립중앙도서관 출판시도서목록(CIP)는
e-CIP홈페이지(http://www.nl.go.kr/ecip)에서 이용하실 수 있습니다.
(CIP 제어번호:CIP2015000997)

눈빛을 반짝이게 하는 글 마음에 깊이 남는 글

책벌레 선생님의
행복한
글쓰기

권일한 지음

우리교육

일러두기
아이들 글은 쓸 때 학년과 이름을 표시합니다. 이름을 밝히기 곤란한 글은 무명으로 표시합니다.
아이들 글은 띄어쓰기와 맞춤법을 바로잡았습니다. 인용구는 각주로 출처를 밝힙니다.

순수하고 꾸밈없는 마음으로
깊이 담아 둔 이야기,
꺼내 놓으면 아픈 이야기까지
진솔하게 쓴 제자들 모두 고맙습니다.
아이들을 만나게 하신 하나님께 감사드립니다.

들어가며

아이가 쓴 글을 오만 편 넘게 읽었습니다. 이만 편가량 답글을 썼고 수천 편을 함께 고쳤습니다. 글만 봐도 어떤 아이인지 알 것 같습니다. 글에는 가정환경, 성격, 독서 이력, 글 쓴 경력이 묻어납니다. 저는 글로 아이를 만나고 글로 마음을 나누며 글로 아이를 기억합니다. 아이는 글을 쓰며 기뻐하고 부모는 놀랍니다. 글이 마음을 흔듭니다.

하찮게 보이는 일이라도 아이 눈에 띄면 굉장해집니다. 글은 그저 그런 일을 굉장하게 만들고 아이를 빛나게 만듭니다. 모래 한 알에서 우주를 보고* 우주를 모래에 담습니다. 무엇을, 어떻게 표현하는지 모를 뿐이지 아이는 모두 작가입니다. 어린 시절을 지낸 사람이라면 누구나 평생 동안 쓰고도 남을 만큼의 풍부한 자료를 갖고 있습니다.** 쓰고 또 써도 새로운

* 윌리엄 블레이크가 지은 시 〈순수의 전조〉 첫 문장.
** 앤 라모트 지음, 송정희 옮김, 《글쓰기 잘 쓰기》, 중앙일보사, 1996. 33쪽에 있는 플래너리 오코너의 말을 재인용.

이야기를 꺼냅니다.

아이가 글쓰기를 싫어하나요? 누군가 나쁜 짓을 했네요. 마음을 표현하는 즐거움 대신 경쟁을 심었네요. 형식과 요령을 앞세워 꼼짝 못하게 묶어 버렸네요. 마음에 불이 붙을 때까지 기다리지 않고 억지로 쓰게 했네요. 잘못 배운 태도, 정답을 써내려는 마음을 씻어 내야 풍성하게 씁니다.

꽃

배강길(6 남)

학교 마친 뒤 집에 가다가 한 불쌍한 꽃을 보았다.
바위 틈 사이에서 뿌리를 내려 빛도 받지 못하고 있다.
같은 종류의 다른 꽃은 주위 평지에 많이 나 있다.
하필 왜 이 꽃은 여기에 뿌리를 내려서 고생을 할까?

도와주고 싶어서 돌을 치우려고 했지만
내가 들기에는 너무 큰 돌이다.
다른 꽃과 달리, 잎도 마르고 꽃도 거의 다 떨어지고 없다.
왜 하필 많고 많은 땅 중에 거기니?
돌을 깨부수어서라도,
다시 파서라도 구해 주고 싶다.

하지만 그러다가 꽃만 더 안 좋아질까 봐 그냥 뒀다.

그냥 두고 가는 발걸음이 약간 무거웠다.

꽃을 도와주진 못해도 이름은 지어 주었다.

이름은 '희망꽃'이다.

꽃에게 희망이 있어 보여서다.

강길이는 산골 분교에 다닙니다. 한쪽에는 개울과 논이 있고 다른 쪽에는 돌담이 산비탈을 막아섭니다. 6년 내내 오가는 길에서 돌담 틈에 핀 꽃을 봅니다. 멋지지도 화려하지도 특별하지도 않습니다. 사방에 들꽃이 가득한데 '한 불쌍한 꽃'이 마음을 채웁니다. 날마다 지나다니는 길 한구석에 핀 꽃을 보고 마음에 꽃을 피웁니다.

강길이는 소유 양식이 아니라 '존재 양식'*으로 꽃을 바라봅니다. 멋지고 예쁘지 않지만 홀로 버티는 꽃을 귀하게 여깁니다. 예쁘건 아니건, 공부를 잘하건 못하건, 존재 자체가 귀합니다. 꽃을 살리겠다고 나무를 베고 돌을 옮기고 풀을 뽑아 버리지도 않습니다. 힘겹게 버티고 있는 생명을 눈여겨보지 않으면 "다 너 잘되라고 그러는 거야!" 하며 억지로 학원에 보내고 글을 쓰게 합니다. 자기만족을 위해 아이를 희생시킵니다.

'그럼 어떡해요? 다른 아이는 잘 자라는데 내 아이만 바위 틈에 놔두나요?' 강길이도 돌을 깨부수고 파내서 꽃을 구해

• 존재 양식과 소유 양식에 대해서는 에리히 프롬의 《소유냐 존재냐》를 참고하세요.

주고 싶지만 강제로 화분에 옮겨 심지 않습니다. '꽃만 더 안 좋아질까 봐!' 꽃을 먼저 생각하고 자기 뜻을 포기합니다. '도와주려 했지만 할 수 없지 뭐! 네 탓이니 알아서 해라!' 하지도 않습니다. 존재 가치를 인정하며 꽃을 품습니다. 기대하며 지켜봅니다. 희망꽃! 이름을 지어 주다니 굉장합니다.

어떤 분이 강길이 담임선생님께 "권 선생 옆에서 지켜봤잖아? 어떻게 하면 글쓰기 지도를 잘할 수 있어?" 묻습니다. 선생님은 "기술이 아니라 삶이야! 곁에서 살아 봐야 알지 기법을 배운다고 되는 게 아냐!" 합니다. 글쓰기는 기법이 아닙니다. 강길이가 꽃을 보듯 아이를 바라보세요. 방법보다 마음을 살피세요. 가르치기 전에 먼저 마음을 나누세요. 소망을 품고 아이를 바라보세요. 아이는 '희망꽃'입니다.

저도 처음에는 방법을 찾았습니다. 일기와 시 지도법을 배우고 도움을 받았습니다. 연수를 받고 책도 봤습니다. 배우지 않았다면 저도 없습니다. 그러나 방법은 스스로 장애물을 뛰어넘게 만들지 못합니다. 어려움을 만났을 때 한두 번 실패하면 어른도 포기합니다. 아이는 얼마나 더하겠습니까!

좋아하는 일이라면 하지 말라고 말려도 기를 쓰고 합니다. 장애물을 만나면 스스로 뛰어넘을 방법을 찾습니다. 부딪치고 쓰러져도 다시 일어납니다. 글쓰기를 잘하려면 좋아하게 만들어야 합니다. 실패하더라도 희망을 잃지 않고 다시 해 보려는 마음을 심어 줘야 합니다. 이건 방법에서 나오지 않습니다.

위태한 현실에 힘겹게 뿌리내리고 있는 아이를 볼 때면 강길이와 꽃이 생각납니다. 글쓰기를 힘들어하는 아이를 만나면 '희망꽃'을 떠올립니다. 작은 속삭임에 귀를 기울이세요. 머리가 아니라 마음으로 받아들이세요. 글쓰기 지도법보다 '아이 마음에 무엇이 있을까? 어떻게 해야 감춰 둔 이야기를 꺼낼까?' 고민한 과정을 읽어 주세요. 여러분이 만나는 아이를 '희망꽃'으로 봐 주세요.

"희망을 가지세요. 자신에게도, 아이에게도."

차례

1.
마음을
바꾸고
시작하세요

당신이 배를 만들고 싶다면,
사람들을 모아 목재를 가져오게 하고
일을 지시하고 일감을 나눠 주는 일들을 하지 마라.
대신 그들에게 저 넓고 끝없는 바다를 그리워하게 하라.
_생텍쥐페리

어느 문명이든 궁극적인 시험대는 아이들을 어떻게 하느냐에 달려 있다.
_재커라이어 ●

글쓰기는 자신을 읽는 과정을 거친다.
내 안에 무엇이 들어 있나 살펴보고
그걸 어떻게 보여 줘야 하나 고민해서
다시 찾아볼 수 있도록 종이 위에 드러내는 것이다.
_권일한

● 제라드 리드 지음, 김병제 옮김, 《C. S. 루이스의 일곱 가지 악과 선》 누가, 2004,
135쪽.

1. 글을 쓰기 싫어한다고요?

"선생님, 글을 쓴다는 건 행복한 것 같아요. 글을 쓰면서 나 자신을 돌아볼 수 있으니까요. 다른 학교 가서도 행복함을 나누어 주세요."

동막분교 진가원

글을 쓰면서 행복해하는 아이를 생각해 보세요. 씩 웃게 만드는 글을 떠올려 보세요. 기억나시나요? 가슴 저린 글을 만나 보셨나요? 글쓰기를 좋아하는 아이, 마음이 따뜻해지고 웃음 짓게 하는 글을 쓰는 아이, 감춰 둔 아픔을 글로 풀어내는 아이를 보셨나요? 제 마음에는 가원이가 많답니다.

아이들은 글쓰기를 싫어합니다. 생각은 하기 싫고 글은 써야 하니 한 일만 늘어놓습니다. 일기에 쓸 내용 만들어 주려고 일부러 외식하는 집도 있습니다. 한 줄도 못 쓰고 멍하게 앉아 있는 아이는 어디가 문제인지도 모릅니다. 일기에 한 일만, 독서 감상문에 줄거리만 쓰는 아이는 '느낌'이 무엇인지, '생각'을 어떻게 쓰는지 몰라서 안 씁니다.

어른은 비교와 평가, 지적에는 빠르지만 기다림에는 느립니다. 가르쳐 주지 않으면서 윽박지르고 강요합니다. 도와주기는 커녕 "아무거나 쓰지 뭘 그리 고민하느냐"고 화를 내어 아이를 힘들게 합니다. 차근차근 알려 주지 않고 빨리 결과를 만들어 내라고 압박하면 튕겨 냅니다. "왜 날마다 이렇게 쓰냐? 진짜 미치겠네!", "일기 썼니? 아직도 안 쓰고 뭐해?", "빨리 일기 쓰고 자라!" 이런 말 들으면 글쓰기를 싫어하겠죠. 자기를 표현하는 기쁨을 알기 전에 글쓰기에 질립니다.

초등학교 1학년, 일기 쓰기 시작하자마자 간섭합니다. 글씨도 제대로 모르는데 맞춤법과 띄어쓰기 틀리지 마라 합니다. 막 싹이 난 아이에게 꽃 피우라 요구합니다. 부모 약점이나 교사 실수는 못 쓰게 합니다. 지나친 이야기는 적당히 고치고, 괜찮은 이야기는 그럴듯한 이야기로 바꿉니다. 아이가 쓰고 싶은 글이 아니라 어른 기준에 맞게 다듬고 꾸며 내라 합니다.

이렇게 배운 아이는 글을 포장하는 거라 생각합니다. 포장은 기술이 필요하고, 기술은 몇 사람만 갖고 있습니다. 몇 번 포장했는데 신통치 않으면 포기합니다. 내용보다 포장지에 관심을 둔다면 누가 쓰겠습니까! 학원에 가면 더 심각한 일을 겪습니다. 빨간 펜으로 줄을 그어 댑니다.

붕어빵을 먹고 쓴 일기에 빨간 줄이 잔뜩 그어져 왔습니다. 줄 바꾸기, 문단 나누기와 맞춤법 고치기를 해 놓았고 공책

끝에는 "부모님께도 갖다 드려야겠다, 이렇게 써야지!"라고 적혀 있습니다. 붕어빵 먹은 게 좋아서 기분 좋게 쓴 글을 '짜증 대마왕'으로 만들었습니다. 빨간 줄 그으며 개요 짜기와 효도를 가르치면 잠깐 잘 쓰는 것처럼 보여도 요령만 늘어납니다.

학원에서는 돈 받은 만큼 변화를 보여 주어야 하므로 글을 고쳐 보냅니다. 아이 실력이 아닙니다. 빨간 줄은 '학원에서 잘 가르치고 있다'고 보여 주는 어설픈 짓입니다. 속지 마세요. 부모가 빨간 줄 첨삭에 흐뭇할 동안 아이는 자기만의 생각을 잃습니다. 스티븐 킹은 유치한 글을 25센트에 사 준 엄마가 있어서 계속 글을 썼습니다. 유치하게 보이는 글에 박수를 보내세요. 아이는 사랑하는 사람이 기뻐하는 모습을 보고 자랍니다.

황선준 박사는 스웨덴 여성과 결혼하고 스웨덴 국립 교육청에서 일했습니다. 자녀에게 한글을 가르치려고 토요 한글학교에 보냈는데 풀이 죽어 왔습니다. 사과를 까만색으로 칠했더니 한글학교 선생님이 빨강이나 파랑으로 다시 칠하라고 했답니다. 아이가 그린 사과가 사과인지 배인지 구분이 안 간다는 말에, "언제나 정답이 있고, 그것을 벗어나면 틀렸다는 교육, 까만 사과는 있을 수 없고 배같이 생긴 사과도 있을 수 없다는 교육, 이런 교육으로 인해 스웨덴에서 얼마나 힘든데 내 아이에게마저 그런 교육을 시킬 수는 없었다. 한국어를 가르치려고 창의력을 자르는 것보다 한국어를 가르치지 못해도 창의력을 살리는 게 훨씬 중요하다고 확신했다. 언어는 어른이 되어서도 배울 수 있지만, 창의력은 어릴 때 잘라 버리면 다시 싹 틔우기 어렵다. 그리고 아이가 행복하게 자라는 것이 무엇보다 중요하다."며 다시는 한글학교에 보내지 않았습니다.●

많은 부모가 똑같은 모양과 색깔로 그리도록 가르치는 사람에게 아이를 맡깁니다. 문학평론가 도정일은 "대학 논술 채점에서 80퍼센트가량의 글이 내용이 같거나 비슷합니다. 단답형이 아닌 천 자 분량의 글이 그렇게 비슷할 수 있다니 놀라운 일입니다. 모두 논술 교재나 학원 강의 자료에서 갖고 온 것이겠지요."●●라고 말합니다. 정답을 찾는 글은 공장에서 찍어 낸 제품을 양산합니다. 대부분 '부모님께 붕어빵 갖다 드려야지!'로 끝납니다.

부모 마음을 이해합니다. 논술, 에세이, 자기소개를 잘 써야 한다는데 아이는 일기도 제대로 못 씁니다. 어쩔 수 없이 책과 강사에게 맡깁니다. '단기간에 배우는 글쓰기!', '논술 일주일 만에 완성하기', '자기소개서 쓰기 비법'은 속임수입니다. 독서와 글쓰기는 빠른 정보로는 이루지 못합니다. 차근차근 꾸준히 쌓지 않으면 무너집니다. 쉽게 익힌 요령은 열매를 맺지 못합니다. 한때의 쓰라린 추억만 남기고 끝납니다.

글은 창조의 열매입니다. 모범 답안을 내세우면 '보여 줄 만한 내용, 정답 냄새 풍기는 글'을 넘지 못합니다. 형식에 매인 똑같은 글, 가치 없고 딱딱한 글을 넘어 생각을 자유롭게 펼

● 황선준 지음, 《금발 여자 경상도 남자》, 한언, 2012, 197~199쪽. 세 자녀 중 첫째는 한국에서 대학을 졸업했으며 둘째와 셋째는 한국어 연수를 1년 받고 스웨덴으로 돌아갔습니다.
●● 도정일 외 지음, 《글쓰기의 최소 원칙》, 룩스문디, 2008, 23쪽.

쳐야 합니다. 자기 이야기가 없으면 애매한 내용, 자신 없는 내용, 핵심 없이 두루뭉술한 내용을 씁니다. '글의 형식, 맞춤법과 띄어쓰기, 문단 구성'보다 진실한 마음이 중요합니다.

일기

선생님께

○○○(5 여)

선생님, 전 시험을 위해 열심히 공부를 해요. 그런데 자신이 없어요. 백 점 맞을 자신이. 전요, 시험 기간일 때가 제일 싫어요. 학교 가기 싫고 때론 40점 나올까 봐 가슴이 터질 것 같고. 전 선생님이 하시는 말 중에 가장 무서운 말이 '시험 어렵게 낸다'예요. 시험이 어려워더라도 쉽다고 해 주세요. 쉽다고 해 주시면 왠지 모르게 자신감이 생겨요. '백 점 맞겠지 쉬우니까 더 공부해서 백 점 맞아야지!' 그런데 시험 문제가 어렵다고 할 때 '미치겠다. 40점 맞으면 어떻게 해? 시험 때문에 학교를 포기하겠다'는 마음도 들어요. 늦었지만 시험 쉽다고 해 주세요.

선생님, 저희 반에 죽고 싶다는 생각을 하는 친구가 있어요. 누구와 누구! 그리고 저요. 누구는 부모님 안 계실 때 베란다에 다리 한쪽을 넣은 적이 있대요. 누구가 죽고 싶다는 이유는 자기 때문에 부모님이 우신 적이 있어서 그래요. 전 친구들 때문에 스트레스 받아서예요. 항상 저 보고 ○○○이라고 해요. 전 그걸 기분 좋게 받아들이는데 사실은 그게 아니에요. 솔직히 기분 드럽고 짜증나요. 전 ○○○이라는 말이 싫어요. ○○○이라는 말을 들으면 울고 싶고 머리가 아파 오기 시

21

작해요. 절 ○○○이라고 놀리는 친구들을 빨간 펜으로 이름을 쓴 다음에 분신사바를 외쳐요. 저 못됐죠! 그런데 그렇게 하고 나면 되게 속 시원해요. 선생님께서 모르시던 제 고민 오늘 일기에 다 적었어요.

아이들이 바쁩니다. 행복한 추억을 만들어야 할 때에 학원을 돌고 대학에 짓눌립니다. 시험에 뭉개지고, 등수에 눌리며 해야 할 일에 떠밀립니다. 마음을 어디에 두어야 할지 몰라 난간을 위태하게 겁니다. 간섭으로만 살아온 아이는 어느 순간 꼼짝도 않습니다. 쉬지 않고 달리다가 덜컥 멈춰 섭니다.

누가 글을 쓰겠습니까? 쓴다고 해도 '숙제'처럼 생각 없이 써 버립니다. 조용히 하루 일과를 돌아보라고요? 지나친 요구입니다. 시간만 나면 컴퓨터와 스마트폰에 빠집니다. 술과 스포츠, 쇼핑과 드라마에 빠지는 어른 뒤를 따릅니다. 글을 쓰지 않습니다. 지금의 글쓰기는 강길이가 본 꽃처럼 위태하게 버티고 있습니다.

좋은 성적, 논술 통과만을 위한 글에는 마음이 담겨 있지 않습니다. 마음이 담기지 않은 글은 스르르 사라집니다. 쓰고 싶은 마음이 생겨야 합니다. 마음의 용광로에 불이 붙으면 활활 타올라 불꽃을 튀깁니다. 어떤 형편에 있건 아이들은 글로 저를 감동시켰습니다. 자기만의 생각이 드러난 글을 보면 잃었던 물건 찾은 듯 기쁩니다. 해마다 그런 아이를 만납니다. 글이 아이를 불태우는 순간은 반드시 옵니다. 무얼 해야 할까요?

2. 잘못된 가르침을 돌이켜 보세요

글을 잘 쓰려면 '무엇'을 '어떻게' 쓸지 알아야 합니다. 작가는 자기만의 형식(어떻게)에 맞는 내용(무엇)을 찾습니다. 시인은 시로, 소설가는 소설로 쓸 내용을 생각합니다. 학생은 무엇을 어떻게 쓸지 배웁니다. 한 사람이 여럿을 가르칠 때는 형식 먼저 가르치는 방식이 쉽습니다. '가을을 주제로 시를 쓸까? 가을에 관한 책을 읽고 독서 감상문을 쓸까? 가을에 겪은 일을 수필이나 기행문으로 쓸까?' 하면 가르치기도 평가하기도 힘듭니다.

교과서는 내용과 분량, 시간까지 정해 주고 어떻게 쓸지 가르칩니다. 시의 형식을 아는 아이가 마음을 울리는 시를 쓰나요? 설명문을 아는 아이가 설명하는 대상을 가치 있게 여기나요? 논설문에 주장할 수밖에 없는 절절한 마음을 담아내나요? 학원에 가고, 일기를 쓰고, 학교에서 글을 쓰지만 자기만의 색깔을 내지 못합니다. 시간이 지날수록 글이 딱딱해지고 형식만 남습니다.

형식을 내세우면 내용이 비슷해집니다. 아무리 그릇이 좋아도 똑같은 음식만 담아 놓으면 가치가 없습니다. 마음이 먼저이고 기법은 나중입니다. '쓰고 싶은 무엇'이 없으면 '어떻게'를 알아도 쓰지 않습니다. 생각하기 전에 정답을 강요하면 연료 없는 자동차처럼 멈춰 섭니다. 시험문제는 잘 풀지만 글을 쓰지는 않습니다.

당장 필요가 절실한 부모는 형식을 이해하고 정답을 찾는 능력을 원합니다. 논술 쓰는 법, 작문법과 글 고치는 법, 개요 짜는 법 등등 기법을 배워 학습력을 높이려 합니다. 앞서 가겠다고 선행 학습을 시킵니다. 선행 학습은 공부 잘하는 방법 조사에서 19위입니다. 몇몇 아이에게만 효과가 있다는 뜻입니다.

독일에서는 다른 아이가 질문할 기회를 빼앗고 교사의 수업권을 방해한다며 선행 학습을 금지합니다. 알파벳과 단어 몇 가지를 배우고 1에서 20까지 덧셈, 뺄셈을 반복하는 데 1년을 보냅니다. 손가락, 발가락을 쓰더라도 스스로 방법을 찾을 때까지 지켜보며 기다립니다. 그런데도 세계경제포럼 국가 경쟁력 순위는 6위(2014년 현재)입니다.

독일도 한때는 형식에 치중해서 주입식 교육제도와 선진 학습법을 수출하기까지 했습니다. 선진 학습법은 전쟁과 우월주의를 낳았고, 뛰어난 한두 명이 다수를 먹여 살린다는 생각에 매여 히틀러를 따랐습니다. 지금 독일은 한두 명만 뛰어나기보다는 모두가 깊이 있는 사고를 하기 바라는 나라가 되었습니다.* 우리는 과거 독일의 실수를 되풀이하고 있습니다.

영상 매체도 글쓰기를 방해합니다. 생각을 빼앗아 가고 단순하게 반응하게 만듭니다. 아이는 원래 단순합니다. '참 좋았다.'라고 쓰지, 무엇이 어떻게 좋았는지 설명하지 않습니다. 영상에 매이면 더 심해져서 '쓸 게 없다, 생각이 안 난다.' 합니

* 〈지식채널e〉 727편 '공부 못하는 나라'를 참고하세요.

다. 열심히 생각하라고 윽박지를까요? '강압'은 '생각'을 뚫지 못합니다. 여러분이 책상에 앉아 써 보세요. 억지로 생각을 꺼내 문장으로 옮기는 일이 얼마나 어려운지!

저희 집에는 텔레비전이 없고 두 아이는 핸드폰 없이 삽니다. 학원도 안 다녀서 수업 끝나면 책 읽거나 놉니다. 복습만 조금씩 합니다. 숙제를 인터넷으로 하면 도와주지 않고 알아서 하게 놔둡니다. 제게 도와 달라고 하면 같이 책을 찾습니다. 실컷 놀면서 성적도 좋습니다. 형식에 매이지 않고 내용을 붙들기 때문입니다.

제가 만난 '기막히게 글을 잘 쓰는 아이'는 학원이라고는 가 본 적이 없습니다. 간섭받지 않은 아이는 씨만 뿌려도 쑥쑥 자라 열매를 맺습니다. 도시로 갈수록, 글쓰기를 오래 배울수록 힘듭니다. 어설프게 배운 내용이 마음을 굳게 하고 잘못된 습관을 만들어 방해합니다. 잘못 배운 걸 씻어 내는 데 시간이 더 걸립니다.

형식과 결과를 내세우는 병에서 벗어나 '자기만의 생각'을 써야 합니다. 글을 쓰면서 표현하는 기쁨을 누려야 합니다. 소설가 안정효는 다른 학생들이 스타인벡의 대표작이 무엇인지 정답만 암기하는 동안 스타인벡의 소설 스무 권을 읽어 "보람과 포만감"에서 격차가 벌어졌다고 합니다. 글을 쓰면서 보람을 느끼고 가슴이 부풀어 올라야 합니다.

• 김용택 외 지음, 《내 인생의 글쓰기》, 나남, 2008, 171쪽.

글은 쓰는 행위 자체가 아름답습니다. 얼마나 아름다운지, 마음을 털어놓고 시원한 느낌을 맛보면 단계를 뛰어넘습니다. 공부 못하고 글쓰기도 싫어했지만 글쓰기에 재미를 붙여 공부에도 관심을 가진 아이를 꽤 봤습니다. 쓰고 싶은 마음을 가지면 말썽꾸러기가 형식을 배우겠다고 귀를 기울입니다.

자연스럽게 이끌어야 합니다. 첫걸음도 떼기 전에 육상 선수처럼 뛰라고 강요하면 움츠러듭니다. 아이와 함께 달리기를 하려면 첫걸음 뗄 때 손뼉 치며 기뻐해야 합니다. 뒤뚱뒤뚱 걷다가 아장아장 걸을 테고, 나중에는 이 방 저 방 뛰어다닙니다. 쓰고 싶은 마음이 생기게 해 주세요. 어떻게 해야 마음이 생길까요?

3. 바다를 그리워하게 하세요

책을 많이 읽으면 글을 잘 쓴다고 합니다. 글 잘 쓰는 사람은 책을 많이 읽겠지요. 독서는 내용을 이해하며 생각과 지식을 넓히는 활동입니다. 읽고 고개를 끄덕여야 합니다. 글쓰기는 생각을 문장으로 표현합니다. 이해와 표현은 다릅니다. 독서와 글쓰기는 사랑하는 사이 같지만 자세히 살펴보면 애매합니다.

독서는 투입이고 글쓰기는 산출입니다. 책을 많이 읽어도 그대로 내보내면 복사입니다. 지식을 많이 늘어놓는다고 좋은 글이 아닙니다. 표현을 바꾸지 않으면 그냥 요약입니다. 글을 자주 쓰는 사람이 책을 읽으면 표현이 깊어지고 할 말이 많아집니다. 그러나 글을 쓰지 않던 사람을 잘 쓰게 만들지는 않습니다. 지식을 뽐내기는 쉬워도 마음을 울렁이게 만들기는 어렵습니다.

낱말을 아는 어휘력, 문장을 이해하는 능력, 내용을 분석하는 능력, 주제를 파악하는 능력은 차츰차츰 좋아집니다. 책을 많이 읽을수록 저자가 무엇을 말하는지 잘 찾습니다. 대학 입학시험은 이런 능력을 가려내기 위해 국어 지문을 길게 내고 수학 문제도 네댓 줄이나 되도록 만듭니다. 지식을 넓혀 가는 문제라면 꾸준히 읽는 방식이 맞지만 글쓰기는 다릅니다.

읽기와 쓰기를 잘하는 수준을 10이라고 합시다. 읽기는 1-2-3 차근차근 실력이 좋아지다가 어느 수준에서 멈춥니다. 4-5단계에서 머무르다가 다시 올라갑니다. 갈수록 단계를 넘어서기 어렵습니다. 쓰기는 다릅니다. 글에 맛을 들이면 2-3단계를 뛰어넘습니다. 1-2를 쓰던 아이가 한순간 5-6으로 바뀝니다. 생각이 확 바뀌는 순간이 옵니다. 어느 날 눈이 번쩍 뜨여서 '아, 이렇게 쓰는구나!' 깨닫습니다.

글을 잘 쓰려면 읽고 겪은 내용을 글에 드러내야 합니다. '바뀌게 만들다'를 '변화를 유발하다'로 쓰는 수준 말고, 자신을 책에 나오는 인물과 견주어 생각해야 합니다. 사회현상을 책 내용에 비춰 평가하고, 경험을 등장인물과 연결 지어 표현해야 합니다. 그러나 대부분 줄거리 정리하고, 내용 기억하는 수준에 머뭅니다.

표현은 재해석 과정을 거칩니다. 경험과 생각과 지식을 버무려 자기만의 방식으로 표현해야 합니다. 공감할 만한 해석으로 고개를 끄덕이게 해야 합니다. 잘 쓴 글은 '아, 이걸 이렇게도 생각하는구나!', '정말 그렇구나!' 하게 만듭니다. 많이 알아도 자기만의 고민과 생각이 없으면 허영덩어리 글을 쓰게 됩니다.

아이는 책 내용을 자신과 연결 짓지 않습니다. 자기 이야기를 쓰면 안 된다고 생각합니다. 자기 이야기, 자기만의 표현이 없으면 '최선을 다해 노력해야겠다.'를 넘기 어렵습니다. 글을 쓰기 위해서 읽는다는 생각을 갖고 책을 읽어야 문장력이 독서량에 비례합니다. 글쓰기를 의식하고 읽어야 독해력 또한 향상됩니다.

글을 잘 쓰려면 보는 눈이 생겨야 합니다. 평소에 느끼고 생각하며 날마다의 삶에 의미를 담아야 합니다. 그러나 요즘 아이들은 글로 써낼 만한 생각을 하지 않습니다. 마음에 팍 꽂히는 장면이나 문장을 기억하지도 않습니다. 그래서 책을 읽고 이야기를 나눕니다. '이런 것까지 나누는구나! 경험을 이렇게 연결하는구나!' 느낀 뒤에 글을 씁니다. 그러면 "글을 이렇게 쓰는지 몰랐어요. 글이 완전히 달라요!" 합니다. 단번에 2-3단계를 뛰어넘습니다.

● 사이토 다카시 지음, 황혜숙 옮김, 《원고지 10장을 쓰는 힘》, 루비박스, 2005, 65쪽.

걱정하지 마세요. 어느 순간 뛰어넘습니다. 옆집 아이보다 느리다고 고민하지 말고 어떻게 안내할지 생각하세요. 생텍쥐페리는 배를 만들고 싶다면 사람들을 모아 목재를 가져오게 하고 일을 지시하고 일감을 나눠 주는 일들을 하는 대신에 저 넓고 끝없는 바다를 그리워하게 하라고 말했습니다.

글을 잘 쓰고 싶다면 책을 많이 읽고 논술 '일타 강사'에게 수업 듣고 첨삭 지도 꼼꼼히 받는 대신 마음을 쏟아 내는 기쁨을 알게 해 주세요. 꼭꼭 숨겨 둔 마음을 쏟아 내는 기쁨을 맛보게 하면 목재를 가져오라 할 때 머뭇거리지 않습니다. 쉬는 시간 돼도, 다음 시간 시작해도 글을 씁니다. 마음을 쏟아 내는 기쁨을 맛본 아이는 눈빛이 달라집니다.

우리는 방법을 가르쳐서 배를 만들려고 합니다. 목재를 가져오고, 일감을 나눠 줍니다. 괜찮은 방법입니다. 그러나 너도나도 배를 만들려 하면서 무얼, 왜 만드는지도 모르고 따라 하는 아이가 수두룩합니다. '옆집 아이는 너보다 큰 배를 만들었다. 너는 뭐 하고 있냐?'는 소리 듣고 억지로 나온 아이는 '내가 바다에 가나 봐라!' 합니다.

결과만 신경 쓰면 아이를 놓칩니다. 잘 가르친다고 소문난 인기 강의를 떠올려 보세요. 수백 명이 강의에 빠져듭니다. 얼마나 재미있게 전달하는지 듣기만 해도 이해합니다. 그러나 들어서 이해한 지식은 응용하기 어렵습니다. 글 쓰는 방법을 알았다 해도 글을 쓰기는 어렵습니다. 방법을 아는 것과 쓰는 건 완전히 다릅니다.

"읽는 대상을 고려해서 글을 써야 한다. 맞춤법과 띄어쓰기 신경 쓰고, 생각과 느낌이 잘 드러나야 한다. 설명하기 어려우면 비유를 써라. 논설문을 쓰려면 핵심 주장을 먼저 말해라……."

아무리 가르쳐도 바다를 보고 싶은 마음이 없으면 건성으로 합니다. 바다를 그리워하지 않으면 감동은커녕 글 쓰는 자체가 무리입니다.

화내고 다그치면 바다를 두려워합니다. 마음을 털어놓고 표현하는 기쁨이 없으면 바다에 나서지 않습니다. 미래를 담보로 잡고 강요하면 바다를 그리워하기는커녕 보려고도 하지 않습니다. 손을 잡고 등을 토닥여 주세요. 판에 박힌 글을 쓰는 아이도 변합니다. 어떻게 해야 바다를 그리워할까요?

4. 속이 후련해지게 해 주세요

아이들 앞에서 실수하고 상처 준 적이 많습니다. 아이들을 잘 몰랐고 인격이 성숙하지 못해서 힘든 상황을 만들었습니다. 특히 5~6학년 여학생들과 갈등이 잦았습니다. 상담하고 이벤트도 하며 상황을 바꾸려 했지만 서로 믿지 않기 때문에 변화가 없었습니다. 마침 교과서에 상소문이 나와서 상소문을 쓰게 했는데, 읽고 교사를 그만두고 싶었습니다. 제가 그렇게나 저주받을 인생인지 몰랐습니다.

두 아이는 불만을 두 시간 동안 썼습니다. 숙제, 일기, 대회에 내보내는 글이라면 그렇게 쓰지 않습니다. 속이 후련해지도록 표현하게 해 줬더니 그렇게 써 댔습니다. '내가 뭘 잘못했다고 그래!' 하는 마음이 올라오지만 사과했습니다. 마음이 불편했지만 후회하진 않습니다. 답답한 마음을 풀어 놓지 않고 쌓아 두면 곪습니다. 아프게 겪으면서 깨달았습니다.

다시는 제자와 껄끄러운 사이로 지내지 말아야겠다 다짐하고는 감춰 둔 마음을 살피려고 애썼습니다. 다음에 간 학교에서는 담임인 여교사에게 욕하며 덤빈 5학년 남자아이를 만났습니다. 눈에 독기가 넘칩니다. 아빠한테 자주 맞았고 부모는 이혼했습니다. "이리 와!" 했더니 몸에 힘을 주고 눈빛이 달라집니다. 제가 아빠로 보였겠지요. 때리는 줄 알았을 겁니다. 경직되어 다가오는 아이를 안아 주었습니다. "그러면 안 되잖아! 내가 사랑하는 ○○이 그러면 안 되지!" 했더니 엉엉 웁니다. 가정 폭력에 시달리며 사방에 담을 쌓던 아이 끌어안고 함께 울었습니다. "선생님께 사과해야지!" 했더니 고분고분 "네!" 합니다.

엄마

○○○(3 여)

방학이 될 때까지 꾹 참고 방학이 된 날, 엄마와 함께 수원으로 가서 즐겁게 놀았다. 시간은 흘러가고 방학이 끝날 때가 되어서 다시 강원도로 가야 됐다. 아빠랑 엄마랑 중간에 같이 밥을 먹고 휴게소에서 맛있는 음식도 사고 그랬다. 그리고 엄마는 강릉까지만 데려다줬다. 왜냐하면 거기에 아빠 차가 있어서 그랬다. 강릉에 도착하고 차에서 내리기 전에 엄마랑 작별 인사를 했다. 그때 울고 싶었지만 꾹 참았다. 아빠 차에서 그만 울음을 터뜨렸다. 아빠가 못 보게 반대로 앉아서 울었다.

강원도에 도착하기 전 울음을 멈추고 집으로 돌아와서 엄마 생각이 나서 또 울음을 터뜨리고 엄마한테 전화해서 엄마 보고 싶고 수원으로 언제 가냐고 물었다. 엄마는 이사 가면 오니까 조금만 참으라고 해서 나는 알았다고 하고 울음을 터뜨렸다. 그만큼 엄마가 보고 싶었다. 계속 울고 있는 나를 친할머니가 위로하고 아빠도 위로해 줘서 괜찮았다.

다음 날 난 또 울음을 터뜨렸다. 엄마한테 전화해서 학교 가기 싫다고 했다. 엄마가 학교 가라고 해서 학교를 가고 학교 가서 기분 나쁜 일이 있었을 때 하늘을 보며 엄마 생각을 했다. 엄마를 만날 때까지 꾹 참고 학교를 가고 있고, 만날 때까지 기다리고 있을 거다.

아이는 엄마, 외할머니와 살다가 300킬로미터를 옮겨 할머니 집에 왔습니다. 곱게 자라던 꽃을 뽑아서 환경이 다른 곳에 푹 꽂아 둔 셈입니다. 할머니는 글씨를 몰라 학교 일에 관심이 없습니다. 아이는 엄마와 외할머니, 옛날 친구, 살던 도시를 그리워합니다.

숙제를 계속 잊습니다. 가끔 써 오는 일기에는 사실만 몇 줄 적습니다. 함께 지내던 아빠는 얼마 뒤에 집을 나가서 주말에만 가끔 옵니다. 글쓰기를 가르쳐도 생각과 느낌을 안 씁니다. 어떻게 쓰는지 도무지 모릅니다. 계속 글쓰기를 가르쳐야 하나 고민했습니다. 이렇게 변하지 않는 아이는 처음입니다.

10월 어느 날, 제안하는 글쓰기를 공부하다가 '이혼' 이야기가 나왔습니다. 우리 반 학생 다섯 명 중에 네 명이 엄마 없이 삽니다. 아프다 못해 쓰립니다. 아무에게도 꺼내지 못한 엄마 이야기를 하며 울더니 돌변했습니다. 다음 날 일기는 다른 사람이 써 준 것처럼 바뀌었습니다. 감추어 둔 마음을 계속 쏟아 놓습니다.

가끔 이런 식으로 변한 아이를 만났지만 얘는 너무 변해서 어떻게 받아들여야 할지 모르겠습니다. 사실만 기록하던 아이가 갑자기 시인이 되었습니다. 마음에 상처로 남은 기억을 계속 씁니다. 수첩 들고 다니며 시를 씁니다. 두 달 뒤에 전학 가는 친구에게 편지를 썼습니다.

… 너도 전학 갈 때 많이 힘들고 불편하겠지만 걱정 마. 나도 ○○ 초등학교에 전학 오고 처음에는 많이 힘들고 불편했어. 하지만 어떤 일이 있을 때마다 조금 앞으로 나아가면서 친구들이랑 친해졌어. 너도 나처럼 모르는 친구들하고 말도 걸고 친해져. 이번에 가는 현장학습은 공부지만 전학 가는 너에게는 공부가 아니라 추억이야.

전학 가서는 우는 모습 보이지 마. 너는 너답게 행동해. 너라면 모르는 친구하고 친구가 될 수 있어. 전학 가는 학교 가면 찡그린 표정 말고 항상 웃으면 좋겠어.~

늘 멍하게 있던 아이가 한번 마음을 쏟아 놓더니 글이 바뀌었습니다.

후배 교사가 정말 힘든 한 해를 보냈습니다. 아이들은 졸업식 날까지 선생님을 울렸습니다. 평생 마음이 아플 겁니다. 저도 억지로 학교 가던 해가 있습니다. 졸업식 며칠 앞두고 후배에게 제가 힘들어할 때 문집을 줬습니다. "한 해 동안 힘들었지! 헤어져서 시원하지만, 시원해하는 마음을 갖는다는 것조차 힘들 거야. 이건 내가 가장 힘들었을 때 문집이야. 내 상처가 여기 담겨 있어." 하며 제 이야기를 해 주었습니다. 부끄러움이 고스란히 드러나는 문집이라 감춰두고 싶지만 제가 겪은 아픔이 같은 아픔을 겪는 사람을 위로합니다. 슬프고 고통스러운 기억을 털어놓으면 자신도 살아나고, 상대방도 살립니다.

상처로 범벅이 된 아이를 한꺼번에 만난 해가 있습니다. 이혼, 엄마의 죽음, 얼굴을 뭉개 버린 사고, 정신분열증 가족, 가족이 죽고 또 죽은 이야기……. 열네 명 중에 네 명만 가정이 온전합니다. 만난 순간부터 1년 내내 글로 저를 울렸고, 함께 울었습니다. 그때 받은 롤링페이퍼에는 이렇게 쓰여 있습니다.

선생님 전 글쓰기를 통해 속마음을 털어 냈어요. 아무 데서나 털어 내지 못했던 속마음을. (6 남)

선생님을 만난 건 제 평생의 행운인 것 같아요. (5 남)

그리고 제 마음 깊이 남은 가원이 글.

선생님, 글을 쓴다는 것은 행복한 것 같아요. 글을 쓰면서 나 자신
을 되돌아볼 수 있으니까요. 다른 학교 가서도 행복함을 나누어 주세요.
행복하세요.

'써야 한다'는 마음이 들도록 '쓰고 싶게' 해야 합니다. 속이
후련해서 또 쓰고 싶게 해 주세요. 다달이 문집을 받을 때마
다 "문집을 받으면 꼭 내 글을 먼저 읽어 본다."는 아이가 많
습니다. 스스로 느끼는 만족감은 가치를 따질 수 없습니다. 마
음을 쏟아 낸 글은 언제 읽어도 시원합니다. 속이 후련해지게
해 주세요. 그러면 반드시 글을 씁니다.

5. 가치를 부르짖으세요

자식이 글 잘 쓰고 공부도 잘하면 얼마나 좋을까요! "아비
가 풀이라면 아들은 나무가 되기를 바란다는 것 알고 계신
가? 아비가 돌이라면 아들은 산이 되기를 바라는 거지."[•] 나
무로 키우려면 풀과 돌처럼 보이더라도 나무의 싹이라고, 산
의 기둥이라고 믿어야 합니다. 풀과 돌의 기준으로 나무와 산

• 알프레드 되블린 지음, 안인희 옮김, 《베를린 알렉산더 광장1》, 시공사, 2010, 25쪽.

을 판단하지 말아야 합니다. 이게 어렵습니다. 풀의 눈에는 풀이 보이고 돌의 눈에는 돌이 보이니까요.

부모는 걱정과 기대로 아이를 바라보지만 아이는 나무로 자라겠다고 생각하지 않습니다. 공부 잘하는 옆집 아이를 보면 마음이 급해집니다. 아무 생각 없는 아이를 보면 걱정하다 못해 화가 납니다. 걱정은 두려움을 낳고 두려움은 분노를 일으킵니다. 두려움을 앞세운 관심은 풀을 꺾어 버립니다. 열심히 가르친다는 게 그만 자기 방식으로 짓눌러 버립니다. 분노는 아이를 망칩니다. 부모가 분노하면 아이는 반발하고 멈춰 버립니다.

식물마다 자라는 속도가 다릅니다. 콩을 빨리 키우면 노란 콩나물이 됩니다. 싹이 나기 전에 뿌리만 키운 콩은 콩나물로 끝납니다. 밭에 심긴 콩은 천천히 뿌리를 내리지만 꽃을 피우고 열매를 맺습니다. 빨리 자란다고 나무가 되지 않습니다. 저는 '어째 글이 이러니? 코끼리를 보고도 개미라고 대충 쓰는 거잖아. 차라리 안 쓰는 게 낫겠다.' 하지 않습니다.

비교하지 마세요. 나무는커녕 풀도 되지 못하겠다 하지 마세요. 우리나라에서 고추는 추워지면 죽지만 따뜻한 나라에서는 나무로 자랍니다. 아이에게 맞는 환경과 조건을 찾으세요. 박지성과 강수진 발을 보여 주며 노력하라고 강요하지 마세요. 박지성이 발레를 하고 강수진이 축구를 했다면 이름 없는 선수가 되었을지 모릅니다. 나무로 자랄 고추를 매서운 추위로 꺾지 마세요.

《딸들의 제국》을 읽고

책을 읽으면서 예전에는 미처 알지 못했던 장수말벌과 인간의 공통점을 찾을 수 있었다. 어찌 보면 놀라울 정도로 닮은 모습도 많았지만 내가 주목했던 부분은 제국의 번영을 바라보며 제국을 위해 몸을 사리지 않았던 장수말벌 워커들이다. 굳이 무언가의 유지가 아니더라도 제국의 번영이라는 같은 뜻을 가진 말벌들처럼 같은 뜻을 가진 집단이 형성되면 집단에서 이루고자 하는 목표를 위해 결속력이 더욱더 굳어지고, 높은 추진력을 가지는 인간들의 모습이었다.

말벌들은 오직 제국의 유지를 위해 며칠 안 되는 일생을 살아간다. 인간도 집단에 속해 있으면 집단이 이루고자 하는 목표를 위해 산다. 집단이 유지되는 기간이 짧든 길든, 이루고자 하는 목표가 크든 작든……, 가끔은 물불 가리지 않고 목표에 집착하는 인간들을 보면 추하다고 생각할 때가 있다. 그 과정에서 많은 희생이 치러지고, 그 방법이 너무나 끔찍한 일이라면 더더욱.

언제부터인지 끔찍하고 충격적인 뉴스를 접해도 그냥 "그런가 보다." 하고 넘기게 되었다. 집단이 벌인 일이든 개개인이 벌인 일이든 그렇게 크게 반응하지 않기 시작했다. 언제부터 인간이 이렇게 잔인하게 변한 건지. 그 사람들도 목적이 있었기에 그런 일을 벌였을 것이다. 하지만 목적을 달성하기 위해 치르는 희생은 점점 커져 가고 더 잔인한 방법으로 치러진다.

물론 말벌들도 제국 유지를 위해 치르는 희생이 있다. 워커들에 의해 순식간에 고기 경단이 되는 곤충들과 곤충들을 잡으려다 영영 돌아오지 못하는 워커들. 이 외에도 다른 많은 희생들이 있을 것이다. 말벌들은 살기 위해 그렇게 살지만 인간들이 이루는 목적과 그에 따른 희생은 그저 살기 위해 이루어진다기에는 너무 잔인하고 벗어난 것들이 많다.

인간들은 계속해서 잔인해져 간다. 다가오는 희생에 아무렇지 않아 하며 소식을 접한 인간들도 점점 무뎌져 간다. 어쩌면 나도, 내 주위 사람들도 점점 그런 모습으로 물들어 가고 있을지 모른다. 어떤 끔찍한 일에도 덤덤하게 반응하는 그런 인간으로.

아이는 제국의 번영을 위해 움직이는 말벌이 아니라 인격입니다. 제국을 위해 아이를 희생양으로 삼지 마세요. 무덤덤해지며 점점 자극적인 걸 찾게 놔두지 말고 인격으로 대하며 마음을 붙들고 차근차근 안내하세요. 정상이 멋지니까 무조건 올라가라는 말은 옳지 않습니다.

아이가 글을 못 쓴다고 걱정하지 마세요. 계속 격려하면 달라집니다. 격려는 나무를 자라게 합니다. 나무는 풀보다 천천히 자라지만 풀밭 위에 그늘을 드리웁니다. '넌 글을 참 잘 쓰는구나!' 하거나 수없이 잔소리를 해 대라는 뜻이 아닙니다. 격려는 같은 곳을 바라보도록 곁에 함께 서는 겁니다. 내가 기대하는 곳에 갈 수 있다고 믿는 겁니다.

저는 글을 가르칠 때 눈빛이 달라집니다. 온몸으로 가치를 부르짖습니다. '글이 너를 살린다. 글은 너 자신이다. 네가 하고 싶은 말을 쏟아 내는 거다. 네가 쓴 글에 네 외침이 담겨 있느냐?' 합니다. '이 문장의 가치를 아느냐?'라는 뜻을 온몸으로 전합니다. '이걸 쓴 네 가치가 얼마나 귀한지 헤아릴 수 없다.'고 외칩니다. 나무가 되라고 강요하지 않고 나무로 대합니다.

제대로 표현하지 못한 글을 읽으며 '안타까운 내 마음을 아느냐?'고 표현합니다. '글에는 정답이 없다. 네가 하고 싶은 말이 가장 귀하다. 그걸 찾았느냐? 네가 하고 싶은 말이 없다면 아무리 멋지게 표현해도 마음을 움직이지 못한다. 도대체 무얼 말하려고 글을 쓴 거냐?' 하고 묻습니다. 내가 보는 곳을 함께 보고 싶은 저만의 격려입니다.

작은 일은 작은 일이지만 작은 일에 최선을 다하는 것은 큰 일입니다.* 가치를 부여해야 작은 일을 귀하게 받아들입니다. 일기장에 도장 찍어 주는 건 가치 부여입니다. 답글을 써 주면 더 큰 가치 부여이고, 글을 모아 문집을 만들면 '내가 쓴 글이 출판되어 나오는 기쁨'만큼 귀합니다. 가치를 알면 꾸준히 합니다.

가치를 부르짖지 않으면 저절로 무뎌집니다. 생각 없이 결과만 따르지 않도록 가치를 부여하세요. 낱말 하나, 문장 하나를 붙들고 감탄하는 마음이 있어야 마음을 움직이는 글을 씁니다. 책을 읽고 '아!' 감탄하기 원합니다. 독서 캠프와 토론을 하는 까닭은 감탄을 전하기 위해서입니다. 글에 가치를 담고

• 오스 기니스 지음, 홍병룡 옮김, 《소명》, IVP, 2006, 306쪽.

소중하게 여기는 사람을 만나면 아이는 달라집니다. 온몸으로 부르짖으세요. 글이 얼마나 귀한지 외치세요.

부모가 말을 어눌하게 해서 말이 서툰 아이가 있습니다. 글은 더 서툽니다. 어릴 때 할머니가 오빠를 데려가 따로 삽니다. 일기를 말도 안 되게 써 옵니다. 문장마다 '그리고, 그래서'가 붙어 있는 데다가 여러 이야기가 너저분하게 널려 있습니다. 글을 쓰려고 하지 말고 친구에게 이야기하듯 쓰라고 수십 번 되풀이했습니다. 똑같은 말을 계속 들으면서 절망할까 걱정하며 한 번도 화내지 않았습니다.

해를 넘기고 드디어 한 가지 이야기로만 일기를 썼습니다. "네가 이제 이야기를 쓰는구나! 이렇게 쓰는 거야!" 칭찬했습니다. 얼마 뒤에 담임선생님이 "얘가 수첩을 들고 뭔가 자꾸 쓰고 다녀요." 합니다. 아이를 믿고 기다리세요. 제국의 희생양이 아니라 가치 있는 삶의 주인공이라고 외치세요. '제발 내게 들려 달라고!' 진실하게 외쳐 보세요. 아이는 반드시 달라집니다.

언젠가 아이는 산과 나무만큼 커 보였던 부모를 떠나 홀로 정상을 향해 떠납니다. 부모가 한 번도 가지 않았던 산, 함께 오르지 못하는 높은 산으로 가는 날이 옵니다. 멋지게 자랄 날을 기대하며 아이를 믿고 생각을 소중하게 받아들이세요. 결과에 얽매여 안달하지 말고 기뻐하세요. 무엇보다 아이가 쓴 글에 감탄하세요. 글쓰기를 수단으로 삼지 말고 자신을 표현하는 귀한 가치라고 외치세요. 아이를 제국의 희생양이 아니라 가치 있는 인격으로 대해 주세요. 아이도 글쓰기에 가치를 부여하고 열매를 맺을 겁니다.

6. 자기 길을 걷게 하세요

　여행을 하면 어른과 아이는 다른 것을 봅니다. 어른이 웅장하게 이어진 산맥과 멋진 바위를 볼 동안 아이는 올챙이와 개울물에 마음을 빼앗깁니다. 즐거워하는 과정과 이유가 다릅니다. 이르러야 할 꼭대기를 목표로 삼은 어른과 달리 아이는 온갖 사물과 생명에 관심을 갖습니다. 어른은 올라가야 할 꼭대기, 대학을 바라보지만 아이는 멀리 내다보지 못합니다. 개울물에서 벌레 잡는 일에 빠져 있습니다.

　눈앞만 보는 아이를 꼭대기에 데려가려면 힘듭니다. 제시간에 못 갈 것 같습니다. 마음이 급해지면 억지로 설명을 듣게 하고 강제로 꼭대기에 데려갑니다. 과정을 즐기기 원하는 아이를 '가 보면 안다'고 잡아끕니다. 재미있을 줄 알고 따라왔는데 괜히 왔다고 말하는 아이를 본 적이 없나요?

소풍

김연우(1 남)

　심운산으로 소풍을 갔다. 산에 가다가 절에서 물을 먹었다. 그리고 올라가는데 재미있었다. 꼭대기에 가서 내려오는데 물가에서 선생님이 놀라고 그랬다. 나는 가재 같은 거를 잡았는데 선생님이 잠자리 애벌레라고 했다. 다섯 마리를 잡았다. 올챙이도 잡을라 그랬는데 안 보여서 잠자리 애벌레밖에 못 잡았다. 내려오는데 다섯 번 넘어졌다. 권유경은 재미있게 넘어졌다. 나도 재미있게 넘어지면 좋겠는데 아프게 넘어졌다.

쉬움산은 넓은 바위에 구멍이 쉰 개가 뚫려 있고 바위가 병풍처럼 둘려 있습니다. 어른은 풍경에 매료되지만 연우는 잠자리 애벌레에 빠집니다. 특별히 재미있게 넘어지고 싶습니다. 아이답습니다. '내 눈에 멋진 걸 너도 봐라!'가 아니라 '너는 무얼 보니? 너만의 생각이 뭐야?' 물어야 합니다. 아이 생각을 귀하게 여겨야 글을 씁니다.

조지 오웰은 미얀마에서 물이 고인 웅덩이를 피해 사형장으로 가는 사형수를 봤습니다. 대단한 광경이 아닙니다. 사형수가 물이 고인 웅덩이 위를 소금쟁이처럼 미끄러져 가지 않습니다. 그러나 오웰은 다른 사람이 무심하게 바라보는 장면에서 신비감, 생명이 한창 절정에 달했을 때 생명을 앗아 가는 말할 수 없는 부당함을 느낍니다. 건강하고 의식 있는 한 인간을 파괴하는 것이 무엇을 의미하는지 씁니다.* 같은 장면을 수백 명이 보았지만 글로 쓰는 사람은 조지 오웰뿐입니다.

육상 선수는 산에서 달리고, 심마니는 땅만 봅니다. 사진작

* 조지 오웰 지음, 박경서 옮김, 《코끼리를 쏘다》, 실천문학사, 2003, 26쪽.

가는 카메라 각도에 맞는 풍경을 바라봅니다. 오웰은 생명을 바라보고, 연우는 재미있게 넘어지고 싶습니다. 관점이 다릅니다. 관점이 같다면 작가가 서로 다른 모양으로 감동을 주지 못합니다. 우리가 놓쳐 버린 것을 새롭게 보여 주기 때문에 놀랍니다.

누구나 더럽다고 생각한 '똥'은 권정생* 선생님이 《강아지똥》을 쓴 뒤에 '하찮게 보이지만 귀한 것'으로 바뀌었습니다. 똥은 그대로지만 관점이 바뀌었습니다. 아이 눈으로 바라보고 쓴 글은 기술로는 부족함이 많지만 놀라움이 담겨 있습니다. '정말 그렇구나!' 하는 감탄을 일으킵니다.

《모모》에 나오는 '기기'는 이야기를 들려주기 좋아합니다. 기기가 지어내는 이야기는 마음을 즐겁게 합니다. 모모를 떠난 뒤에 돈벌이로 이야기를 지어내면서 기기는 '자기가 고갈되고 텅 비어 버려 더 이상 아무 이야기도 꾸며 낼 수 없을 것 같은 느낌'**을 맛봅니다. 아이를 기기로 만들지 마세요. 마음을 울리지 못하는, 귀만 간질이는 글에 밀어 넣지 마세요.

쉬운 길, 넓은 길에서는 길 잃을 위험이 없습니다. 어른은 자녀를 편하고 쉬운 길, 넓은 길로 데려갑니다. 남들 가는 길로 빨리 따라가기 원합니다. 가파른 길, 잘 가지 않는 좁은 길은 피합니다. 좁고 험하기 때문에 호기심을 갖고 열심히 간다

• 아동문학가. 《강아지똥》, 《하느님의 눈물》, 《우리 옆집에 하나님이 살고 있어요》 외 많은 작품을 썼습니다.
•• 미하엘 엔데 지음, 한미 옮김, 《모모》, 비룡소, 1999, 239~240쪽.

는 사실을 모릅니다. 굳이 꼭대기까지 가지 않아도 추억을 남겨 주면 충분하다는 걸 모릅니다.

앞선 사람이 밟아서 굳어 버린 길로 가면 쉽고 편합니다. 일기는 하루 일과를 쓰고 반성 내용을 추가하면 됩니다. 검색한 내용을 옮겨 쓰기만 하는 설명문, 행과 연만 맞춘 시는 쓰기 쉽습니다. 놀라움이 없는 일기, 마음을 담지 않은 편지, 아무 느낌도 일으키지 않는 말장난 같은 시, 똑같은 독서 감상문, 읽는 시간조차 아까운 산문만 쓰는 아이를 양산합니다.

진짜 글은 샛길과 같습니다. 샛길, 숨겨진 길에서는 예상치 못한 즐거움에 감탄할 일이 생깁니다. 샛길은 집중하지 않으면 길을 잃습니다. 다른 사람 따라가기만 하는 눈으로는 입구도 찾지 못합니다. 샛길로 접어드는 흔적이 워낙 희미하기 때문에 주의를 기울여 찾아야 합니다. 그래서 가는 이가 적습니다. 희미한 흔적을 찾아, 마음 깊은 곳에 숨어 있는 자기만의 샛길을 따라 걷는 아이가 드뭅니다.

아이들과 태백산, 쉼움산, 두타산에 여러 번 갔습니다. 힘들고 위험하지만 도전 의식을 불러일으킵니다. 우린 함께 계단을 오르고 소리를 지릅니다. 바위를 건너뛰고 곤충을 관찰합니다. 이슬에 젖고 물을 나눠 마십니다. 과정이 즐거워 힘든 줄 모르고 갑니다. 현실에 매인 '기기'를 틀에서 벗어나게 하려고 고생을 자초합니다.

고민하지 않고 다른 사람이 간 길로 따라가는 건 쉽습니다. 자기만의 길을 가면 힘들고 길을 잃기도 합니다. 그러나 아이가 길 잃을 위험을 생각할 정도로 글자 사이를 헤매게 만들지는 못합니다. 계속 꼭대기를 바라보도록 가치를 부여하면 힘들어도 뚫고 나갑니다. 지금 쓰는 글에 빠져든 아이는 터벅터벅 자기만의 길을 갑니다.

아이를 넓은 길에 보낸 부모는 따라잡히지 않을까, 따라잡을 수 있을까 두려워합니다. 오솔길에 아이를 보낸 부모는 '이 길로 가도 꼭대기에 다다를까?' 두려워합니다. 사랑에는 두려움이 없고 온전한 사랑은 두려움을 내쫓습니다.• 글을 쓰면서 자신을 정직하게 직면한 아이는 두려움을 뛰어넘습니다.

금방 만난 아이에게는 칭찬과 격려를 많이 합니다. 자주 만난 아이에게는 '넓게 봐라. 똑바로 봐라. 뒤를 돌아봐라.' 합니다. 스스로 기쁨을 느낀 아이는 발을 내딛고 바위를 건너뛰어 꼭대기에 오릅니다. 오솔길의 기쁨을 느끼며 꼭대기를 바라보게 해 주세요. 기쁨을 느끼는 사람은 뻔질나게 산에 오르내립니다. 글쓰기도 똑같습니다.

자기만의 길에서 기쁨을 찾은 아이를 만났습니다. 실패를 많이 했고 지금도 실패하지만 기쁨이 저를 오솔길로 내몹니다. 자기를 표현하며 하루를 충만하게 사는 아이를 만나는 기쁨은 기대하게 만듭니다. 마음을 두근거리게 만듭니다. 십 년, 이십 년이 지나도 '아!' 하게 만듭니다. 자기 길을 걷게 하세요.

이레니우스는 "Full your life."라는 말을 남겼습니다. 하루

• 《성경》, 요한 1서 4장 18절.

를 충실하게 살아가라는 말입니다. 미래를 담보로 현재를 살아가는 아이를 흔들어 대지 마세요. 마음을 쏟아 내고 표현하며 뚜벅뚜벅 걷도록 도와주세요. 하루를 충실하게 살면 꼭대기에 이릅니다. 어른이 정해 준 꼭대기는 아니더라도 자기만의 길을 찾은 아이는 다른 산에도 오릅니다.

2.
글을 쓰기 전에
준비하세요

글 쓰는 이는
지붕 너머를 바라보거나
구름 너머를 바라볼 수 있을 때까지
긴 사다리를 오른다.
_애니 딜러드[*]

글쓰기란 작품을 읽는 이들의 삶을 풍요롭게 하고
아울러 작가 자신의 삶도 풍요롭게 해 준다.
글쓰기의 목적은 살아남고 이겨 내고 일어서는 것이다.
행복해지는 것이다.
_스티븐 킹[**]

글은 마음을 읽는 일에서 시작한다.
아이 마음을 읽고 눈빛을 마주하면
마음에서 꺼낸 글이 울리는 소리가 들린다.
_권일한

[*] 애니 딜러드 지음, 이미선 옮김, 《창조적 글쓰기》, 공존, 2008, 37쪽.
[**] 스티븐 킹 지음, 김진준 옮김, 《유혹하는 글쓰기》, 김영사, 2002, 334쪽.

1. 아이를 알아야 합니다

고속도로나 철도를 만들기 전에 환경영향평가, 지질조사를 합니다. 도로를 어디에 놓을지, 터널을 뚫어도 되는지 확인합니다. 지하수가 흐르는 곳에 터널을 뚫으면 물 퍼내다 끝납니다. 멸종 위기종 서식지라면 피해 가야 합니다. 땅 밑까지 살피지 않으면 도로에 구멍이 생깁니다. 지질조사는 터널 뚫고 다리 놓기 전에 해야 하는 기본입니다.

글을 쓰려면 맞춤법, 띄어쓰기, 주어와 서술어 관계, 문단 구성 방법을 알아야 합니다. 좋은 인용과 나쁜 인용을 구별해야 하고, 묘사할 때와 설명할 때도 알아야 합니다. 부모는 문제집, 학원과 학교를 찾아다니지만 중요한 걸 놓칩니다.

"아이는 글을 쓸 준비가 되어 있을까?"

교육은 백년대계입니다. 터널 뚫는 일보다 중요합니다. 자녀를 위한 환경영향평가, 지질조사는 필수입니다.

아이를 알아야 합니다. 자기소개서를 중요하게 여기는 까닭은 지원자를 제대로 알기 위해서입니다. 아이는 로봇이 아니라 인격입니다. 전달받은 지식을 외우는 기계가 아니라 반응하는 생명체입니다. 가정환경 조사서 한 장으로 아이를 알지 못합니다. 마음에는 비밀의 장막이 드리워 있어서 오해하기 십상입니다. 한 사람 한 사람을 독특한 존재로 만나야 합니다. 좋은 상담가는 내담자가 어떤 일을 겪었는지 듣습니다. 성격, 겪은 일, 부모와의 관계, 공부하는 태도를 고려해서 가르쳐야 합니다.

아스피린은 버드나무에서 추출한 살리실산으로 만듭니다. 우리나라 버드나무 약효가 좋아서 바이엘 사가 나무를 독일에 가져다 심었지만 기대했던 약효가 나지 않습니다. 우리 땅에서 자라야 효과가 뛰어납니다. 강원도 옥수수를 다른 곳에 심으면 맛이 달라집니다. 같은 씨앗이라도 땅과 환경, 키우는 사람에 따라 열매가 다릅니다.

인격은 얼마나 더하겠습니까! 아이는 자라 온 과정과 성격이 다른 특별한 존재입니다. 같은 곳에 심어도 똑같이 자라지 않습니다. 같은 책을 읽어도 한 아이는 느낌이 풍부한 감상문을 쓰고, 다른 아이는 논설문을 씁니다. 고민 많은 아이가 감춰 둔 마음을 털어놓으며 후련하도록 해 주세요. 표현이 강하고 똑 부러지는 아이가 논술을 쓰면서 속이 시원하게 만드세요. 그러면 글쓰기를 괜찮게 생각합니다.

아이는 신비합니다. 열심히 배우는 것 같지만 억지로 듣는 아이도 있고, 듣기 싫다고 귀를 막는 것 같지만 계속 말해 달라는 아이도 있습니다. 경험이 쌓이면서 아이를 이해하게 되었지만 여전히 마음은 신비로워서 다 알지 못합니다.

'사랑하면 알게 되고, 알면 보이나니, 그때 보이는 것은 전과 같지 않으리라.'*

아이를 알기 위해 제 인생 그래프를 그려서 소개합니다. 저금 훔쳐서 과자 사 먹고 유치원 빠졌다가 혼난 일, 1학년 때 도덕 시험 40점 맞은 일, 5학년 때 연탄가스 마시고 응급실 실려 간 일을 말합니다. 교사로 지내며 힘들었던 일도 말합니다. 인생 그래프를 그리고 나처럼 소개해 달라고 합니다. 3월 13일에 6학년 남학생이 그린 인생 그래프입니다.

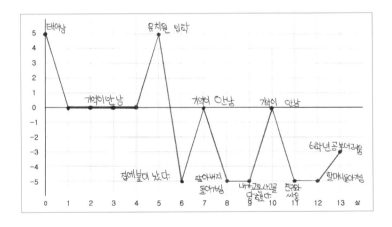

---

* 유홍준 지음, 《나의 문화유산 답사기 1》, 창비, 2011, 12쪽.

가운데를 중심으로 위로 갈수록 좋은 일, 내려갈수록 나쁜 일입니다. 태어났을 때와 유치원 입학할 때만 좋습니다. 네 살 이전이야 당연히 기억나지 않겠지만 일곱 살, 열 살도 기억이 안 난다니 이상합니다. 여섯 살에 집에 불이 나고, 여덟 살에 할아버지 돌아가시고, 아홉 살에 교통사고 당하고, 열두 살에 할머니가 돌아가셨습니다. 글을 쓰는 6학년 때도 영화에서나 볼 법한 일을 겪고 있었습니다.

아이가 어느 날 불장난을 했습니다. 불꽃을 보면 희열이 느껴져서 그랬답니다. 인생 그래프를 보고 '아이에게 뭔가 있다, 평소와 다른 글을 써야 한다.' 생각하고는 1년 내내 상담 글을 썼습니다. 속에 있는 걸 꺼내고 또 꺼냈습니다. 마음이 아파 헉헉대는 아이에게 설명문과 논술을 쓰라 할 수 없었습니다.

인생 그래프로 아이를 알기 어려우면 문장 쓰기를 합니다. 문장 쓰기는 대놓고 말하지 않아서 부담이 적습니다. 감춰진 마음을 아는 데 도움을 줍니다. 아래 문장을 주고 (   )를 채워 씁니다. '나는'에 이어 '학교는', '우리 집은', '내게 가장 소중한 것은'을 씁니다.

"나는 (   )이다. (   )이기 때문이다."
"학교는 (   )이다. (   )이기 때문이다."

 ─ 나는 (고집쟁이)다. 하나를 알면 그 생각만 하고 거기에 관심을
   갖고 내가 더 좋아하는 것을 찾을 때까지 그 하나만 가지고 있기

때문이다.

- 나는 (로봇)이다. 로봇처럼 부모님께서 저거 가져와, 학원 다녀, 말씀만 하시면 척척 알아서 하는 로봇이다.
- 나는 (악마)다. 악마처럼 나쁘다.
- 학교는 (돈)이다. 내가 돈을 벌 수 있게 지식을 제공하기 때문이다.
- 학교는 (전쟁)이다. 전쟁하면 사람들이 죽는데 나는 학교 오면 죽을 것만 같다.
- 학교는 (해병)이다. 해병처럼 힘들고 어렵고 엄격하다.
- 학교는 (힘)이다. 학교에 가면 항상 밝은 얼굴로 인사하는 친구가 있어 힘이 생긴다.

두 아이를 견주어 볼까요?

아이 1
나는 음식이다. 부모님은 나를 보면 배부르다고 한다.
학교는 초콜릿이다. 달고 맛있는 초콜릿이다.

아이 2
나는 부족한 애다. 공부도 못하고 떠들기 때문이다.
학교는 괴물이다. 수업할 때 괴물이 째려본다.

아이 1은 자아상이 좋습니다. 보기만 해도 배불러 하는 부모와 살며 학교에서도 행복합니다. 아이 1을 꾸짖으면 '선생님이 화가 났구나!' 생각합니다. 똑같이 꾸짖어도 아이 2는 '나는 쓸모없는 놈이다.' 자책합니다. 같이 앉아 있지만 둘은 다릅니다. 같은 말을 해도 다르게 받아들입니다.

가난하고 힘들게 사는 아이를 '희망이'로 불렀더니 표정이 환해졌습니다. 정말 희망을 가집니다. 몇 년 뒤에 비슷한 환경에 있는 다른 아이를 '희망이'라 부르니 거북해합니다. 같은 마음으로 부른 별칭이지만 다르게 받아들입니다. 가르침과 배움에서 기준은 아이입니다. 아이에 따라 말도 달리해야 하고 가르치는 방식도 바꾸어야 합니다. 꾸중뿐만 아니라 칭찬도 가려서 해야 합니다.

한 아이가 글을 대충 써서 냈습니다. "글을 억지로 썼구나!" 하니 맞다고 합니다. "열심히 해야겠구나!" 하지 않고 "이건 네 실력이 아니야. 왜냐하면 네가 기꺼이 쓴 글이 아니잖아. 이 글로 너를 평가할 수는 없어. 정말 쓰고 싶은 마음으로 글을 쓴다면 장점과 부족함을 말해 줄게." 했습니다. 다음에 쓸 때는 달라집니다.

아이마다 글 쓰는 수준이 다릅니다. 무얼 쓸지 몰라서 못 쓰는지, 능력이 있지만 내키지 않아 안 쓰는지, 문장을 만들지도 못하는 수준인지 알아야 합니다. 쓰기 능력이 부족하다면 연습해야 합니다. 일기부터 시작해야겠지요. 능력은 있지만 쓸 마음이 없다면 쓰고 싶어지도록 마음을 바꿔 주어야 합니다.

일기 쓰는 분량이 수준을 판가름하지 않습니다. 짧지만 좋은 글이 있고 길어도 별로인 글이 있습니다. 짧아서 아쉬운 글이 있고 길지만 지루하지 않은 글도 있습니다. 생각 없는 글을 날마다 스무 줄씩 쓴다면 성실한 겁니다. 열 줄로 줄이더라도 오래도록 간직할 내용을 찾아야 합니다. 내용을 괜찮게 쓰는 아이라면 의외의 글감을 찾아보라고 합니다. 경험이 아니라 생각을 쓰라고 권합니다. '한 일'이 아니라 친구나 선생님, 부모님, 요즘 일어나는 일, 책 등에 대한 '생각'을 쓰라 합니다.

아이마다 배우는 속도와 생각, 글 쓰는 능력이 다릅니다. 어렵고 힘든 환경에서 자란 아이, 부모와 갈등하며 고민하는 아이는 감정을 표현하는 글을 씁니다. 똑 부러지는 아이, 불만이 많은 아이는 논설 형식의 글을 씁니다. 고민 없이 반듯하게 자란 아이는 정답형 글을 씁니다. 같은 주제라도 아이마다 다르게 씁니다. 모두 비슷하게 쓴다면 큰일입니다. 누군가 똑같게 만들어 버린 겁니다.

사는 곳에 따라 고민, 생활 태도, 습관이 다릅니다. 산골 아이는 느낌을 잘 씁니다. 쏟아 내는 글마다 가슴을 울리고 마음을 붙듭니다. 도시 아이는 공부와 친구 관계를 씁니다. 분교 아이는 시와 수필을, 도시 아이는 마음을 털어놓는 일기와 독서 감상문, 주장하는 글을 써야 합니다. 분교 아이에게 논설문을 강요하고, 도시 아이에게 자연을 노래하라고 하면 힘듭니다.

추사 김정희는 "문장이 오늘날처럼 침체된 적은 없습니다. 그 근원은 왕안석에게서 나온 것입니다. 왕 씨의 문장이 꼭 좋지 않은 것은 아니지만, 그의 병통은 다른 사람들도 자기와 똑같아야 한다는 데 있습니다. …… 비옥한 땅은 만물을 똑같이 자라게 하지만, 그곳에서 자라는 종류는 똑같지 않습니다. 오직 황폐하고 척박한 땅에서는 띠풀이나 갈대만이 보입니다. 이것이 바로 왕 씨의 '똑같게 함'입니다."[•]라며 똑같이 가르치는 잘못을 꼬집습니다.

왕 씨의 문장보다 아이가 중요합니다. 아이가 먼저이고 방법은 나중입니다. 김소월은 시를 써야 하고 조정래는 《태백산맥》을 써야 합니다. 아이를 바탕에 두고 시작하세요. 방법을 앞세우지 말고 아이를 먼저 살펴 주세요. 그러면 기꺼이 배우려 할 겁니다.

2. 함께 글감을 찾아 주세요

갈수록 아이들이 글쓰기를 힘들어합니다. 한 문장도 못 쓰고 쩔쩔맵니다. 무얼 했는지, 어떤 생각이 들었는지 물어보면 곧잘 대답합니다. 대답한 내용만 써도 충분한데 쓰지 못합니다. 이야기한 내용을 옮겨 쓰라고 해도 쓸 게 없다고 합니다. 체험 활동이나 학교 행사를 해서 내용이 뻔한 날에도 연필만 돌립니다. 어른은 쉽게 생각하지만 아이는 어떻게 글을 시작하는지 모릅니다.

● 설흔 지음, 《추사의 마지막 편지, 나를 닮고 싶은 너에게》, 위즈덤하우스, 2013, 198쪽.

우연히 "일기처럼 쓰면 돼!" 했더니 "정말 일기처럼 써도 돼요?" 묻습니다. "그럼, 특별한 걸 쓰라는 게 아니야. 거짓말로 지어서 쓰라는 말도 아니야. 일기에는 보고 듣고 겪고 느끼고 생각한 걸 쓰잖아. 편하게 써!" 하면 "와! 일기처럼 써도 된다!" 안도하며 쓰기 시작합니다. 이런 일을 몇 번이나 겪었습니다.

저는 책을 좋아하고 꾸준히 글을 씁니다. 제 곁에 있는 아이들은 "글 쓰자!" 하면 자연스럽게 받아들입니다. 두세 시간씩 버티고 앉아 쓰고 고칩니다. 평소에 글 쓰는 어른을 보지 못한 아이들은 학교에서 '공부'로 쓰기 때문에 '특별한' 걸 써야 한다고 생각합니다. 일기로 쓰라고 하면 대단한 걸 쓰지 않아도 된다며 안심합니다.

옛날 물건을 모아 놓은 전시장과 박물관에 가면 기분이 좋습니다. 추억을 살려 주는 낡은 책과 삐걱거리는 의자를 만나면 이야깃거리가 떠오릅니다. 대단한 물건, 특별한 경험이 아니라 어릴 적 친근하게 보았지만 잊어버린 기억이 되살아나서 좋습니다.

날마다의 삶에는 놀라움이 있습니다.* 하찮게 보이는 평범한 일이 모여 아이를 자라게 합니다. 사소한 일을 붙잡아 생각을 펼쳐 내는 게 진짜 능력입니다. 적어 놓았기 때문에 특별한 일이 되고, 나중에 읽으며 놀라워합니다. 아이는 이걸 모릅

* 헨리 나우웬 지음, 박동순 옮김, 《영혼의 양식》, 두란노, 1997. 1월 1일. 이 책은 쪽수 대신 날짜가 적혀 있습니다.

니다. '나중에 지나 보면 안다'는 말은 과거를 돌아보는 사람에게는 의미가 있지만 현재를 충만하게 살아가는 아이에게는 '쇠귀에 경 읽기'입니다.

"오늘 푸른 하늘에 대해 써라. 그러면 학생들은 졸지에 '푸른 하늘?' 무엇을 써야 할지 몰라 막막해집니다. …… 풍부한 자료들이 곁에 있는데 '무엇을 쓸 것인가'라는 질문부터 머리에 떠올리면 그거 찾느라 고생하게 됩니다. 반드시 써야 할 어떤 토픽이 있어야 하나 보다 그런 생각부터 들지요. 그런데 그런 거 없잖아요? 뭐든 글감이 될 수 있습니다. 어떤 각도에서 어떤 문제를 다루는가에 따라 무수히 많은 글감이 있습니다. 지천으로 널려 있으니 걱정하지 않아도 됩니다."[*]

무얼 쓸까? 기록을 남길 만한 가치가 있는 일이 있을까? 물어도 못 찾습니다. 만난 사람, 한 일, 보고 들은 일이 풍성하지만 글로 남길 만한 게 없답니다. 아는 것을 볼 게 아니라 보는 것을 알아야 합니다.[**] 무엇이건 글로 쓸 가치가 있습니다. 뻔히 보고도 깨닫지 못하는 일상이 얼마나 놀라운지 찾아봅시다. 날마다 삶에서 놀라움을 함께 찾아보세요.

"학교 오면서 일기에 쓸 만한 게 있을까?"

"……."

"대단한 사건을 생각하는 거야? 아니거든. 난 2층에 살아. 계단을 내려와야 하지. 계단 끝에 붙은 노란색 세 줄짜리 선

---

[*] 도정일 외 지음, 《글쓰기의 최소 원칙》, 룩스문디, 2008, 19쪽.
[**] 아브라함 요수아 헤셸 지음, 이현주 옮김, 《예언자들》, 삼인, 2004, 22쪽.

있잖아. 볼 때마다 거기 걸려 굴러떨어지는 생각이 나! 마음에 불안이 있나 봐! 너희도 이런 생각 들지 않니?"

"운동장에서 노는 아이가 있더라. 보기 좋았어. 전에 형석이라는 아이가 3층에서 운동장을 내다보며 '아이들이 노는 모습'이라는 시를 썼어. 들려줄까? 난 형석이를 '아이들이 노는 모습'으로 기억해. 너희도 글로 기억할 거야."

"수도꼭지에서 물이 떨어지고 있더라. 시원하다는 생각도 들고 눈물 흘리는 것 같기도 하고 누가 잠글까 지켜보고 싶기도 했어. 화단에 핀 꽃, 날아다니는 쓰레기, 교실에 들어오면서 보이는 모습……, 다 좋아. 날마다 겪는 일을 글로 남기면 얼마나 놀랍니! 복도 창가에 앉아 날 기다리는 모습을 쓴 혜인이가 생각나네! 아침마다 우리 반 아이들이 하는 놀이가 바뀌는 걸 보고 '유행'에 대해 쓴 친구도 있어! 읽어 줄게."

특별한 일

이혜인(4 여)

우리 반은 쉬는 시간 종만 울리면 뛰쳐나가는 곳이 있다. 바로 시원한 창가! 맨 처음 선생님과 형철이가 창턱에 올라가 앉을 때부터 시작됐다. 나도 창가에 앉으려고 이리 앉고 저리 앉고 난리가 난다. 어떤 친구는 앉지도 못하고 창가 주변에 돌아다니다가 끝나는 종이 울리면 마지못해 그냥 들어가 버린다. 불쌍한 친구…… 창가에 앉으려고 안간힘을 쓰고 별의별 짓을 다 한다. 자기가 자리를 다 차지하려고 다리 쭉 펴고 앉는 친구도 있다. 그런 애들을 보면 울화통이 치민다.

오늘도 쉬는 시간 종이 울리자 너도나도 할 것 없이 뛰쳐나가 창가에
앉는다. 이리 밀치며 저리 밀치며……

복도에서 뛰어다니지 않게 하려고 쉬는 시간에 창턱에 앉
았습니다. 쉬는 시간만 되면 창턱에 앉아 노래 부르고 창 밖
을 봅니다. 앉는 척하다가 화장실로 가면 우르르 나오다가 다
시 들어갑니다. 제가 없어도 몇몇 아이가 앉지만 재미없는지
슬슬 내려옵니다. 제가 가면 애벌레처럼 어떻게든 가까운 자
리에 앉으려고 올라옵니다.

혜인이가 쓰지 않았으면 저도 잊었겠죠. 사라지기 전에, 놓
치지 않고 써서 특별한 일로 만들었습니다. 글은 추억을 담는
공간입니다. 써야 간직합니다. 우리가 겪고 생각한 것 모두 귀
합니다. 글을 읽어 주고, "아, 혜인이 보고 싶다. 창턱과 창밖
풍경이 지금도 보이는 듯하다. 너희도 이렇게 기억하고 싶다."
합니다.

"선생님, 저는 학교에서 사루비아 꿀을 빨아 먹었거든요. 그
것도 되나요?"

"그럼, 좋은 글감이네! 6학년 가르칠 때 두 아이가 사루비아
꿀 먹는 걸 보고 쓴 글이 있지!"

"선생님도 일기 써요?"

"그럼! 한 일을 쓰진 않지만 날마다 쓰는 글이 있어. 한번
보여 줄게!"

"우리 학교 축구부 아침 운동도 돼요?"

"그럼. 지금부터 글감 많이 찾기 시합이다. 글을 쓰는 게 아니라 글로 쓸 만한 제목을 찾아내는 거야. 집을 나서면서부터 교실에 들어오기까지 일어난 일이다. 5분 동안 몇 개나 찾아낼까? 시작!"

하루 이틀 하면 똑같은 나날이 놀라운 일들로 가득해집니다. '이것도 좋지요, 이걸 써도 되겠지요!' 합니다. 며칠 하고 나서 "오늘은 글을 직접 써 보자. 아침에 쓰는 일기라고 생각해. 나는 '학교 오는 아이들 표정'으로 일기를 쓰고 싶어. 표정만 봐도 오늘 어떻게 지낼지 알거든." 합니다.

"아침에 일기 써도 돼요? 저녁에 쓰는 거 아닌가요?"

"저녁에 안 써서 아침에 급하게 쓴다면 가치가 떨어지지! 하지만 아침에 쓸 내용이 딱 생각난다면 좋아! 느낌을 잊기 전에 써야지. 놀라움이 사라지기 전에 글로 옮겨야 느낌이 살아 있지."

내 무릎

심현지(4 여)

오늘은 한의원에 피 뽑으러 갔다. 한의원 아저씨가 어떻게 됐냐고 그랬다. 아무튼 참 아플 것 같았다. 피만 뽑기로 했는데 침까지 맞으라고 그랬다. 바늘 같은 침을 들고 다가온 아저씨! 그 뒤는 말할 것도 없다. 하지만 좋은 일이 생겼다. 한의원 가는 일 때문에 학원을 한 시간이나 빼먹을 수 있었기 때문이다. 한의사 아저씨도 15분 지나서 학원 시간 끝나면 가라고 했다. 참 좋은 한의사다.

지금 내 무릎을 보면 징그럽다. 파랗게 된 곳은 산 같고 옆에 바늘 같은 걸로 찌른 자국은 명승고적 자국 같다. 위에 갈색은 아주 높은 땅 같다. 그리고 옆에 까진 곳은 어떤 산맥 같다. 지도 같은 내 무릎! 불쌍한지고!

'쓸 만한 내용이 따로 있다'는 생각을 깨뜨리세요. 아이와 함께 '놀라움'을 찾아 주세요. 정말 좋은 글감은 눈에 보이지 않습니다. 보이는 모습 뒤에 감춰진 생각을 쓰면 좋은 글이 나옵니다. 자기를 돌아보고, 세상과 소통하며, 기억에 남게 해 주세요.

날마다 겪는 평범한 일을 어떻게 해석하느냐에 따라 글이 달라집니다. 경험을 붙잡아 내는 관점이 필요합니다. 엄마에 대해 쓰려면 엄마와 함께한 경험이 있어야 하지만 경험만으론 부족합니다. 엄마가 곁에 있어도 쓸 내용을 못 찾기도 하고, 엄마가 없어서 더 잘 쓰기도 합니다. 경험은 당신에게 일어난 어떤 일이 아니라 일어난 일로 무엇을 했느냐입니다.•

장 도미니크 보비는 '자물쇠 증후군'이라 불리는 뇌졸중에 걸려 꼼짝도 못하게 되었을 때 눈을 깜빡여 낱말을 알려 주면서《잠수복과 나비》라는 책을 씁니다. 1년 3개월 동안 20만 번 이상 눈을 깜빡이면서도 쓰고 싶은 이야기가 있었습니다. 병원에 가만히 누워 있는 사람도 수많은 생각과 갖가지 경험

• 올더스 헉슬리의 말. 릭 워렌 지음, 고성삼 옮김,《목적이 이끄는 삶》, 디모데, 2003, 323쪽에서 재인용.

을 합니다. 지식과 경험이 부족해서가 아니라 무얼 쓸지 찾아내는 관점이 핵심입니다. 주변의 모든 것이 글감이 되는 것이 아니라, 주변의 모든 것들에 대한 내 감정과 생각이 글감이 됩니다. 무언가에 대하여 하고 싶은 말이 있다면 그게 가장 좋은 글감입니다.[*]

날마다의 삶에서 의미를 찾아내세요. 세상을 바라보는 힘, 느끼는 힘이 뛰어나야 글을 잘 씁니다.[**] 글로 표현할 만한 무언가를 생각했다는 점이 중요합니다. 표현할 만한 대상을 찾을 때까지 물어보세요. 대답하다 보면 찾는 힘이 붙습니다. 한순간을 딱 잡아낸 글을 자주 들으면 생각이 바뀝니다.

3. 친구 글을 읽어 주세요

날마다 놀라운 일을 겪어도 아이는 그 일이 얼마나 귀한지 모릅니다. 보석이 떨어져 있어도 돌로 보이면 집어 올리지 않습니다. 같은 일을 겪고도 책을 내는 사람이 있는 반면에 일기에 쓸 내용조차 찾지 못하기도 합니다. 많이 배워도 생각을 잡아내지 못하면 글을 못 씁니다. 보석을 찾도록 도와주어야 합니다.

---

[*] 이임숙 지음, 《참 쉬운 마음 글쓰기》, 부키, 2011, 31쪽.
[**] 박기복 지음, 《토론하는 거실 글쓰기 식탁》, 행복한미래, 2011, 91쪽.

변비

김휘석(3 남)

요즈음 김치는 잘 먹지 않고 기름진 고기를 많이 먹었다. 집에서 똥이 마려워서 화장실로 갔는데 똥이 잘 나오지 않았다. 있는 힘을 다하자 똥구멍에서 아픔이 느껴졌다. 땀이 막 났다. 겨우 감자만 한 똥을 쌌다. 이제부터 김치를 많이 먹어야겠다는 다짐을 했다. 똥구멍이 찢어지는 줄 알았다.

"3학년이 썼어. 재미있지? 솔직하지! 제목을 맞혀 볼까? 변비야. 휘석이는 고기를 많이 먹어서 변비가 생겼대. 김치 먹으면 괜찮아진다는데 맞나?" 하니, 깔깔 웃으며 "이런 걸 글로 써요?" 합니다. '변비'를 들려주면 만만하게 생각합니다. 툭툭 차고 다니던 돌을 빛나는 보석으로 바꾼 글을 읽어 주세요. 그러면 보석을 만들어 냅니다.

친구가 쓴 시와 일기를 읽어 주세요.* 친근하고 마음에 와 닿습니다. 같은 반 친구 글을 읽어 주면 더 공감합니다. '일기처럼' 쓴 글이어서 '나도 쓰겠다' 생각합니다. 길어도 3분이면 됩니다. 아무튼 자주 읽어 주세요. 차분하고 진지한 글이 아니라면 재미있게 읽어 주세요. 개그맨처럼 읽고 사투리로 읽고 북한 말로도 읽고 너스레를 떠세요.

* 읽어 주기에 좋은 작품을 고를 때 《엄마의 런닝구》, 《비 오는 날 일하는 소》, 《놀고 싶다》, 《맨날 나만 갖고 그런다》, 《내 손은 물방울 놀이터》, 《이빨 뺀 날》, 《비교는 싫어》 등을 참고하세요.

친구 글은 짧아서 좋습니다. 글을 읽어 주면 빠져듭니다. 꾸중 들은 날 생각나는 글, 시험 때문에 스트레스 받는 날 떠오르는 글이 있습니다. 글쓰기를 꾸준히 하면 상황에 맞는 글이 떠오릅니다. "와! 나랑 생각이 똑같네!", "그렇게 생각할 수도 있구나!", "맞아, 나도 체한 적이 있는데 한 번도 글로 쓴 적은 없어!" 합니다.

2학년을 가르칠 때 한 아이가 제 건망증으로 일기를 썼습니다. 침울하게, 비밀 고백하듯 읽어 줍니다. "나는 불치병에 걸렸어. 죽을 때까지 못 고친대. 나도 힘들고 주변 사람도 힘들게 하지만 어쩔 수 없어." 하면 눈을 동그랗게 뜨고 걱정하며 쳐다봅니다. "예현이가 알아낸 선생님의 불치병을 소개한다. 일기 제목은 '선생님의 건망증'."

모두 '와하하!' 웃습니다. 준비물을 잊으면 '아, 건망증!' 합니다. 제가 잊을 때마다 '선생님의 건망증' 하며 1년 내내 일기에 써 옵니다. 4월 27일, 원혜영이 쓴 일기입니다.

   …… 예현이 일기 제목이 맞긴 맞나 보다. 정말 선생님께서 건망증이 다시 일어나나 보다. 선생님이 알려 주신다는 한옥 마을이 도대체 어딜까? 궁금하다.

혜영이는 건망증이 재미있나 봅니다. 6월 14일에 또 씁니다.

   창체 시간에 학교 뒷산으로 갔다. 선생님과 가는 게 이번이 두 번

째다. 가 보니까 많은 식물이 있었다. 뭐가 있었냐면 등나무, 산(뱀)딸기, 제피와 엄청 비슷했는데 이름이 뭐였더라? 크, 선생님의 건망증이 나한테도 옮았나 보다. 어쨌든 소나무 냄새 향이 참 진하게 났다. 이 숲이야말로 진짜 잔솔밭이다.

6월 19일, 희상이도 '선생님의 건망증'으로 일기를 씁니다.

선생님은 건망증 때문에 손에 할 일을 적어서 다니신다. 조금 부끄러운 것 같지 않을까? 이런 생각이 난다. 그리고 뭐로 쓰는지는 모르겠지만 안 지워질 것 같다. 꼭 비누로 씻어야 되겠다. 원래부터 비누로 씻어야 되지만 귀찮을 수도 있을 것 같다. 그리고 빨리 안 되면 늦을 수도 있겠다. 선생님은 건망증이 엄청나게 심하지도 않은데 왜 손에 쓰고 다니는지 도대체 모르겠다.

그러자 예현이가 2탄을 써 옵니다.

건망증 원은 선생님, 건망증 투는 내 엄마, 그러면 건망증 쓰리는 누구일까요? 바로 나다. 나는 학교에서 있었던 일 거의 다 까먹었다. 기억을 도토리처럼 자꾸 까먹는다. 머리 좋아지는 약이 있으면 좋겠다. 기억이 나빠서 얻은 별명 '건망증 쓰리'가 너무 싫다. 그리고 넘버 원은 일등이라는 뜻이겠다. 그럼 난 '건망증 넘버 쓰리'랑 똑같은 존재다. 제발 제발 머리가 좋아지는 약이 있으면 좋겠다.

11월 17일, 윤정이는 "내일은 바로 바로…… 무슨 날일까? 내가 이 세상에서 제~일 특별한 날, 선생님은 건망증이 있어도 알겠죠?"라고 씁니다. 11월 19일, 경민이는 학급 문집 〈그루터기〉를 받고 건망증을 떠올립니다.

"오늘 기다리고 기다리던 〈그루터기〉 5호가 나왔다. 처음부터 끝까지 읽었다. 언제 길게 쓴 일기가 있는데 선생님이 문집에 안 내셨다. 건망증 때문인 것 같다."

준혁이는 5호 문집 나올 때 "일기 많이 썼는데 왜 안 써 주셨어요? 또 건망증 때문 같다. 나한테는 공부, 컴퓨터게임, 텔레비전 이런 거보다 재미있는 게 바로 그루터기 읽는 거다. 빨리 그루터기가 나오면 좋겠다."고 걱정하더니 마지막 문집 나올 때도 "…… 선생님께서 건망증이 심해서 국어책 163쪽에서 팥죽 할머니와 호랑이를 팥죽 할머니와 늑대로 말해서 다른 사람들이 보고 '할머니와 늑대'로 연극한다 생각할까 봐 걱정이 된다."고 썼습니다.

1년 내내 건망증이 문집에 오릅니다. 지인이는 아빠 생일을 잊고 "오늘은 아빠 생일이다. 생일 선물을 안 주었지만 대신 뽀뽀를 한 번 해 주었다. 아빠 기분이 좋나 보다. 오늘 아빠 생일인 걸 까먹었다. 그것도 딸인 내가…… 나도 선생님한테 건망증 옮았나 보다." 합니다. 건망증 들려주기 잘했네요. 사랑스러운 2학년입니다.

어떤 글을 읽어 줄까요? 생각과 느낌이 잘 나타난 글, 설명과 묘사를 잘한 글, 짜임이 좋은 글이 좋지만 저는 글감이 좋은 글과 아이가 공감할 만한 글을 고릅니다. 재미난 글 사이 사이에 가치를 담은 글을 읽어 줍니다. 눈빛을 반짝이게 하는 글, 마음에 깊이 남은 글을 들려주면 재미를 뛰어넘어 울림을 듣습니다.

가재

변준호(6 남)

나는 가재를 키운다. 양어장 거랑(개울)에서 잡았다. 가재가 집게 없는 놈이 많다. 가장 큰 놈이 있는데 그놈이 왕이다. 지 맘에 안 들면 큰 가재 집게로 집는다. 다 덤비면 이길 수 있는데 …… 그런데 왕 가재한테 빌붙어 다니는 놈이 있다. 집게도 다 있는 놈이다. 왕보다 빌붙어 다니는 놈이 더 나쁘다. 힘없는 가재가 이러겠다. "배 배 배신, 배반이야!" 가재 왕이랑 빌붙어 다니는 놈 내가 잡아먹어야겠다. 가재 왕과 빌붙어 다니는 놈이 다 집게를 자르기 때문이다. 살찐 왕 맛있겠다.

가재 왕과 빌붙어 다니는 졸병 가재, 우리 사회와 닮았습니다. 준호는 힘없는 가재를 위해 왕을 잡아먹겠다고 합니다. 누군가 정말 가재 왕을 혼내 주면 좋겠다는 생각에 대리 만족합니다. '글'이 주는 느낌을 그대로 받아들이세요.

대회 입상작을 모아 놓은 수상 작품집이 학교에 옵니다. 한 가지 주제로 쓴 작품집은 피하세요. 물에 관한 글이라면 계속 물 얘기만 나옵니다. 싫어하겠죠! 내용도 부족합니다. 수상을 목적으로 쓴 글이라 심사위원 입맛에 맞는 글이 들어 있습니다. 몇 작품을 골라서 읽어 줄 수는 있지만 작품집 자체는 별로입니다. 다양한 글이 실린 문학 작품집이 좋습니다. 같은 반, 같은 학교 학생 글이 더 좋습니다.

학교 문집은 잘 골라야 합니다. 12월에 몰아 써서 편지글과 겨울 이야기가 많습니다. 꾸준히 글을 모아서 만들지 않아 가치가 떨어집니다. 작품집과 문집을 찾기 어렵다면 보리출판사, 우리교육, 한국글쓰기연구회에서 엮은 책을 읽어 보세요. 솔직한 모습이 잘 나타난 글이 실려 있습니다.

안기용(4 남)

시인들은 머리에 든 것도 많지! 어떻게 그런 생각을 했을까? 글 하나 쓰려고 곰곰이 생각하는 나와 다르게 정말 정말 시로 가득 차 있나 보다.

기용이는 놀라움을 압니다. 그래서 그렇게 쓰려고 노력합니다. 제가 자주 들려주었거든요. 여러분도 들려주세요.

4. 두 가지 방식을 기억하세요

4학년 국어 시간에 '친구'에 관한 글을 읽었습니다. 글을 쓰는 시간은 아니지만 물었습니다.

"친구를 주제로 글을 쓰려면 어떻게 하지?"

대답을 못 합니다. 질문을 바꿔야겠습니다.

"친구 사이에 일어난 일이 나오는 책을 찾아볼까?"

《까막눈 삼디기》,《가방 들어 주는 아이》,《거리의 아이 토토》를 말합니다.

"까막눈 삼디기에는 어떤 친구가 나와?"

"친구를 도와주는 좋은 친구요."

"가방 들어 주는 아이는?"

"선생님이 시켜서 도와주는 친구요."

"거리의 아이 토토는?"

"어려운 일을 함께 하는 친구요."

"너희는 어때? 4학년은 둘뿐이잖아. 어느 정도 친구야?" 하니 마주 보며 웃습니다.

"너희는 까막눈 삼디기처럼 대가를 바라지 않고 도와주는 친구가 될 거야! 어떻게 해야 글을 잘 쓰는지 말해 줄게. 친구를 주제로 글을 쓴다면 지금 말한 것처럼 친구와 관련된 내용을 떠올리는 거야. 친구와 겪은 일을 떠올리고 전학 간 친구도 생각해 봐! 까막눈 삼디기 친구, 가방 들어 주는 친구 모두 꺼내 놓고서 엮어 쓰면 멋진 글이 나올 거야."

무얼 쓸지 생각나지 않을 때 관련 내용을 찾아 쓰는 방식(브레인스토밍)입니다. 친구에 대해 생각나는 내용을-관련 책, 시골 학교에서 딱 한 명인 내 친구, 친구 전학 오기 전까지 혼자 공부하던 때, 친구에 관한 이야기-모두 꺼내고 문단을 만듭니다.

　1문단　친구가 전학 왔다.
　　　　　(이젠 혼자 공부하지 않아도 된다. 내게도 친구가 생겼다.)
　2문단　책에서 살펴본 친구.
　3문단　진정한 친구란?

　글은 낱말을 꺼내면서 시작합니다. 낱말로 문장을 만들고, 문장을 모아 문단을 이루며, 문단을 엮어 글을 완성합니다. 장편소설도 문득 떠오른 이야기 하나, 문장 하나, 낱말 하나에서 시작합니다. C. S. 루이스는 떠오른 이미지를 글로 옮겨 《나니아 연대기》를 썼습니다. 톨킨은 생각 조각을 붙이고 붙여 《반지의 제왕》을 썼습니다.

　'친구'에 내용을 덧붙이면 좋은 글이 될 테니 '지금 당장' 쓰게 할까요? 틈나는 대로 방법을 알려 주지만 쓰라고 강요하진 않습니다. 방법을 안다고 글을 쓰진 않습니다. 언젠가 쓰고 싶은 마음이 들 때 방법을 몰라 기회를 놓치지 않게 하려고 자주 이야기해 줄 뿐입니다.

　얼마 뒤에 점심 먹으면서 "요즘 좋은 일 없어?" 하고 물었더니 ○○가 "오늘 아침에 송아지가 태어났어요." 합니다. "보러 가도 돼?" 하니 곁에 있는 아이까지 모두 기대 만발입니다. 갓 태어난 송아지는 마음을 두드립니다. '두근거림'은 글을 쓰게 만드는 최고의 비법입니다.

송아지 크기가 아이만 한 게 귀엽습니다. 풀을 먹여 주라 하니 머뭇거립니다. 왕방울 같은 눈과 뿔이 무섭습니다. 소가 혀만 내밀어도 풀을 놓아 버립니다. 괜찮다고 어르고 달래며 소가 풀을 입에 넣으면 잡아당겨 줄다리기하라고 시킵니다. 좋아합니다. 풀 먹을 때 손 빼지 말고 기다렸다가 혓바닥이 어떤지 느껴 보게 했습니다.

"으익! 소가 제 손을 핥았어요."

학생 수가 적은 학교여서 4학년 남자 둘을 가르칠 때, 3학년 여자 둘을 함께 가르쳤습니다. ○○는 순한 데다가 계속 여자아이와 공부해서 착하고 여립니다. 전학 온 △△는 거칩니다. 3학년 아이가 "△△ 오빠 만나 ○○ 오빠는 남자가 됐고, ○○ 오빠 만나 △△ 오빠는 사람이 됐어요." 합니다. 듣는 순간 '이게 주제다' 했습니다.

상황을 묘사하는 문장 하나, 느낌을 잡아낸 표현 하나, 마음을 두근거리게 만드는 '바로 그게' 주제입니다. 주제를 붙들고 생각을 쏟아 놓은 뒤에 문단을 나눕니다. 문장을 살피고, 낱말이 어울리는지 확인합니다. 브레인스토밍과 반대입니다. 문장과 문단 신경 쓰지 말고 떠오르는 내용을 모두 꺼내 놓고 문단-문장-낱말 순서로 다시 정리합니다.

브레인스토밍은 의무와 형식이 앞섭니다. 써야 한다는 생각에 낱말을 찾고 문단을 만들기 때문에 마음을 담기 힘듭니다. 반면에 주제에서 시작하면 내용은 좋지만 형식이 깔끔하지 않습니다. 짜임, 일관된 주제 의식, 넓은 안목을 생각하지 않고 자기 생각에 갇힙니다. 마음을 두근거리게 하는 주제를 찾고, 형식까지 알면 쓰기 쉽다고 꼬드깁니다.

글쓰기를 어느 정도 하면 개요 짜기를 가르칩니다. 개요 짜기는 내용에 맞는 형식을 입히는 과정입니다. 개요를 짜고 글을 쓰면 치우치지 않고 균형이 잡힙니다. 글쓰기를 싫어하는 아이라면 '글쓰기 어렵지? 개요 짜기를 배우면 쉬워져! 들어 볼래?' 합니다. 글쓰기에 빠져 개요 짜기를 즐겁게 배우는 아이도 있지만 적당한 때를 기다려야 하는 아이도 있습니다.

독서와 글쓰기는 애매한 관계라 했습니다. 독서는 입력 위주 활동이고 글쓰기는 출력 위주 활동입니다. 입력은 뇌의 뒤쪽 후두엽에서 주관하고 출력은 앞쪽 전두엽에서 주관합니다. 책을 읽어 입력 내용을 많이 갖추면 출력에 도움을 줍니다. 그러나 입력이 출력을 결정짓지는 않습니다. 생각과 지식을 정리해서 써야 합니다. 이게 개요 짜기입니다.

개요 짜기는 두 단계로 합니다. 펼쳐 놓기와 차곡차곡 담기입니다. 핵심 내용(주제)에 맞는 생각과 경험을 사방에 펼쳐 놓고 형식에 맞게 차곡차곡 담습니다. 짧고 간결한 방식으로 담아내면 시이고 길게 쓰면 산문입니다. 명쾌하게 주장을 담아 쓰면 논술이고 알려 주는 마음으로 쓰면 설명문입니다

'소를 본 느낌'에 대한 생각을 펼쳐 봅시다. 제목은 신경 쓰지 말고 떠오르는 생각을 마음껏 적습니다. 표에서 '새끼가 귀엽다'까지는 직접 본 내용입니다. 어미 잃은 송아지, 수소 파는 내용은 예전에 겪은 일입니다. 더 생각나지 않으면 '관련

핵심 내용	소를 본 느낌
떠오르는 생각	송아지, 암소와 수소 구별하기, 뿔의 모양, 소똥 밟을 뻔했다, 새끼가 귀엽다, 어미 잃은 송아지, 암소는 기르고 수소는 판다…….
관련 내용	용구 삼촌(책), 할아버지가 소를 키운다. 소를 키우면 멀리 여행가지 못한다. 소 잃고 외양간 고친다…….
제목	
처음	
가운데	
끝	
기타	

내용'을 찾습니다. 책이나 이야기, 사회현상이나 사건, 속담과 격언 등을 찾습니다. 기초 자료입니다.

2단계는 준비한 내용을 문단에 맞게 펼쳐 놓습니다. 쓰는 순서는 글의 종류에 따라 다릅니다. 일기, 감상문이라면 처음-가운데-끝 순서로 쓰고 마지막에 제목을 정합니다. 형식을 갖춘 글(설명문, 논설문)이라면 제목-가운데-끝(처음)-처음(끝) 순서로 씁니다. 설명하거나 주장하고 싶은 핵심 내용을 제목으로 삼고, 하려는 말을 쓰고(가운데) 결론을 맺고(끝) 핵심 내용을 왜 말해야 하는지(처음) 씁니다. 아쉽게 쓰지 못한 내용, 결론에 덧붙일 제안을 기타에 적어 둡니다. 글을 고칠 때 기타 내용을 어떻게 할지 결정합니다.

논리를 펴 나갈 때 쓰는 방식을 알면 개요 짜기가 쉽습니다. 글쓰기를 좋아하는 아이에게는 귀납법과 연역법을 알려 줍니다. 귀납법은 관련되는 사실을 바탕으로 결론을 맺습니다. 설명한 뒤에 결론을 쓰는 미괄식입니다. 연역법은 결론을 먼저 내리고 설명해서 두괄식입니다. 낱말에서 시작하는 글은 귀납법에, 주제에서 시작하는 글은 연역법에 가깝습니다.

시나 일기, 독서 감상문처럼 마음을 표현하는 글은 귀납법이나 연역법을 신경 쓰지 마세요. 느낌을 사방에 늘어놓아도 됩니다. 군이 고르라면 귀납법이 좋습니다. 시와 독서 감상문에서 결론을 먼저 말해 버리면 읽는 맛이 떨어집니다. 논설문은 연역법이 낫습니다. 주장을 명쾌하게 제시하고 근거를 들어야 합니다. 사실 귀납법, 연역법은 몰라도 됩니다. 받아들일 준비가 된 아이에게만 가르칩니다. 무엇보다 마음이 중요합니다.

5. 날마다 돌을 깨세요

미국 사우스다코타 주 러시모어 산에는 워싱턴, 제퍼슨, 링컨, 시어도어 루스벨트 조각이 있습니다. 얼굴이 18미터, 코만 6미터나 되는 큰 바위 얼굴입니다. 27킬로미터 떨어진 곳에 아메리카 원주민이 성스럽게 생각하는 '검은 언덕'이 있습니다. 러시모어 조각에 참여한 코자크 지올코브스키가 추장 '서 있는 곰'이 보낸 편지를 받고 검은 언덕에 '성난 말' 추장 조각을 만들기 시작했습니다. 착암기 하나만으로 돌산을 깎기 시작한 지올코브스키는 33년 동안 750만 톤의 돌을 깨고 1982년에 죽습니다. 아내와 자녀 일곱 명, 손자까지 이어받아 50년 만인 1998년에 얼굴을 완성합니다. 높이 172미터, 길이 201미터인 거대 조각을 완성하려면 100년은 더 걸린다고 합니다.

너새니얼 호손이 쓴 《큰 바위 얼굴》에서 어니스트는 큰 바위를 닮은 사람을 기다립니다. 부자, 전쟁 영웅, 정치가가 큰 바위 얼굴 후보로 떠오르지만 어니스트는 실망합니다. 어니스트는 날마다 삶에 최선을 다하며 큰 바위 얼굴과 닮은 사람을 기다립니다. 꾸준히 자리를 지키고 성실하게 살며 스스로 큰 바위 얼굴이 됩니다.

어니스트는 대단한 일을 했기 때문에 큰 바위 얼굴이 되지 않았습니다. 날마다 성실하게 살았고 저절로 열매가 열렸습니다. 진짜 큰 바위 얼굴은 추장 '성난 말'입니다. 러시모어와 검은 언덕 사이에 '운디드니wounded knee'가 있습니다.• 아메리카 원주민의 슬픔과 아픔을 간직한 무덤입니다.

대부분 '러시모어'는 알지만 성난 말과 운디드니는 모릅니다. 역사를 바로 알리기 위해서 조각가는 날마다 돌을 깹니

• 아메리카 원주민의 슬픈 역사를 알고 싶으면 《나를 운디드니에 묻어 주오》를 읽어 보세요.

다. 자식에 자식까지 묵묵히 가치를 이어받습니다. 날마다 돌을 깨면서 기억에서 사라진 성난 말이 다시 나타나기를 기다립니다. 멀리 내다보고 꾸준히 터벅터벅 걷는 모습이 아름답습니다.

독일 작가 토마스 만은 창작의 귀재로 불립니다. 날마다 한 쪽씩 꾸준히 글을 써서 동서고금을 통해 가장 많은 작품을 써낸 작가 중 한 사람이 됐습니다.* 쓴 글이 자그마치 2만여 편이나 됩니다. 저도 꾸준히 읽고 쓰다 보니 열매가 달립니다. 제 글쓰기의 기초에 날마다 한 쪽씩 쓴 글이 있다는 걸 나중에야 알았습니다. 먼저 쓴 글이 나중에 쓸 글을 밀고 갑니다.

저는 초등학생, 중학생 독서 모임에서 책 한 권을 4주 동안 공부합니다. 첫 주에는 책 내용을 나눕니다. 둘째 주에는 토론하며 쓰고 싶은 주제를 찾습니다. 셋째 주에는 글을 쓰고 마지막 주에는 글을 고칩니다. 한 달에 한 권씩 천천히, 꾸준히 읽고 나누고 쓰고 고칩니다.** 《딸들의 제국》을 나누고 쓴 글입니다.

김경인(중 2)

어제 두드림을 봤다. 하버드대 종신 교수가 나왔다. 텔레비전을 끄고 나니 무언가를 해야겠다는 생각보다는 그냥 마음이 갑갑했다. 두드림에 나오는 사람들을 보고 있으면 최고가 되어서 부럽다는 생각보

* 애니 딜러드 지음, 이미선 옮김, 《창조적 글쓰기》, 공존, 2008, 29쪽.
** 2012~2013년 동안 아침독서신문에 독서반 활동 모습을 소개했습니다.

다는, 무언가 하고 싶은 일이 뚜렷하게 있었다는 게 부러웠다.

아직까지도 나는 자기소개서 장래 희망 칸에 자신 있게 꿈을 적어 본 적이 없다. 반복되는 일상 속에서 무언가를 하고 싶고, 되고 싶은 것을 찾아보라는 건 어쩌면 무리한 부탁일지도 모른다는 생각도 해 보았다. 앞으로 새로운 것을 시작할 때의 그 설렘을 가지는 횟수도 점점 줄 것이라는 것을 나는 안다. 그래서 2013년 나의 마지막 중학생 시절을 이때까지 못 해 본 최대한 많은 경험들을 해 보려 한다. 그렇게 꿈을 찾고 싶다. 내가 사는 이유가 그 꿈을 위해서가 될 만큼 간절한 목표를 가지고 싶다.

책을 읽으면서 처음에는 장수말벌들이 자신이 해야 할 일을 뚜렷이 알고 살아간다는 것이 부러웠다. 책을 읽고 나서 생각해 보니, 그것은 부러운 것이 아니다. 마리아가 하는 일들은 스스로가 해야겠다고 다짐한 것이 아니라, 그녀의 제국이 시킨 일이다. 그녀는 부름을 받아들이고 열심히 먹이를 구해 주었던 것이다. 그렇다면 지금의 나와 다른 것은 없다. 나도 학교가 말하는 공부를 하고 있고, 그것은 나의 의지가 아닌 모두가 해 내고 있는 일이다. 만약 마리아가 베발트와 함께 '사랑'이라는 그들만의 새로운 삶의 이유를 찾았더라면, 마리아에 대한 내 평가도 바뀔 것이다.

똑같은 출발선에서 시작해 한길을 걷다가 '어떤 지점'에서 서로 다른 길로 갈라져 나아가는 것이 바로 우리 삶이다. 같은 길을 지나 '어떤 지점'에 다다랐을 때, 수많은 길들 중 나의 길을 선택하는 방법을 아직 나는 깨닫지 못했다.

경인이는 무얼 할지, 어떻게 선택할지 고민합니다. '선택하는 방법'을 고민하다니 대단합니다. "너는 내게 배우지 않아도 글을 잘 쓰잖아. 독서 모임에 안 나와도 돼!" 했더니 "여기 안 나오면 아예 글을 쓸 생각을 안 해요." 합니다. 경인이 말을 듣고 '맞다. 나는 생각할 기회, 쓸 기회를 주면 된다. 생각하도록 격려하고 도와주는 게 내 일이다.' 생각했습니다.

토마스 만처럼 꾸준히 써야 합니다. 아이는 '생각하기'와 '꾸준히 쓰기' 둘 다 싫어합니다. 컴퓨터와 스마트폰 앞에서 몇 시간이고 낄낄거리지만 글을 쓰라고 하면 몸을 뒤틉니다. 생각 없이 천 편을 써도 토마스 만이 되지 않습니다. 좋아하지도 않으면서 숙제처럼 쓰거나, 단기간에 남보다 앞서기 위해 쓰는 글로는 토마스 만이 되지 못합니다.

재미난 쓸거리를 겪게 하려고 색다른 활동을 했습니다. 체육 시간에 학교 뒷산에 올라가고, 재활용품에 들꽃을 담아 키웁니다. 자전거 하이킹도 가고 지렁이 굴이 어디까지 들어가나 파헤쳐 봅니다. "굳이 돈 주고 사서 키워야 해?", "체육 시간에 산에 가면 안 돼?", "옥상에서 밥 먹으면 이렇게 기분이 좋은데 왜 한 번도 하지 않았을까?"

과학 시간에 강의 흐름, 물의 세기에 따른 지형 변화 등을 배웁니다. 장마철에 학교 운동장에서 물이 흙을 파내 길을 만들며 흘러가는 걸 관찰합니다. 관찰을 마치고 맨발로 운동장에서 뛰어놉니다. 미리 준비한 헌 옷을 입고 진흙을 던지며 놉니다.

가장 기억나는 일

김휘석(3 남)

친구들하고 선생님하고 진흙 던지기를 했던 것이 가장 재미있었다. 남들에게 더럽다는 말은 들었지만 내가 가장 재미있는 놀이가 이 놀이이다. 우산을 방패 삼아 막고 진흙도 막 던지고……, 옷은 더러워지지만 진흙을 맞은 친구들은 정말 웃기다. 그리고 진흙을 던지는 것은 상관없이 던지니까 누가 잘하고 누가 못하냐는 것이 없어 더욱 좋다. 축구는 누굴 잘한다 하면 잘한다 한 사람이 자꾸 나한테 와서 잘난 척을 하고 나는 기분 나빠져서 축구가 싫다. 그래서 난 비가 온 뒤 진흙놀이를 즐긴다. 1학기를 마치려 하니 이 놀이가 생각나고 내가 일요일도 못 버텨 학교 가고 싶은 생각이 나는데 그 긴 여름방학 동안 호현이와 친구들 생각만 할 것 같다. 그러므로 일주일만이라도 많이 놀아 두어야겠다. 그리고 친구의 소중함도 느꼈다.

장애인의 날처럼 특별한 날에도 색다른 활동을 합니다. 머리가 아니라 몸으로 겪고 느끼고 글을 씁니다. 다리 하나로만 1시간 생활하기, 입이나 발로 글씨 쓰기, 안대 하고 걷기, 운동장에서 눈 감고 목표물 찾아가기, 말하지 않고 1시간 체육 하기 따위를 합니다. 중학교 수학 선생님은 3월 14일을 π-day° 로 정해 수학 축제를 합니다. 생각하라고 소리만 지르지 말고 생각할 기회를 주세요.

• π(원주율)=3.14입니다. 3월 14일을 π-day로 지킵니다.

토마스 만처럼 쓰게 하려고 예상치 못한 일을 계속 만듭니다. 쓸거리를 던져 주고 날마다 쓰기를 기다립니다. 공부하면서도 줄기차게 '왜? 무엇 때문에?'를 묻습니다. 이야기를 만들어 주고 글을 쓰게 하세요. 이야기를 듣고 싶다고 마음을 두드리세요. 자기만의 이야기를 가져옵니다.

경험을 바라보는 눈(안목)이 중요합니다. 글 쓰는 눈으로 보면 주변에 쓸거리가 얼마나 많은지요! 햇살에 보이는 먼지들, 난간에 집을 지은 거미, 쉬는 시간에 친구가 한 말 한마디, 창문으로 들어오는 바람 모두 좋습니다.

"이건 어때? 저것도 글로 쓸 수 있지 않을까? 요것도 괜찮지?"

처음에는 반응이 없습니다. '왜 이러실까?' 하며 봅니다. 하루, 이틀, 한 달이 지나면 "선생님, 교실에 벌이 들어와 창문에 부딪치잖아요. 이걸 쓰고 싶어요."라고 합니다. 진짜 기쁩니다.

제가 만난 아이는 글을 잘 씁니다. 토마스 만으로 만들기 때문입니다. 쓸 기회를 자주 가졌더니 저절로 글을 잘 씁니다. 글을 자주 써도 그리 싫어하지 않습니다. 글이 공책을 뛰쳐나와 이야기가 되게 해 주면 됩니다. 쓰는 일 자체는 힘들지만 글맛을 알면 연필 드는 순간 다른 사람이 됩니다. 그럼 표정이 달라지며 '맞아, 이건 쓸 만한 가치가 있어.' 하는 마음으로 집중합니다.

작가는 날마다 떠오르는 사소한 생각, 시간이 지나면 사라질 생각을 종이에 붙들어 놓습니다. 거기에 살을 붙여 작품으로 내놓습니다. 아리스토텔레스는 "날마다 하는 일이 당신을 변화시킨다"고 했습니다. 마음을 울리는 작품이 완성되는 날을 기대하며 꾸준히 돌을 깨게 해 주세요. 우연히 생기는 일을 붙잡고 '글로 남길 만한 가치가 있다. 이걸 남기지 않으면 다시는 이런 생각을 못 한다'고 권해 주세요. 그럼 아이가 글을 씁니다.

6. 풀밭으로 달려가세요

플라톤은 《국가》에서 "교육은…… 어린 시절에 이루어져야 하지만, 어떤 강요도 있어서는 안 된다네. 강요로 얻은 지식은 마음에 남지 않기 때문이지. 어릴 때의 학습은 오락처럼 이루어져야 하네. 그래야 타고난 소질을 더 잘 발견할 수 있을 것이네."라고 합니다. 신나게 놀아야 글을 잘 씁니다. 운동장에서 몇 시간씩 노는 아이는 예상치 못한 글을 씁니다.

프랑스 시인 생 폴 루는 잠자는 동안 문 앞에 "시인은 일하는 중입니다."라는 팻말을 걸어 두고는 했습니다.* 일하고 노는 것조차 시인의 작업이라 합니다. 쉼은 생각할 힘을 줍니다. 쉼 없이 노력해야 할 때가 있지만 아이는 잘 놀고 쉬어야 합니다.

• 애니 딜러드 지음, 이미선 옮김, 《창조적 글쓰기》, 공존, 2008, 30쪽.

놀아야 산다

조희인(4 여)

놀아야 산다.
아이들은 매일 논다.
언제나 놀아야 한다.
놀지 않으면 몸은 근질근질
선생님 목소리는 자장가
안 놀면 못 살아, 못 살아!
엄마는 공부하라고 하는데
그 소리는 나보고 죽으라는 소리다.
아이들은 모두 놀아야 산다.

아이들이 학교와 학원, 집을 뺑뺑이 돌며 바쁘게 삽니다. 글로 남길 만한 일을 생각할 여유가 없습니다. 억지로 끌려 다니는 아이는 가치 있는 일을 만나도 "쩐다.", "짱이다.", "대박!" 한마디로 끝입니다. 생각 없이 말하고 반응합니다. 가만히 앉아서 휴대폰 보는 걸 놀이라고 합니다. 연예인들이 자기들끼리 노는 방송 보고 좋다고 합니다. 보는 훈련만 시킨 영상 매체 덕분에 생각하지도 움직이지도 않습니다. 끌려다닌 아이는 스스로 주인이 되지 못합니다.

동영이는 운동회에서 계주 선수로 뽑혔지만 연습을 안 해서 졌습니다. "계주를 해서 친구가 이기고 내가 졌다. 기분 나쁘다."가 아니라 '이겨야 하는 경기'를 씁니다. 신나게 뛰어노는 동영이는 생 폴 루처럼 글을 씁니다. 학원에서 가르치지 못하는 '생기'가 넘칩니다. 아이는 놀아야 합니다.

이겨야 하는 경기

김동영(5 남)

이겨야 하는 경기, 계주에 참가하였다. 선생님께서 계주를 하라 하셨다. 이겨야 하는데 연습을 하지 않았다. 꼭 이겨야 한다는 생각에 빠졌다. 승렬이도 나와 똑같은 생각일 것이다. 승렬이와 내가 뛰기 전 5학년 여자아이들이 뛰는데 다람쥐처럼 시원하게 달린다.

우리 차례다. 승렬이가 얼마나 빠른지 말처럼 머리를 휘날리며 달린다. 다리가 검어서 말다리로 보인다. 나는 점점 뒤로 쳐진다. 꼭 고양이가 비닐봉지 쓰고 뒤로 걷는 것처럼 말이다. 이겨야 하는 경기인데 연습을 안 하니 몸 따로 다리 따로 움직인다.

끝나고 나니 창피하다. 다른 사람들이 꼭 화가 난 우리 누나 모습을 하고 있기 때문이다. 나 때문에 진 줄 알았다. 난 내 다리에게 계속 화를 냈다. 그래서 신발 앞 축으로 계속 땅을 박았다. 운동화는 아픈지 앞 축이 쏙 들어갔다. 다음에는 꼭 잘해야 한다고 생각하고 정신 좀 차리라고 머리를 철봉에 박았다. 그랬더니 별이 반짝반짝했다.

흙 만지며 나무 뒤에 숨고 운동장에서 뛰어다니는 아이는 글을 잘 씁니다. 마음을 마음껏 펼쳐 냅니다. 잘 노는 아이는 조금만 가르쳐도 놀라운 글을 씁니다. 보고 듣고 느끼고 잠자는 시간이 다릅니다. 곤충 잡고 냇물에 돌 던지고 별 보며 자란 아이가 쓴 글은 남다릅니다.

2009년 학업성취도국제비교연구Pisa 결과 우리나라는 1623점으로 핀란드에 8점 뒤져 2등을 했습니다. 우리나라 대표가 "우리가 곧 1등 할 겁니다. 긴장하십시오."라고 말하자 핀란드 대표가 "핀란드는 행복하게 1등을 하지만 한국은 고통스럽게 1623점을 얻습니다. 우리는 일주일에 30시간 공부하지만 한국은 50시간을 억지로 공부합니다. 같다고 생각하십니까?"라고 했습니다.

2013년에는 우리나라 학생들이 읽기 536, 수학 554, 과학 538점*을 얻어 읽기 519, 수학 524, 과학 545점인 핀란드를 이겼습니다. 그러나 우리나라 학생들의 행복 지수는 조사 대상 65개국 중에 64위입니다. OECD 국가 꼴찌입니다. 성적은 좋지만 즐겁지도, 만족하지도 못합니다.

물고기 박사 최기철 할아버지를 읽고

남수민(4 여)

내 나이 열 살

아직 어린 나이

펑펑 놀아서 위인 된 사람도 있는데

최기철 할아버지처럼

그런데 왜 학원 쫓아다니며 바쁘게 살까?

• 암기 위주로 점수 따기에만 집중하는 우리나라 때문에 2017년 시험부터는 평가 내용을 바꾸기로 했다고 합니다.

어른들처럼 바쁘게 살까?

지금이라도 달려가고 싶다.

강 속으로, 풀밭으로

물고기를 잡으며, 풀벌레를 잡으며

진짜 아이로 살고 싶다.

이 시를 서울 아이들이 좋아한답니다. 물고기와 풀벌레 잡고 강과 풀밭으로 뛰어들고 싶답니다. 아이가 쉬게 해 주세요. 개울에서 고기 잡고 산에서 나무로 칼싸움도 해 봐야 합니다. 자연에서 뛰어다니면 글을 쓸 힘이 저절로 생깁니다. 토마스 만을 만나기 전에 생 폴 루를 먼저 만나게 해 주세요. 잠자고 충분히 쉰 아이는 글을 쓸 힘도 생긴답니다. 아이에게 여유를 주세요.

7. 실패하면서 배우세요

글쓰기는 구구단처럼 며칠 외운다고 되지 않습니다. 교사와 학생의 잘못된 습관이 방해합니다. 의욕을 무너뜨릴 수많은 걸림돌을 만납니다. 실패는 당연합니다. 넘어지면 다시 일어서면 됩니다. 저는 해마다 새로운 종류의 실패를 하면서도 포기하지 않기 때문에 글을 쓰면서 행복해하는 아이를 해마다 만납니다.

저는 문화 소외 지역, 공부에 관심이 적은 강원도 바닷가와 산골에서 가르칩니다. 일기도 제대로 안 써 오는 아이들 붙들고 고민하며 머뭇거립니다. 마음을 낮추고 설득하며 참습니다. 시시한 얘기하며 웃다가 시간 다 가고, 할 말이 없어 멍하니 있기도 합니다. 그래도 마음을 붙잡으려고 질문을 생각하고 반응을 살핍니다.

전학 오자마자 전교 1등을 한 아이가 독서반에 왔습니다. 《1940년 열두 살 동규》를 읽고 동규가 겪은 어려움을 나누며 "무엇이 너를 힘들게 하니?" 물었습니다. "사람들이 공부 잘한다고……." 하더니 웁니다. 모두 깜짝 놀랐습니다. 공부만 하는 아이가 주변의 기대를 힘들어하고 있다고는 생각도 못 했습니다. 친구들 마음이 녹아내립니다. 마음을 흔드는 외로움을 갖고 있으면서도 꺼내 놓지 못했는데 친구 눈물을 보고는 표현합니다.

'외로움'을 주제로 글을 쓰다가 가만있기에 "쓸 말이 없어서 그래? 쓰기 힘들어서 그래?" 했더니 대답하지 않습니다. "힘들면 그만 쓰자. 글 쓰다가 눈물 날 것 같다면 잘한 거야. 무게가 있는 글을 쓰고 있는 거야. 글에 담긴 네 마음을 보면 꼭 안아 주고 싶은데 그럴 수 없어 안타까워. 마음으로 안아 준 거야. 알았지?" 했습니다.

외로움

지금 나와 친구들은 서로 다른 어려움을 갖고 살아가고 있다. 내겐 그렇게 큰 어려움은 없다. 단지 공부하는 것이 조금 버거울 뿐이다. 공부를 많이 하는 것은 아니다. 동규는 많은 모욕감과 차별을 받고 동규 나름대로 힘들었을 것 같다. 동규가 힘든 상황에서 살았다고 해서 꼭 동규를 본받아서 열심히 해야겠다고 생각하진 않는다. 나도 그 시대에 태어났으면 똑같이 힘들었을 것이다. 항상 일본 사람들을 위해야 했고, 조선인이라서 일본 친구들과 차별된 대우를 받으며 공부를 해야 했을 것이다. 만일 동규가 이 시대에 태어났다면 나와 똑같이 공부를 하고, 평범한 생활을 했을 것이다. 또 나처럼 공부가 힘들다고 생각이 들 것이다.

나는 항상 '공부가 힘들다, 어렵다, 하기 싫다.' 말하지만 공부가 가장 힘든 건 아니다. 공부 말고도 힘든 일이 많다. 친구 관계도 그렇고. 사춘기라서 다 하기 싫어하고 부정적으로 받아들인다. 쉽게 집중이 안 된다. 문제집을 펴 놔도 문제만 뚫어지게 쳐다본 적도 많고, 컴퓨터나 텔레비전만 본 적도 많다. 분명 엄마가 잔소리할 줄 알면서도 일단 공부는 뒷전이다. 그러다 보니 엄마와 부딪치는 경우가 많아지고 공부가 더 하기 싫어진다.

지금 열심히 공부를 해야 나중에 나도 행복한 삶을 살 수 있다는 걸 알지만, 지금 당장은 그런 것들을 잘 못 느끼겠다. 엄마는 늘 '너도 커보면 알게 돼. 그러니까 지금부터라도 공부를 열심히 해.' 하시는데. 공부는 해야겠다는 생각은 든다. 하지만 공부가 내 삶을 어떻게 바꿀

지는 아직 가슴에 그렇게 와 닿지는 않는다. 그래서 공부가 더 멀게 느껴지는 것 같다.

지금 겪고 있는 일들을 잘 이겨 내서 나중에 만족하는 삶을 살고 싶다. 공부를 잘하는 아이도 그만큼의 부담감이 있어 힘들 것이고 공부를 못하는 아이도 스트레스로 힘들 것이고 이것도 저것도 아닌 중간쯤의 아이도 '나는 뭐지?' 방황하며 제자리를 잘 찾지 못하여 힘들 것이다. 모두 어려움을 잘 이겨 내고 살아갔으면 좋겠다. 힘들고 어렵다는 생각이 들면 하고 싶은 일을 먼저 하는 것도 어려움을 이겨 내는 방법 중 하나라고 생각한다. 내 주변의 친구들, 사람들도 각자 하고 싶은 일을 하면 좋겠다.

예빈이는 아이 바로 옆에 앉았습니다. "너희 둘이 바꿔 읽고 이야기해 봐라." 했더니 "어머, 너 이랬구나! 나도 그런데……." 합니다. 예빈이는 활발합니다. 성격이 반대인 두 아이가 마음을 나눕니다. 옆에는 남자 셋이 연필만 사각거리며 글을 씁니다. 장난치며 복도를 뛰던 아이가 '외로움'을 붙들고 글을 쓰는 모습이 아름답습니다. 수업 끝난 뒤에 둘이 함께 갑니다. 글 잘 썼다고 준 초콜릿을 반으로 나눠 먹으며 친구가 되어 갑니다.

아이가 글을 못 쓴다면 제 지도가 잠시 실패한 것뿐입니다. 다시 하면 달라집니다. '또 실패한다. 적극 따라나서서 글을 쓰진 않는다. 귀찮은 일이 된다. 그래도 글은 아이를 변화시킨다.' 이렇게 생각하세요. 지금은 어려워하지만 얼마 뒤에는 달라질 거라고 믿으면 정말 그렇게 됩니다.

실패의 가장 큰 원인은 경쟁과 간섭입니다. 잘못된 방식으로 사랑하면 힘들어하며 글을 부모에게 보이지 않으려 합니다. 어떻게 반응할지 알기 때문에 감춥니다. 비밀 일기장을 쓰고 학급 문집을 감춥니다. 글을 써서 후련하고, 친구가 위로해서 좋지만 집에 가면 또 힘듭니다. 삶이 깊이 묻어나는 글을 쓰며 마음이 회복되려면 부모와 함께 나누어야 합니다.

학부모를 만날 기회가 있을 때마다 말합니다.

"글쓰기를 좋아하면 저절로 글을 씁니다. 어른은 기다리지 않고 간섭합니다. '일기 써라. 글씨를 예쁘게 써라. 내용은 이렇게 해라 저렇게 해라. 누구는 잘 쓰는데 너도 그렇게 써 봐라……' 이렇게 말하면 글쓰기를 싫어합니다.

글은 자기표현입니다. 자기표현은 평가하거나 비교할 수 없습니다. 비교당하면 하기 싫어합니다. 군이 비교해야 한다면 예전에 쓴 글과 견주어야겠죠. 부모가 끌고 가면 '글쓰기는 잔소리나 듣고 귀찮은 거구나!' 생각합니다. 글에는 삶과 소망이 담겨 있습니다. 아이 마음에 담긴 삶과 소망은 평가하면 안 됩니다. 표현이 서툴더라도 격려하면 반드시 자랍니다. 충분히 기다려 주면 아이는 우리를 놀라게 하고 감동을 안겨 줄 겁니다."*

부모가 준비되면 좋겠지만 그렇지 않아도 글을 씁니다. 부

* 랜디 포시·제프리 재슬로 지음, 심은우 옮김, 《마지막 강의》, 살림, 2008, 197쪽에 실린 문장을 조금 바꿨습니다.

모 몰래 글에 마음을 쏟아 놓는 아이도 많습니다. 부모는 글을 공부와 관련지어 생각하기 때문에 방해합니다. 부모가 준비해야 한다는 건 글을 쓰는 기술을 배우는 준비가 아니라 받아들일 마음을 가지라는 뜻입니다. 글에 나타난 마음을 그대로 받아 주는 것이 진정한 준비입니다.

저는 잘 가르치지 못했습니다. 의욕은 넘쳤지만 기본도 안 된 교사가 얼마나 잘했겠습니까?

"친구에 대해 200자 이상으로 써 보자!"

이게 고작이었습니다. 그래도 글쓰기를 계속한 까닭은 글이 주는 기쁨을 알기 때문입니다. 기쁨을 넘어 환희였고 감격이었고 감사였죠! 글쓰기 최고의 비법은 아이 글에 감사하고 행복해 하고 놀라는 마음입니다.

저는 아이 글을 사랑합니다. 글을 쓰는 아이를 사랑하고 아이를 글로 기억합니다. 같은 마음으로 아이를 보신다면 제가 누린 축복을 함께 누릴 겁니다. 처음부터 잘 쓰는 사람은 없습니다. 제가 만난 아이 중에 타고난 글쟁이는 딱 한 명뿐입니다. 아이가 표현할 때까지 참고 기다리세요. 작은 표현, 문장, 이야기에 놀랄 날이 옵니다.

3.
갈래별
글쓰기

글쓰기는 '표현할 수 없는 것에 대한 공습'이다.
_T. S. 엘리엇

새가 울듯이 나는 글을 쓴다.
나는 견디기 힘든 현실에서 잠시라도 벗어나려고
거의 매일 시나 일기를 쓰고 있다.
_프리덤 라이터스 다이어리[*]

가슴속에 있는 찌꺼기들을 탁탁 털어놓고 나면
모든 것이 원활하게 돌아가는 느낌이었고
그 느낌이 나를 더없이 편안하게 했다.
_셰퍼드 코미나스[**]

[*] 에린 그루웰 지음, 김태훈 옮김, 《프리덤 라이터스 다이어리》, 알에이치코리아, 2014, 491쪽.
[**] 셰퍼드 코미나스 지음, 임옥희 옮김, 《치유의 글쓰기》, 홍익출판사, 2008, 14쪽.

글에는 갈래가 있습니다. 집에서 일기를 쓰고 학교에서 시, 조사 보고서, 소개하는 글, 설명문을 씁니다. 반성문을 쓸 때도 있고 드물게 논설문도 씁니다. 교사는 목적을 갖고 갈래를 나눠 가르치지만 아이는 '공부할 내용'으로 받아들입니다. 갈래별 글쓰기를 '공부 내용'으로 받아들이면 스스로 글을 쓰기 어렵습니다. 일기는 날마다의 기록이 아니라 정해 준 날짜에 써야 하는 숙제가 됩니다. 설명문, 논설문은 시켜도 쓰기 싫어하는 글이 됩니다.

　글을 잘 쓰게 만드는 활동이 아니라 아이와 연결하는 매개물로 생각해야 합니다. 아이를 사랑하고 글을 귀하게 여기며 둘을 연결시켜 주려고 눈빛을 반짝이면 달라집니다. 상담 글쓰기는 특히 조심하세요. 마음을 이해하려는 마음으로 신중하게 다가가세요. 탐정 글쓰기와 1분 글쓰기는 재미있기 때문에 가벼운 활동으로 해도 됩니다.

1. 또 하자고 조른다 – 탐정 글쓰기

나무 위의 개미

한의수(1 남)

남형이 형아 집 앞에 나무가 많이 있다.

나무 위와 나무 밑에 개미가 있다.

나무 밑에는 개미집이 세 개 있다.

한 줄로 나무 위로 올라갔다.

도대체 뭐가 있어서 그럴까?

의수가 남형이 형 집에 놀러 갔다가 개미를 봤습니다. 1학년은 집에 나무가 많은지 신경 쓰지 않습니다. 나무가 많다는 사실은 개미를 보다가 알았을 겁니다. 개미 들여다보다가 개미집도 찾고 나무 위로 올라가는 개미도 봅니다. 나무 위에 도대체 뭐가 있어서 개미가 올라갈까 궁금해서 나무 위를 뚫어져라 관찰합니다. 아이에겐 관찰하는 힘이 있습니다. 관심 가는 대상은 몇 시간이고 들여다봅니다. 글도 이렇게 쓸까요?

친구를 소개하는 글을 써 봅시다. 아리스토텔레스의 표현처럼 친구는 '두 개의 육체에 깃든 한 영혼'이므로 막힘없이 술술 표현할까요? 간단하게 몇 가지 쓰고 끝입니다. 조각난 추억이나 사건, '착하다. 친하다.' 정도만 씁니다. 성격과 마음이 드러나는 행동을 쓰지 않습니다. 자세하게 관찰하고 쓰라고 해도 5분이 채 지나기 전에 끝냅니다.

쓰고 싶은 마음이 들게 해야 합니다. 탐정 글쓰기는 친구를 몰래 관찰하고 씁니다. 글을 쓰기 싫어하는 아이도 몰래 보라고 하면 탐정이 된 듯 즐겁게 씁니다. 카메라 대신 연필과 공책을 들었지만 마음으로는 몰래카메라를 찍습니다. 친구를 자세하게 관찰하고, 관찰 결과를 성격이나 특징과 연결 지어 쓰는 방법이 '탐정 글쓰기'입니다.

1. 5~10명이 동그랗게 마주 보며 앉습니다.

2. 앉은 사람 모두 각자 관찰할 사람을 정합니다.

3. 친구 모습과 행동을 공책에 그대로 옮겨 적습니다. 행동을 최대한 작은 표현으로 써야 합니다. 처음에는 재미로 그냥 쓰고 다음에 할 때는 작게 표현하라고 알려 주세요. (예: '고개를 든다'는 큰 표현입니다. 작은 표현은 고개 들기 전 모습, 고개 드는 모습, 고개 들 때 표정, 고개 들고 보는 곳, 고개 든 까닭 등을 나눠 씁니다. 작은 표현은 자세하게 묘사해서 고개를 끄덕이게 만듭니다. 친구가 계속 움직인다면 작게 쓰기 어렵습니다. 쓰고 싶은 동작 하나만이라도 작게 쓰라고 말합니다.)

4. 친구 특징과 친구에 대한 생각을 함께 씁니다. 다음 쪽에 있는 밑줄 그은 내용은 친구에 대한 생각입니다. 서윤이는 '눈치가 없다'는 말을 세 번이나 썼습니다. 서윤이가 관찰하는 친구는 눈치 없이 고자질하고 별 생각 없이 말하는 친구 같습니다.

지금 열심히 글쓰기를 하고 있다. <u>눈치를 보고 있다.</u> 웃고 있다. 고개를 숙이고 글을 쓰고 있다. 평소 느리다. 거북이 같다. 우리한테 고자질을 많이 당한다. 이상한 짓을 많이 한다. 나를 힐끔 본다. <u>꾀병을 많이 부린다.</u> 평소 거짓말을 잘한다. 생각이 잘 안 나면 누구를 본다. 많이 못 쓴 것 같다. 평소 많이 떠드는데 오늘만 조용하다. <u>몸을 떨면서 쓰고 있다.</u> 평소 글쓰기를 되게 싫어한다. 조용할 때 말을 많이 한다. 눈치를 본다. 안 본다. 자랑을 많이 해 우리에게 얻어맞는다. 연필을 흔들고 있다. 얘는 눈치가 없다. 누구를 쓰는지 보고 있다. 나를 쳐다보다가 눈치가 보여 다시 글을 쓴다. 이상하게 때린다. 평소 말을 많이 한다. 이제 글을 그만 쓴다. 손가락질을 했다. <u>하나의 목표가 없다.</u>

5. 누구를 쓰고 있는지 들키면 안 됩니다. 오른쪽에 있는 친구를 관찰한다고 해도 왼쪽과 앞쪽을 계속 번갈아 보면서 친구가 모르게 해야 합니다. 친구에게 들키면 점수가 줄어듭니다.

6. 누군가 자신을 보고 쓸 수도 있습니다. 누가 자기를 쓰는지 찾아내야 합니다.

7. 단번에 찾을 수 있는 특징은 쓰지 않습니다. 노란 옷을 입었다거나 빨간 볼펜으로 글씨를 쓴다고 하면 쉽게 알아내겠죠. 평소 특징을 쓰면 좋습니다. 한 아이는 '항상 작은 지우개만 갖고 다닌다'고 써서 고개를 끄덕이게 만들었습니다.

8. 10분 정도 한다고 해도 더 하자고 조릅니다. 그럼 선심 쓰 듯, "그만 쓰지, 거 참! 10분 더 줄게." 합니다.

9. 시간이 끝나면 평소에 알던 내용을 보충하고 글을 다듬 습니다. 이 시간이 중요합니다. 관찰을 할 때는 생각을 쓰 기 힘듭니다. 관찰을 끝낸 뒤에 평소 친구에 대한 생각을 덧붙여 글을 정리합니다.

10. 한 사람씩 돌아가며 읽습니다. 듣는 친구들은 누구를 관 찰하고 썼는지 맞혀야 합니다. 친구가 읽는 글이 자기 이 야기라 생각하면 답지에 자기 이름을 씁니다. 누군가 자 기를 보고 쓸 수도 있으니까요. 모두 답을 적으면 누구를 보고 썼는지 발표합니다.

11. 돌아가며 글을 읽고 친구들이 답을 적으면 누구를 보고 썼는지 알려 줍니다. 들은 친구는 맞았는지 확인합니다. 모두 읽으면 총점을 계산합니다. 가장 점수가 많은 친구 는 '탐정'이 되고, 가장 잘 속인 친구는 '스파이'로 임명합 니다. 실감 나게 쓰면 '작가'이고, 두 사람이 똑같이 서로 를 쓰면 '단짝 친구'로 임명하세요. 아래 정답지는 최서윤 이 김동욱을 보고 썼는데 나는 이준하를 보고 썼다고 생 각했다는 뜻입니다.

발표하는 사람	내 정답	진짜 정답	점수
최서윤	이준하	김동욱	0

세 가지 방법으로 점수를 줍니다. 친구가 누굴 썼는지 맞히면 1점입니다. 내가 쓴 글을 관찰 대상인 친구가 맞히지 못하면 내가 3점을 얻습니다. 나를 쓴 친구를 맞히면 5점입니다. 열 명이 참가하면 최고점은 16점입니다. 나와 나를 쓴 친구를 제외한 여덟 명의 글을 듣고 대상을 모두 맞히면 1점씩 8점(자신을 대상으로 쓴 친구가 없으면 9점), 내가 쓴 글을 친구가 알아내지 못하면 3점(글을 듣고 다른 친구가 맞혀도 관찰 대상이 알아채지 못했다면 3점입니다), 자신을 관찰한 친구를 맞히면 5점입니다.

강원도에는 전교생이 삼십 명 이하인 학교가 많아 회의, 체육, 모둠 활동을 하기 어렵습니다. 소규모 몇 학교가 가끔 한 곳에 모여 함께 공부하는 '두레학교'에서 네 번째 만난 날 탐정 글쓰기를 했습니다. 우리 반 둘은 글쓰기를 좋아하지만 3개 학교 열두 명은 글 쓴다고 하니 인상을 씁니다. 글쓰기 싫어해서 보너스를 덧붙였습니다. "한 쪽 가득 쓰면 보너스 2점이다. 생각을 많이 쓴 사람은 보너스 5점을 준다. 생각을 쓰려면 '~고 생각한다. ~인 것 같다. ~ 하나 보다. 평소에는 ~게 행동하는데 오늘은 ~.'라고 쓰면 된다."

나를 몰래 보는 친구를 찾으려면 잘 살펴봐야 합니다. 친구 몰래 글을 쓰면서 다른 친구가 누굴 쓰는지도 맞혀야 합니다. 즐거울 수밖에 없습니다. 신나게 글을 씁니다. 10분을 주었지만 25분 동안 썼습니다. 예원이는 자신이 누구를 쓰는지 맞히지 못하게 하려고 주변에 있는 친구를 '누구'라고 썼습니다. 빨리 쓰다 보니 '그리고, 그래서, 그런데'가 하나도 없습니다. 짧은 문장을 써서 긴장감이 넘칩니다. 저절로 문장 공부가 됩니다.

송예원(소달초 4 여)

씩 웃는다. 두리번거린다. 고개를 숙인다. 지우개를 만지작거린다. 긴장되나 보다. 다리를 꾼다. 입을 뻐끔거린다. 웃는다. 아주 활발한 애다. 집중해서 쓴다. 누구를 바라본다. 입을 요리조리 옮긴다. 씩 웃는다. 열심히 쓴다. 아주 재미있나 보다. 글쓰기가 좋나 보다. 선생님을 바라본다. 옷을 만지작거린다. 아주아주 떨리나 보다. 다리를 떤다. 누구를 아주 잘 바라본다. 다리를 자꾸 꾼다. 그게 버릇인가 보다. 말을 계속한다. 나를 쳐다본다. 일부러 보는 것 같다. 목소리가 예쁘다. 공책으로 가린다. 연필을 계속 돌린다. 고민을 한다. 쓸 게 없나 보다. 아예 누웠다. 갑자기 두리번거린다. 누구를 계속 본다. 계속 보는 사람을 쓰나 보다. 선생님을 뚫어져라 본다. 시계를 본다. 또다시 눕는다. 공책을 계속 구긴다. 머리를 넘긴다. 평소엔 군기 반장인데 지금은 조용하다. 손을 만지작거린다. 고민한다. 이게 맞는지 생각하는 것 같다. 누구를 만진다. 다리를 떤다. 떨리나 보다.

예원이는 서윤이를, 서윤이는 김동욱을 썼습니다. 예원이는 학교가 달라 한 달에 한 번 서윤이를 만나고 서윤이는 같은 반 동욱이를 날마다 봅니다. 예원이는 지금 보이는 모습을,

서윤이는 평소 모습을 많이 썼습니다. 평소 동욱이 모습이 더 재미나기 때문이겠죠.

공부 시간에 친구가 발표하면 잘 듣지 않습니다. 똑같은 이야기를 여러 명이 되풀이하거나, 검색한 내용을 읽기만 하니까요. '탐정 글쓰기'는 끝까지 조용히 듣습니다. 친구 특징을 실감 나게 묘사할 때마다 왁자지껄 웃고는 금세 조용해집니다. 누구에 대한 설명인지 맞혀야 하는 데다가 실감나기 때문입니다. 발표가 끝나면 한 번 더 하자고 합니다. 신기한 일이죠. 글쓰기를 싫어하던 다른 학교 아이 소감입니다.

이준하(삼척남초 4 남)

탐정 글쓰기를 해 보니 정말 재미있고 이렇게 크게 흥분하고 흥미를 느낀 게 정말 처음이었다. 마피아처럼 재미있다.

서다련(삼척남초 4 여)

진짜 탐정이 된 거 같다. 10점 넘으니 기분이 좋았다. 근데 찾지 못했다. 그래서 아쉬웠다. 눈치를 키워야겠다. 이채연은 눈치가 좀 없는 것 같다. 내가 자기를 쓰는지도 모르니까. 나를 쓴 사람이 한 명도 없어서 속상하다. 나는 윤희가 해 주었으면 좋겠다고 생각했는데……

김수현(신동초 4 남)

재미있었다. 스파이를 해 보니까 스파이가 정말 어렵다고 생각했다. 눈치를 보는데 내가 누구를 썼는지 들킬까 봐 마음이 정말 조마조

마했다.

이채연(삼척중앙초 4 여)

재미있었다. 나중에 다시 모일 때 또 하고 싶다. 친구들이 할 때 맞히는 게 조금은 어려웠다. 그래도 맞힌 게 있어서 좋았다. 그리고 선생님도 재미있게 해 주셔서 정말로 좋았다.

친해지기는 했지만 네 번 만남으로 친구를 잘 알지는 못합니다. 친구를 관찰하고 친구 글을 듣고 누구일까 생각하고 함께 웃습니다. 탐정 글쓰기 하면서 친해졌다는 말을 듣고 기분이 좋았습니다. 좋아하는 체육 대신 싫어하는 글쓰기를 하고도 좋아하는 모습 보며 으쓱해졌습니다. 교실 밖에서 하면 더 재미있습니다. '글로 노는 런닝맨'이랄까요! 스파이처럼 친구를 쫓아다니며, 제대로 쓰지 못하게 이상한 행동을 하거나 방해하며 글을 씁니다.

탐정 글쓰기를 변형해 볼까요? 20분 이상 한 사람을 자세하게 관찰하고 글을 쓰라고 미션을 줍니다. 특정 행동이나 시간에 어떻게 행동하는지 몰래 보고 쓰면 공부 시간 모습, 쉬는 시간 모습, 웃는 모습, 밥 먹는 모습이 드러납니다. 스파이가 가져야 할 자질에 대해 영화로 설명하면 더 재미있습니다. 지현이는 제가 밥 먹는 모습을 썼습니다.

얼굴로 식사하는 선생님

차지현(5 여)

날씨: 과연 해도 선탠을 할까?

크크크, 선생님이 식사하실 때 얼굴 표정을 보면 선생님은 꼭 입이 아닌 얼굴로 식사를 하시는 것 같다. 선생님께는 죄송하지만 에구, 온갖 표정을 다 지으신다. 얼마나 다양한 표정이면 내 생각의 한 부분을 거의 선생님의 재미있고 다양한 표정이 차지한다. 그리고 매일 같은 모양의 표정을 보는 것 같은데 그것도 아니다. 어쩔 때는 찌푸리고 어쩔 때는 정체를 알 수 없는 표정을 지으시기도 한다. 그리고 선생님께서는 드시는 음식도 왠지 이상할 것 같다. 그런 선생님은 겉으로는 '너도 먹어 볼래? 음, 맛있다!' 이러시지만 속마음은 전혀 그러지 않을 것 같다. 선생님 속마음은 '뭘, 이게 뭔 맛이야? 내가 이걸 언제까지 해야 해! 괜히 했나 보다!' 생각하고 계실 것 같다.

선생님 온갖 표정 중에서도 포인트가 한 군데 있다. 그건 선생님 눈가의 주름이다. 왠지 모르게 선생님은 무엇을 드실 때 꼭 입보다 눈가의 주름이 더 많이 움직인다. 정말 이런 선생님 모습을 보면 다른 선생님들보다 더 특별하시고 선생님 몸에서 하나님 열기가 쫙쫙 퍼진다. 우리 반은 이렇게 웃긴 표정을 지으시는 선생님 덕에 웃는다. 다음 내 후배들이 우리 선생님에게 공부를 배우는 제자가 된다면 나는 왠지 조금은 질투가 날 것 같다.

'주제 중심으로 관찰하여 쓰기'도 합니다. '친구들이 웃는 모습', '화날 때 어떤 행동을 하는가?', '당황할 때의 모습', '친구들이 보여 주는 최고의 장난은?'을 주제로 서로 생각을 견주어 보는 글입니다. 친구 표정을 글로 담는 활동입니다.

우리 반 웃는 모습

노승준(4 남)

경준이가 웃으면 책상에 비비 꼬듯이 웃는다. 태현이는 웃으면 살짝 웃는다. 그리고 손가락 두 개를 입에 벌려 놓는다. 너무 웃길 때는 입이 하마같이 커져서 웃는다. 보조개가 생길 것 같다. 그런데 울 때는 애기 목소리로 운다. 동음이랑 나는 그걸 보고 배 잡고 뒹굴며 웃었다. 나는 거울 앞에서 웃으면 입가에 살짝 덧니가 보인다. 무건이는 침 튀기면서 '푸하하하!' 하고 웃는다. 성윤이는 웃을 때 '휴~' 하면서 토끼처럼 웃는다. 이빨을 잘 닦았는지 나보다 깨끗한 것 같다. 수제자 병률이는 '헤헤' 하고 웃는다. 다솜이는 웃을 때는 입이 세모가 된다. 명규는 별로 입을 벌리지 않고 히죽 웃는다. 그럴 땐 몸이 진동한다. 우리 반 아이들은 다 다르다.

사람은 웃고 울고 찡그리는 표정이 모두 다릅니다. 자세히 관찰하지 않으면 모릅니다. 정말 친한 친구라면 안 보고도 표정을 찾아내겠죠. 기억나지 않으면 친구에게 표정을 지어 보라고 강요하기도 합니다. 일주일 정도 시간을 주세요. 글을 읽어 주면 웃고 손뼉 치며 좋아합니다. 표현이 좋으면 글이 얼마나 사람을 웃기고 울리는지 저절로 배웁니다. 문장 하나가 우리에게 어떤 영향을 주는지 깨닫는 좋은 방법입니다.

2. 한순간을 붙들어라-1분 글쓰기

아이는 참 특별합니다. 날마다 생생한 순간을 만끽하며 살아갑니다. 물방울만 튀겨도 웃고 비눗방울만으로도 즐겁습니다. 온갖 표정으로 마음을 표현합니다. 그러나 글을 쓰자고 하면 쓸 게 없답니다. 날마다 신비의 순간을 만끽하며 살지만 글을 쓰려고 하면 어른처럼 무뎌집니다. 어제도 그저 그렇고 오늘도 똑같답니다.

벌레

이정영(1 여)

방 안에 조그만 벌레가 수학 공책 위에 앉아 있습니다.
벌레를 연필 위에 앉혀 놓았습니다.
꼼지락 벌레가 움직입니다.
무척 귀엽습니다.
그런데 엄마가 손으로 벌레를 죽여 버렸습니다.
엄마 보고 "죽이지 마세요!" 했는데
엄마는 벌써 벌레를 죽인 뒤였습니다.
엄마 미워요!

흐뭇합니다. 미소가 나옵니다. 아이는 어른이 보지 못하는 세상을 봅니다. 아이가 쓰고 싶은 건 어른에게 유치합니다. 어른이 쓰라고 골라 준 건 아이 눈에 들어오지 않습니다. 정말 재미있거나 신나는 경험은 드뭅니다. 슬프거나 아픈 경험은 쓰고 싶지 않습니다. 결국 쓸 게 없습니다. 글쓰기는 어렵다는 편견만 커집니다.

'시험'으로 글을 써 보세요. 공부 열심히 해서 성적 올리라고 간섭하지 말고 확 쏟아 놓게 해 주세요. 시험은 아이를 사로잡는 괴물이어서 마음을 털어놓게 만듭니다. 시험 전날, 시험지 받을 때, 점수를 확인할 때 한 문단씩 글을 썼더니 생각이 몸 밖으로 튀어나와 떠다닙니다. 시험 끝난 뒤에는 화풀이를 왕창 써 댑니다.

부모는 아이 마음을 모르고 결과에 집착합니다. 생각이 달라서 부딪칩니다. 시험 점수만 따지면 글을 쓰지 않습니다. 저는 아이가 쓴 글을 귀하게 여깁니다. 지우개 가루로 인형을 만들고, 자그마한 벌레에 마음을 빼앗길 때 '정말 그렇지?' 하며 같이 웃습니다. 아이가 가치를 두는 것. 마음 가까이 있는 걸 붙드세요. 어른 생각을 강요하지 말고 아이만의 특별함을 내보이도록 기회를 주세요.

엄마가 벌레를 죽이는 순간 정영이 마음은 하늘로 솟구칩니다. 시험지 받는 순간 생각이 쏟아집니다. 이런 순간이 또 있을까요? '상 받으러 나가는 순간'은 어떨까요? 잊을 수 없는 1분을 찾아보세요. 마음을 단번에 사로잡는 글감이 있을까 고민한다면 '1분 글쓰기'를 해 보세요. 심장이 터질 것 같은 1분, 1분이 한 시간처럼 느껴지는 순간, 기대감이나 두려움에 떨던 1분을 찾아봤습니다.

- 피아노 대회 나가기 전 1분
- 친구 기다릴 때 1분
- 거짓말 들킬 때 1분
- 게임 시작할 때 1분
- 동생 데리러 가는 1분
- 머리 묶을 때 1분
- 처음 비행기 탈 때 1분
- 시험지 채점하는 순간 1분
- 다쳤던 손 붕대 풀 때 1분
- 울고 있을 때 1분
- 개학식 하기 전 1분
- 집 밖으로 쫓겨날 때 1분
- 전자레인지에 차가운 치킨 데우기 1분
- 엄마가 말하는 '내가 잠잘 때' 1분

'1분'은 마음을 쏟아 놓고 쓰게 만듭니다. '아, 그때……' 하며 빠져듭니다.

시상식

김지현(5 여)

시상식을 한다.

두구두구두구

김지현!

듣는 순간,

사늘하던 얼굴에 웃음이 끊이질 않는다.

하지만 참아야 한다.

상을 안 받아 본 아이 같기 때문이다.

상을 받을 때면 온몸이 가벼워진다.

공기가 되어 상이 있는 쪽으로 날아간다.

친구들이 보고 있는 순간

내 몸은 친구들이 조종한다.

글을 읽어 주면 '맞다! 맞아!', '나도 그래. 나랑 똑같네.', '진짜 실감 난다. 아 진짜 …….' 하며 뜨겁게 반응합니다. 글감을 찾으면 반은 쓴 거나 다름없다고 했습니다. '1분'은 좋은 글감입니다. 생각과 느낌이 샘솟게 만듭니다.

피아노 치면서 공기하는 1분

송예원(4 여)

나는 피아노 학원에 다니고 있다. 나는 얌전한 거 말고 활동하는 것을 좋아해서 피아노 시간이 지겹다.

피아노 치다 심심해서 선생님이 다른 애를 검사하는 동안 매트에 가서 공기로 꺾기 한 번을 하였다. 다른 애들과 아주 작게 이야기도 했다. 그때 들킬까 봐 심장이 평소보다 훨씬 많이 뛰었다. 엄마가 정리 안 한 방에 들어올 때 '엄마가 무슨 말을 할까?' 기다리는 그 느낌이다.

그 순간 선생님 발자국 소리가 들려서 얼른 잽싸게 피아노 자리로 돌아갔다. 아무렇지 않은 듯이 피아노를 치는데 선생님이 들어오셨다. 들켰나? 혼나나? 마음이 조마조마, 콩닥콩닥, 두근두근 미칠 것 같다. 다행히 말씀을 안 하셨다.

심장이 내려앉는 줄 알았다. 그런데 조금밖에 안 놀았는데 시간은 아주 빠르게 1분이 지나갔다. 공부 시간은 40분이 1시간 40분 같고 쉬는 시간은 10분이 1초 같다. 모든 학생이 공감할 것이다. 다음에도 들키지 말아야지~.

아이들 대부분은 글을 사건 위주로 간단하게 쓰기 때문에 육하원칙만 갖춰 써도 글이 좋아집니다. 평소에 얼마나 간단하게 썼는지 육하원칙만 갖춰도 만족할 정도입니다. 이런 아이라면 '우울', '짜증', '왜 살까?', '행복', '울고 있을 때 1분'을 쓸 생각을 안 합니다. 《엄마를 부탁해》라는 제목으로 어떻게 소설을 쓰는지 이해를 못 합니다.

'화가 났을 때 1분'을 쓰게 해 보세요. 아이에게 못할 짓을 한 부모와 교사가 줄줄이 등장합니다. '슬플 때 1분'을 쓰면 지금까지 버텨 준 것만으로도 아이에게 고맙다고 말하게 됩니다. 화가 난 일, 슬픈 일은 덜컥 쓰지 못합니다. 마음이 서로 통해야 가능합니다. 1분 글쓰기는 그렇지 않습니다. 분위기만 조금 이끌면 자연스럽게 마음을 엽니다.

애니 딜러드는 자벌레를 들어 시야를 설명합니다. "혹 모양의 뒷다리 한 쌍은 풀잎 줄기를 꼭 붙들고 앞쪽 세 쌍의 다리나 몸은 뒤로 젖힌 채 허공에서 도리깨질을 한다. 이런! 더 못가는 거야? 뭐니? 자벌레는 바로 자신의 코앞에 있는 풀잎의 나머지를 넓은 세상천지에서 찾는다. 자벌레는 엄청난 행운으로 풀잎의 나머지 부분에 닿는다."[•]

자벌레는 자기 몸길이 바깥에 있는 세상은 모릅니다. 몸이 닿는 곳이 전부라 생각합니다. 글을 쓰는 아이도 자벌레처럼 코앞만 바라봅니다. '한 일'을 넘어서는 아이가 적습니다.

1분 글쓰기는 글 쓰는 시야를 넓혀 줍니다. 자벌레가 풀잎에 닿는 순간을 표현하게 만듭니다. 긴장과 떨림, 기쁨과 행복을 살려 냅니다. 누구든 순간만 잘 포착하면 글을 씁니다. 생각을 넓히기 위해 좋은 선생을 찾아다니고, 책을 열심히 읽어도 스스로 몸부림치지 않으면 풀잎에 닿지 못합니다. 기회를 주세요. '1분'으로 충분합니다.

제럴드 싯처는 교통사고로 어머니, 아내, 아이 모두를 한꺼번에 잃었습니다. 홀로 살아남은 뒤에 '내가 화장실에 다녀왔다면, 아빠가 조금만 더 바빴다면······.' 엄마가 죽지 않았을 거라 합니다. '1분만 시간을 뒤로 돌릴 수 있다면'을 수없이 생각합니다.

"1분이란 시간은 고작 햄버거를 한 입 베어 먹거나 교향곡의 첫 소절을 들을 수 있는 시간, 또는 책 한 페이지를 읽을 수 있는 시간이거나 낯선 사람의 첫인상을 잠시 훑어볼 시간

• 애니 딜러드 지음, 이미선 옮김, 《창조적 글쓰기》, 공존, 2008, 18~19쪽.

에 불과하다. 하지만 그 1분이 한 가족의 삶을 영원히 바꾸어 놓았다."[footnote]

아이에게도 이런 시간이 있습니다. "네가 1분만 시간을 뒤로 돌릴 수 있다면 언제로 돌아가고 싶어? 그때 무얼 할 거야?" 물어보세요. 시험 실수하지 않게 하겠다는 말뿐만 아니라 부모의 이혼을 막을 수 있다는 말까지 나옵니다. 상처받은 아이는 털어놓을 기회를 기다리고 있습니다. 질문 하나가 마음 문을 엽니다.

3. 삶을 표현하는 즐거움 - 일기 쓰기

학교에 가면 일기를 쓰게 합니다. 왜 쓰는지 따져 보지 않고 무조건 써야 한답니다. 학교에서 꼭 해야 한다고 생각하는 불문율이 있습니다. 받아쓰기, 일기 쓰기, 구구단…… 그냥 쓰고 외우라고 합니다. 저도 아무 생각 없이 쓰게 했는데 아이들이 보석을 내밀었습니다.

글이 보석이라 답글을 써 줬습니다. 기분 좋게 써 줬지만 간섭도 했습니다. 친구와 싸우고 화풀이를 쓴 일기에 잔소리를 해 댔습니다. "왜 싸웠니? 친구랑 싸우지 말고 사이좋게 지내야지!" 여기에 그치지 않고 화해시킨답시고 싸운 두 친구를

• 오스 기니스, '왜 내게 이런 일이', 〈크리스채너티 투데이〉, 한국판 2014년 6월호, 34쪽.

불렀습니다. 일기를 읽자마자, 일기 쓰면서 화를 풀었는데 가라앉은 앙금을 다시 휘저어 버린 셈입니다.

어리숙한 짓 많이 했지만 이해해 주었습니다. 오해하고 실수했지만 받아 주었습니다. 아이가 저를 가르쳤습니다. 답글 써 주는 것만으로도 좋다며 일기를 내밉니다. 보석 같은 글을 선물 받았습니다. 제 글쓰기 지도의 절반은 일기에서 나옵니다. 일기는 최고의 글쓰기 비법입니다.

1) 일기를 왜 쓸까?

일기는 반성하기 위해 쓰는 글이라고 합니다. 아예 공책에 반성할 내용을 쓰는 칸을 만들어 놓습니다. 반성하며 쓰는 글은 재미없습니다. 쓰기 싫습니다. 반성은 일기의 효과 중 하나이지만 일기 쓰는 목적은 아닙니다. 일기는 날마다의 기록입니다. 나무가 살아온 과정을 나이테에 남기듯 기억을 일기로 남깁니다. 생각을 붙들어 기록으로 남기는 게 일기입니다.

프랭크 맥코트는 "무조건 글을 쓰라고 독촉했던 성급함을 용서해 다오. 일상에 관해 계속 적어 보라고 하면서 왜 써야 하는지에 대해서는 한 번도 제대로 설명해 주지 않은 나의 미흡함도 용서해 다오. 그때 나는 이렇게 말했어야 했다. '10대의 하루하루가 자신의 지문처럼 고유한 것이기에 써야 한다고, 두 번 다시 그 시절을 맛볼 수 없을 것이므로 기록해야 한다고.'"•

• 셰퍼드 코미나스 지음, 임옥희 옮김, 《치유의 글쓰기》, 홍익출판사, 2008. 6~7쪽.

말합니다. 자기 이야기를 솔직하게 적어 가는 과정, 사라지는 기억을 붙들어 기록하는 과정이 귀합니다. 일기는 가장 귀중한 선물인 시간의 회계장부입니다.●

일기는 기록 자체에 의미가 있습니다. 일기는 반성하기 위해 쓰지 않습니다. 어떻게 사람이 날마다 반성합니까! 화가 나면 화풀이하고 기분 좋으면 하트를 잔뜩 넣습니다. 일기의 가치는 자기 이야기를 꾸준히 적는 데 있습니다. 일기는 잊지 않기 위해 씁니다.●● 자신이 기록하는 역사입니다.

즐라타 필리포비치는 보스니아에서 저격병의 총알을 피해 숨어서 일기를 씁니다.

"일기는 기억을 왜곡시키지 않고, 경험을 있는 그대로 전달해 줍니다. 일기는 글을 쓴 시대의 이야기를 담고 있으면서, 세상에 발표할 작정을 하고 쓰는 글은 아니기 때문에 매우 솔직하고 진실합니다. 처음부터 역사를 기록하기 위해 쓴 글이 아니지만, 결국 개인적인 방식으로 역사를 기록하고 있습니다."●●

조선왕조를 지속시킨 힘 역시 날마다의 기록에서 나왔습니다. 사관이 날마다 쓴 사초, 승정원에서 날마다 쓴 승정원일기, 정조 때부터 왕이 쓴 성찰 일기 일성록이 조선을 지탱한 힘입니다. 아우렐리우스는 일기에서 명상록을 펴냈고 우리 조

● 앤 패디먼 지음, 정영목 옮김, 《서재 결혼시키기》, 지호, 2001, 194쪽.
●● 이보나 흐미엘레프스카 지음, 이지원 옮김, 《블룸카의 일기》, 사계절, 2012.
●● 즐라타 필리포빅·멜라니 챌린저 지음, 정미영 옮김, 《빼앗긴 내일》, 한겨레아이들, 2008, 5쪽.

상들은 전 세계 어디에서도 찾아보지 못하는 기록을 남겼습니다.

《저 하늘에도 슬픔이》와 《저 하늘에도 이 소식을》이 두 권은 귀한 일기 모음집입니다. 며칠씩 굶으며, 굶주린 배를 움켜쥐고 껌을 팔면서, 아빠를 피해 도망간 엄마와 밥을 찾아 나간 동생을 기다리는 윤복이는 슬픔을 일기에 적습니다. 전국을 울린 이윤복의 일기는 동생이 돌아오게 했고, 엄마를 만나게 해 줍니다.

돌아가신 이윤복 대신 머리글을 쓴 이윤식은 "형은 슬픔을 아는 사람이었기에, 고달프게 살아가는 이웃들의 삶에도 관심이 많았습니다. 그런 형의 모습을 지켜보았던 터라, 나 또한 슬픔을 아는 사람이 더 큰 용기와 희망을 가질 수 있다고 믿습니다."●라고 적었습니다. 윤복이의 일기는 용기와 희망을 줍니다. 솔직하게 써 내려간 기록은 나를 일으키는 힘이 됩니다. 과거를 돌아보게 해 주고 미래를 충실하게 만듭니다.

일기를 언제 쓸까요? 하루를 돌아보며 반성하려면 잠자기 전에 써야겠지만 마음을 표현하는 글은 시간을 가리지 않습니다. 정신이 또렷할 때, 생각이 떠오를 때, 마음이 움직일 때 써야 합니다. 학원에 시달려 늦게 들어오면 쓸 시간도, 쓰고 싶은 마음도 없겠죠. 잠을 더 자고, 하소연을 털어놓는 게 낫습니다. 일기가 아이를 위한 글이어야지 아이가 일기를 위해

● 이윤복 지음, 《저 하늘에 이 소식을》, 산하, 2004, 5쪽.

있지 않습니다.

일기는 홀대받고 있습니다. 반성하는 글이라 생각하기 때문에 초등학생, 저학년이나 쓰는 글이 돼 버렸습니다. 일기는 틀에 박힌 반성만 쓰는 글이 아닙니다. 글을 쓰면 마음이 편안해집니다. '감정 정화'입니다. 묵혀 두면 앙금으로 남을 감정을 글로 쓰면서 털어 버립니다. 밖으로 털어 내면 속에서 썩지 않습니다. 일기가 가진 매력입니다.

일기는 글쓰기의 기본입니다. 글쓰기 실력을 높이기 위해 날마다 설명문과 논설문을 쓰지는 않습니다. 일기는 날마다 씁니다. 형식의 제한도 없습니다. 시를 써도 되고 편지, 줄글, 묘사글과 사생문, 설명문과 논설문 모두 가능합니다. 쓰고 싶은 내용을 자유롭게 씁니다. 똑같은 형식으로 억지로 쓰지만 않는다면 저절로 글쓰기 실력이 늘어납니다.

일기는 논술과 독서 감상문보다 중요합니다. 일기는 시켜서 쓰는 글이 아닙니다. 대충 해치우는 숙제가 아닙니다. 고민하지 않고 '한 일'만 되풀이해서 쓰는 골칫덩어리로 전락시키지 마세요. 평범한 하루는 없습니다. 누구나 '순간'을 만나고 '순간'을 만들어 갑니다. 일기는 '순간'을 붙드는 글입니다.

2) 일기 검사, 어떻게 할까?

일기를 검사하면 인권침해라고 합니다. 아이가 어떻게 지내는지, 무슨 생각을 하는지 알아야 하므로 읽어야 할까요? 개인 사생활이 드러나므로 읽지 말아야 할까요? 감추고 싶은 일

기가 있습니다. 교사가 봐도 되지만 공개하면 안 되는 일기에
는 제목 옆에 별표를 하나 그리게 합니다. 별표가 없는 글은
마음대로 읽고 친구에게 읽어 주기도 하지만 별표가 있는 일
기는 저만 보고 비밀로 합니다.

별표를 세 개 하면 저도 읽지 않습니다. 며칠 동안 계속 별
표를 세 개 그려 내면 읽지 않고 돌려줍니다. 읽지 않으면 답
글을 받지 못하므로 며칠 뒤에는 별표가 사라집니다. 읽고 반
응해 달라고 합니다. 이런 방법 덕분에 인권침해 얘기를 한 번
도 듣지 않았습니다. 4월 초에 첫 문집을 받으면 일기 검사 왜
하느냐고 말하지 않습니다. 문집에 실린 자기 일기와 친구 일
기 읽는 재미에 빠져듭니다.

저는 일기를 '검사'하지 않습니다. 일기 썼는데 잔소리만 하
면 쓰기 싫겠죠. 그래서 간섭도 하지 않습니다. 반성을 강요하
는 마음도 참아 주세요. 생각하는 힘이 길러지면 스스로 깨닫
고 반성합니다. 대충 쓰라고 잔소리하지 마세요. "잘 때가 됐
는데 아직 일기도 안 쓰고 뭐하냐? 빨리 쓰고 자!", "아무 거
나 대충 쓰고 자라!" 하지 마세요.

그래도 안 쓰면 상품으로 꼬드깁니다. 좋은 물건이 넘쳐 나
는 세상이라 학용품보다는 칭찬과 관심을 선물합니다. 2013년
에는 제주도 여행권을 걸었습니다.

"열 명이 두 달 동안 일기 200개를 쓰면 제주도에 간다. 많
이 쓴 사람은 비행기 탈 때 먼저 앉게 해 주겠다. 200개를 넘
지 못하면 제주도 여행은 없다."

세 아이는 열심히 썼지만 결국 제주도에 못 갔습니다. 열심히 쓴 아이가 화를 냅니다. "너는 열심히 썼는데 다른 아이가 안 써서 화나지?" 하니 비난하며 씩씩댑니다. "헛수고한 걸까? 제주도 가려고 열심히 일기 쓰면서 무얼 배웠지? 틀림없이 얻은 게 있어." 했습니다. 아이는 글 쓰는 눈을 떴습니다. 일기 쓸 게 없어 힘들어하던 아이가 저녁마다 쓸 내용이 많아 고민했답니다.

2014년에는 두 달 동안 여덟 명이 200개를 채워 2박 3일 경주에 전교생 현장학습을 다녀왔습니다. 아이에게 맞는 상품을 내거세요. 도시 아이에겐 휴식이 좋겠지요. '토요일 하루 놀기'는 어떤가요?

3) 무엇을 쓸까?

교실에 벌이 들어옵니다. 시골 아이는 '벌이 날아다니나 보다.' 하는데 도시에서 전학 온 아이는 벌벌 떱니다. 말벌과 비슷한 '바더리'가 창문에 요란스럽게 부딪치면 공포에 휩싸입니다. 형광등 틈에 집을 짓는 놀라운 짓도 합니다. 더 놀라운 건, 아무도 일기에 쓰지 않는다는 겁니다. 글감을 찾다가 '벌!' 했더니 말이 많아집니다. '아, 벌!' 합니다.

하루는 화가 나 돌멩이를 걷어찹니다. 한순간에 울고 웃으며, 수업 시간에 튀어나온 한마디에 깔깔거립니다. 그럴 때마다 "야, 이거 일기 글감으로 딱이다. 이런 걸 일기로 써야 하는데 말이야. 하루 종일 일어난 일을 한 쪽에 쓰면 초보, 한 시간 동안 일어난 일을 쓰면 보통, 5분이나 1분 동안 일어난 일만으로 일기를 쓰면 고수지. 말 한마디로 쓴다면 작가야 작가!"합니다.

몇 명은 제가 말한 내용을 일기에 써 오지만 기대한 만큼 자세하게 쓰지는 않습니다. 제가 중요하게 여긴 글감이지만 아이는 왜 중요한지 모릅니다. 그래도 제 말을 들으면서 무엇을 써야 하는지 배웁니다. 자연스럽게 몸에 스며들면 견고합니다. 변화에 쉽게 대응합니다. 잠시 배운 요령과 차이가 납니다.

무엇을 쓸지 잘 가르치는 사람은 따로 있습니다. 저는 아이와 눈높이가 맞지 않습니다. 제가 좋아하는 것을 아이는 좋아하지 않습니다. 아이가 관심 두는 대상은 제 눈에 들어오지 않습니다. 친구는 마음이 통해서 '아, 그거~' 합니다. 그런 글을 만나면 '생각지도 못한 걸' 썼다고 칭찬합니다. 교실 뒤에 걸어 놓고 자꾸 '캬~' 하면 어떤 걸 써야 '캬!' 소리를 듣는지 알아보려고 모여듭니다.

머리 자르기

전제현(2 남)

어제저녁 늦게 머리를 잘라 주셨다.
엄마가 잘라 주셨는데 잘됐다.
머리가 참 예쁘게 나왔다.
지금까지 엄마가 집에서 잘라 주셨는데
더 크면 미용실에 가야겠지.

자격증이 있는 것은 아니다.

없다. 무면허 미용실이다.

신고하면 대박이다.

감사합니다. 잘 잘라 주셔서 감사합니다.

예쁘게~

'머리 자르기'는 마음에 쏙 들었습니다. 제현이 친구들이 쓴 일기로 '선생님은 나에 대해 몰라', '기분', '엄마는 날 몰라', '엄마는 짠순이', '날아갈 정도 비', '꿈을 찾고 싶다', '누나와 나의 차이', '길가의 가로등'을 재미있게 읽었습니다. 생각을 드러내는 제목이 많습니다. 친구 일기를 자주 읽어 주면 한 일을 줄이고 생각을 점점 많이 씁니다. '날아갈 정도 비'처럼 날씨로만 쓰기도 하고 '기분', '엄마는 날 몰라', '선생님은 나에 대해 몰라'처럼 마음을 솔직하게 표현합니다. 보이지 않는 것, 행동으로 표현하지 못하는 걸 쓰라고 하세요. 아이가 고민하게 만드세요.

일기를 읽어 주면 좋아합니다. 평소에 글을 잘 쓰지 않던 아이가 재미나게 글을 써 오면 모두 '와! 쟤가?' 합니다. 자기도 잘 써야겠다고 도전을 받습니다. 글감을 재미나게 알려 주려면 일기 제목 맞히기를 해 보세요. 아래 일기 제목은 무엇일까요?

(   )

정재영(4 여)

학교 가는 길에 수많은 ○○○를 보았다. ○○○는 어쩔 때 밟으면 소름이 쫙 깔린다. 꼭 생쥐를 밟는 기분과 같다. 학교를 가며 요리 보고 조리 보고 꼼꼼히 살핀 후 살며시 살며시 한 걸음~~ 한 걸음~~ 걸어간다. 그만큼 ○○○를 싫어한다. 비 때문에 ○○○가 슬금슬금 모여든다. 그래서 1분 안에 가는 학교를 오늘은 약 5분 정도 걸렸다. 전에 한 번 밟았을 때는 혜선이에게 웃음을 지어서 숨겼다. 속으로는 '○○○ 자기가 왜 여기 나와서 밟혀?'라고 마음속에서 중얼거렸다.

"○○○들아, 제발 너희 목숨 아깝게 보내지 말고, 너희가 직접 힘들더라도 거대한 풀숲에 들어가서 살아 줄래? 나도 학교에 갈 때 너희를 밟을까 봐 조금 아찔할 때도 있단다. 물론 너희들도 사람들이 너희를 밟을까 봐 좀 더 아찔할 것 같아. 너희를 밟지 않으려고 더 노력하는 내 동생이 있어. 내 동생 혜선이를 봐서라도 너희가 혜선이의 노력을 알아채 주어서 풀숲에 가 줬으면 해. 부탁이야. 다음부터는 ○○○인 너희가 더 많은 친구 ○○○들이 있는 풀숲에 가 줘. 그러면 위험이 조금 감소될 거야. 재영이가."

이 편지 말 그대로 혜선이와 나는 ○○○를 밟지 않으려고 힘들게 노력하고 있다. ○○○들이 알아주질 않아서 이런 편지를 썼다. 이걸 종이에다가 편지를 쓰면 꼬맹이 ○○○들이 봐 주겠지?

제목은 '달팽이 천지'입니다. 장마철에 달팽이가 뒤덮은 길을 조심조심 걷는 재영이 모습이 보이는 것 같습니다.

내용은 자세하게 써야 합니다. 늘 열 줄씩 쓰는 아이에게는 "일주일에 세 번, 열 줄씩 쓰고 있지? 열다섯 줄씩 두 번 써 봐! 한 번 쓸 때마다 다섯 줄 분량만큼 더 고민하잖아. 고민 없이 열 줄만 쓰는 것보다 훨씬 낫다. 계속 열 줄만 쓰면 1년을 써도 똑같아. 평소보다 길게 쓰려고 노력해 봐라!" 합니다.

시나 편지, 감상문, 사생문, 묘사글을 쓰는 건 외식과 같아서 일기를 풍성하게 합니다. 그렇다고 날마다 시를 쓰면 안 되겠지요. 일주일에 한 번씩 효도 일기를 쓰면 무리입니다. 스스로 쓴다면 격려하겠지만 강요하지는 마세요. '편지 한번 써 보는 건 어때?' 해 보세요.

생각만 잔뜩 쓰는 아이도 있습니다. 하소연하는 편지를 쓰거나 감정을 털어놓기도 합니다. 좋습니다. 믿음과 기대가 있다는 뜻이고 마음을 열어 놓을 공간이 있다는 뜻이니까요. 일기 내용 쓰기에 대해서는 좋은 책이 많이 있습니다. 자세하게 알고 싶으면 그런 책*을 보세요.

4) 형식을 갖추자. 날짜, 제목, 날씨

일기는 형식이 있습니다. 날짜와 제목, 날씨를 씁니다. 쓰는 사람이 편하게 만들어야 잘 팔리므로, 일기장 제조 회사에선 날짜는 숫자만 넣고, 날씨는 동그라미만 하도록 인쇄합니다. 일어난 시간, 잠자리에 든 시간, 잘한 일, 반성할 일까지 판매

---

* 윤태규, 《일기 쓰기, 어떻게 시작할까》, 보리, 1998. 일기에 관한 기본이 되는 책으로 추천합니다.

전략으로 넣습니다. 부모도 뭔가 도움이 될 거라며 기왕이면 쓰라 합니다. 날씨에 동그라미를 표시하다 보면 생각 없이 습관처럼 선택합니다. 잠자는 시간, 일어난 시간 계산하고 반성을 쓰면서 내용을 잊습니다. 칭찬받지 못하는 아이는 칭찬 칸에 쓸 내용 생각하다가 기분이 나빠집니다.

그냥 줄 공책에 쓰게 하세요. 1~2학년은 한 쪽에 열다섯 줄, 3~4학년은 스무 줄, 5~6학년은 스물다섯 줄 정도 되는 공책이 알맞습니다. 날짜와 제목을 첫 줄에, 날씨를 둘째 줄에 씁니다. 셋째 줄부터 내용을 쓰고 두세 줄 띄워 두고 다음 일기를 씁니다. 한 쪽에 이틀치 일기를 쓰기도 하고 하루에 두 쪽을 쓰기도 합니다. 일기에 흥미를 가지면 분량은 가볍게 뛰어넘습니다.

그림일기는 피하세요. 같은 내용을 그림과 글로 두 번 표현하면 지겹습니다. 그림 그리다가 힘도 빠지고 집중력도 떨어져서 글을 간단하게 씁니다. 그림으로는 마음을 표현하기 어렵습니다. 그리기 쉬운 내용, 재미나고 즐거운 일만 그립니다. 그림 좋아하는 아이라면 그려야 합니다. 반 고흐가 될지도 모르니까요. 대부분은 글이 낫습니다.

일기에 날씨를 왜 쓸까요? 날씨 정보가 궁금하다면 기상청 누리집을 보면 됩니다. 일기에 날씨를 쓰는 이유는 생활에 영향을 주기 때문입니다. 삶과 동떨어진 '맑음, 흐림, 갬, 비'는 가치가 없습니다. 제 딸이 겨울에 쓴 날씨입니다.

그나마 남아 있던 눈들도 다 녹는 날씨, 찬바람이 쌩쌩 부는 날, 남극처럼 춥다, 아침에는 엄청 춥고 낮엔 아니다, 겨울 중에서는 많이 따뜻한 편이다, 내 기분처럼 좋은 날씨, 눈이 오려나?, 눈이 안 오네, 길이 꽁꽁 얼었다, 제주도는 역시 따뜻하다, 밤에 눈이 조금 오네. 예쁘다!, 아직도 바깥에 눈이 쌓여 있다, 놀려고 하는데 비가 오네, 봄같이 해가 반짝 났다······.

봄에는 날씨가 바뀌었습니다.

비가 오더니 눈이 오고, 다시 비가 오다가 눈이 오다가, 눈이 그치는가 싶더니 다시 오네!(3. 20)
너무 햇볕이 쨍쨍해서 바람이 불거나 구름이 해를 가리기를 간절히 간절히 바라게 되는 날씨.(4. 24)
집 안 온도와 집 밖 온도가 비슷하다.(5. 5)

아이가 느낀 날씨를 써야 합니다.

3월 13일 우리 반 남자아이는 '날씨가 좋아서 기분도 좋다'고 썼고 여자아이는 '조금 추운 날'이라고 썼습니다. '맑음'에 동그라미 한 것과 다릅니다. 제 딸은 2013년 1월 16일에 '슬프지만 날씨는 좋네. 바람이 세긴 하다'고 썼습니다. 독서 캠프 끝나는 게 슬퍼서 이렇게 썼습니다. 5월 19일에는 보름 동안 함께 지내던 동생이 독일로 떠나는 게 슬퍼서 '우울한 내 마음처럼 비가 온다'고 썼습니다. 날씨에도 의미를 담아서 표현했습니다. 이렇게 쓰세요.

날짜는 꼭 써야 합니다. 날짜는 그때의 나와 지금의 나를 연결합니다. 집이 아닌 곳에서 일기를 쓸 때는 장소도 써야 합니다. 기록해야 역사로 남습니다. 제목은 전체를 아우르는 낱말을 선택해야 합니다. 호기심을 일으키는 제목이라면 더 좋겠지요! 일기를 쓰기 힘들어하는 아이는 제목부터 고민합니다. 제목 걱정에 내용을 못 쓰는 아이가 많습니다. 내용을 쓴 뒤에 제목을 정하세요. 제목으로 글을 이끌어 가기보다 글을 쓰고 다시 읽으며 제목을 정하면 정리도 하고 고칠 기회도 됩니다.

5) 답글로 반응하세요

시킨 일을 잘했는지 못했는지 평가할 때 '검사한다'고 합니다. 삶의 기록을 검사할 수는 없습니다. 답글을 써 주세요. 맞장구를 쳐 주세요. 마음을 인정하고 위로하고 칭찬해 주세요. 답글은 마음을 나누는 대화입니다. 도장이나 사인과 견줄 수 없습니다. 답글을 써 주면 아이도 일기에 정성을 들입니다. 답글을 써 주면 달라집니다.

선생님이 써 주시는 말

장윤정(2 여)

선생님은 재미있는 분이다. 내가 일기 쓸 때마다 밑에 답장을 쓴다. 그뿐만이 아니라 그 답장이 재미있는 내용이라는 거다. 바로 어제! 제목이 '기쁨, 슬픔의 현충일' 하긴 어제가 현충일이었다. 밑에 답장은 '윤정이네 집에서 꼭 할머니가 대장 같다.' 이거 말고 웃긴 답장한 개가 있다. 그건 바로 맨~ 첫 페이지! 제목은 내가 지었다. '서현이의 똥 대포' 서현이는 이모의 아기라 할까? 어쨌든, 밑에 있는 답장이 얼마나 웃긴지 할머니, 할아버지, 이모, 모~두 웃었다. 답장은 '할머니 마음이 좋으시네! 이불 빨아야 할 텐데……'였다. 나도 아주 배꼽 빠지게 웃었다. 그 때문에 일기 매일매일 쓰고 있다. 선생님의 재미있는 답장을 기다린다.

저는 날마다 답글을 써 줍니다. 아침 시간, 쉬는 시간, 점심 시간에 답글 쓰면서 보냅니다. 귀찮을 때도 있지만 답글 때문에 일기 쓰고, 마음을 여는 아이를 생각하면 도장만 찍어 보내지 못합니다. 교사가 관심을 보이면 쓸 마음이 생기겠죠! 아이가 잘 하게 하려면 교사가 피곤해야 합니다.

답글은 대부분 친구처럼 씁니다. 자기만의 고백을 썼으니 마음을 알아주는 말을 해 줘야 합니다. 기대고 싶은 어른을 찾는 글에만 교사 마음으로 써 줍니다. 정말 심각한 고민이라면 '내 자녀라면' 하는 마음으로 써 줍니다. 다른 사람을 흉보거나 욕하는 얘기는 즉시 반응하지 않습니다. 며칠 뒤에 감정이 가라앉은 뒤에 물어봅니다. 변명이나 잔소리는 쓰지 않습니다. 친구에게 대놓고 욕을 하면 즉시 바로잡아 주어야 하지만 글로 표현하면 시간을 주세요.

답글은 '소통'에 의미가 있습니다. 일기는 소통 수단입니다.

조언보다는 마음을 인정하고 격려하는 내용을 적어 줍니다. 그러면 진짜 고민을 털어놓습니다. 좋아하는 사람이 생겼는데 어떻게 하느냐, 친구가 자기를 미워하는데 어떻게 하느냐, 누군가 힘들게 해서 죽고 싶은데 어떻게 하느냐고 묻습니다. 일기 쓰면서 꽉 막힌 마음을 엽니다.

아! 그래서

고민정(5 여)

나는 일기 쓰기를 정말 싫어했다. 너무 귀찮았다. 하지만 일기가 내 고민 상담소 같다. 고민을 일기장에 털어놓으면 내 마음속 깊이 넣어 둔 짐을 없앤 기분이다. 일기 밑에 짧은 글이지만 기분을 좋게 만드는 선생님 글도 있다. 나는 고민을 털어놓는 일기도 좋지만 밑의 글이 더욱 좋다. 그러다 보니 사인만 덩그러니 있으면 섭섭하다. 많이 섭섭하다. 글이 쓰여 있으면 너무 기분이 좋다. 솔직히 난 방학 때 일기가 밀린 적이 많았다. 아, 내일 쓰지 뭐! 내일 쓰지 뭐! 미루다 보니 밀리게 되었다. 하지만 이젠 그러지 않을 것 같다. 일기는 나를 행복하게 하니까!

민정이는 고민이 많습니다. 생각이 많고 상처도 많습니다. 일기에 고민을 털어놓습니다. 섭섭한 일도 일기 쓰면서 가라앉힙니다. 답글을 써 주면 일기에 고민과 걱정을 풀어냅니다. 요즘은 인터넷 기사만큼이나 답글에 대한 관심이 높습니다. 처음에는 혼자 답글을 써 줬습니다. 그러다가 친구끼리 돌아가며 답글을 쓰게 했더니 반응이 좋습니다. 힘든 일을 겪은 아이끼리 답글을 써 주고는 서로 위로하고 위로받습니다. 답글은 아이를 살립니다.

일기뿐만 아니라 시, 편지, 설명문, 논설문에도 답글을 씁니다. 공책을 양쪽으로 펼쳤을 때 왼쪽에 자기 글을 쓰고 오른쪽에 답글을 받습니다. 공책 위에 글을 쓰고 아래편에 답글을 받습니다. 어디에 답글을 받을지 자세하게 알려 주지 않으면 분주해집니다. 국어 시간에 글을 썼다면 빨리 쓴 아이는 다른 아이와 바꿔 읽고 답글을 씁니다. 나누고 싶은 일기를 인쇄하고 포스트잇에 답글을 써서 붙이게 합니다. 가끔씩 글을 어떻게 쓰는지 답글로 알려 주면 글 쓰는 실력도 좋아집니다.

동의를 얻고서 일기를 읽어 줍니다. 아이는 자기 글이 읽힐 날을 기다립니다. 날씨를 잘 썼다고 칭찬하고 글감이 좋다고 칭찬합니다. 글이 조금이라도 좋아지면 또 칭찬합니다. 칭찬하면 기분 좋게 일기를 씁니다. 나누고 싶은 일기는 교실에 걸어 놓습니다. 교실 한편에 '살아 있는 글쓰기'라는 공간을 만들어 놓고 작품을 바꿔 줍니다. 내 글이 있다는 건 참 좋은 일이고 친구 작품을 보며 배우는 것도 참 좋은 일입니다.

아이 글을 엮은 책이 꽤 있습니다. 또래 친구가 써서 호기심이 생기고 친근감이 있다는 장점이 있지만 책에 나온 일기는 나와는 좀 다르다고 생각합니다. 글을 잘 쓰는 아이가 썼다는 생각이 들지요. 같은 반 친구가 쓴 일기는 다릅니다. 글과 친하지 않던 친구가 일기를 열심히 쓰거나 글을 잘 쓰면 효과

만점입니다. 선생님이 친구 글을 읽어 주고 '참 잘 썼지요!' 하면 더 쓰고 싶어지겠죠!

6) 꾸준히 관심을 가져야 합니다

1학년 교실에서 책상 사이를 지나다니다가 마침 좋은 예화가 생각나서 급하게 칠판으로 갔습니다. 가방에 넣어 둔 우산이 기울어 통로 쪽으로 튀어나와 있는 줄 모르고 걸려 정말 '꽈당' 하고 넘어졌습니다.

"아이고, 뭐야? 신현이 우산이잖아!"

"하하하하. 신현이 너 큰일 났다."

"아프다. 진짜 아프네! 그래도 신현이한테 고마워해야지!"

"왜요? 선생님이 넘어졌는데……."

"덕분에 일기에 쓸 이야기가 생겼잖아. 선생님이 공부 시간에 칠판으로 나가다가 '꽈당' 한 이야기 재미있지 않을까? 다시는 못 볼걸!"

"나 오늘 일기 이거 써야지!"

"나도. 나도."

답글 써 주고, 글감 찾아 주고, 글 읽어 주고……. 날마다의 삶을 글로 연결하면 글을 씁니다. 행동으로 보여 주는 가르침은 습관을 낳습니다. 주변에서 움직이는 것을 관찰하고 씁니다. 가족이 하는 말을 그대로 쓰고, 학교 뒷산에서 새를 뚫어지게 보고 씁니다. 텔레비전 안 보는 날, 부모님께 존댓말 하는 날을 정해 일기를 씁니다. 화가 치밀어 씩씩거리는 아이에

제2014-7월-5호 **일기 쓰는 어린이상** 홍 길 동 2014년 7월 20일 ○○초등학교 2학년 사랑하는 담임 권 일 한	지금은 일기 쓰기가 싫을 때도 있고 무엇을 쓸지 고민할 때도 있고 일기가 마냥 귀찮게 여겨지기도 하지만 글을 쓰는 재미를 배워 가며 빠지지 않고 일기를 쓰는 모습이 참으로 아름답구나! 그런 모습이 더 발전되길 기대하며 지켜보고 있는 선생님이 있단다. 자기를 돌아보며 하루하루의 삶을 글로 표현하는 모습이 무척 귀하고 아름답구나! 앞으로 더 열심히 해 줄 것을 바라며 우리 모두의 정성과 사랑을 모아 이 상을 즐겁게 준다.

게 글로 쓰면 인정해 줄 테니 쓰라고 합니다. 친구 때린 아이는 무엇 때문에 때렸는지 쓰고, 맞은 아이는 맞아서 마음이 어떤지 씁니다. 글쓰기로 국어 공부하고, 상담하고, 이야기 나누고, 자기를 살핍니다. 꾸준히 관심을 기울일수록 아이가 글을 잘 씁니다.

꾸준히 일기 쓰는 아이에게 다달이 상을 줍니다. 선생님 집에 놀러 가기, 선생님이 끓여 주는 라면 먹기, 함께 산에 올라가기, 새로운 경험하기, 보드게임 하기…… 등을 상품으로 내겁니다. '초등학생들이 전혀 다니지 않는 엄청 험한 곳에 가기'를 상품으로 걸었을 때 산에 가는 걸 싫어하는 아이도 좋아했습니다.

피가 마를 정도로 힘들다는 '피마름골'에 갔습니다. 지나가는 사람마다 우릴 보며 "얘네 대단하네!" 합니다. 개울에 발을 담그고 올챙이가 새까맣게 몰려와 각질 청소해 주는 걸 겪습니다. 놀란 아이가 친구에게 신나게 이야기합니다. 친구는 가고 싶어서 열심히 글을 씁니다. 꾸준히 쓰게 하려고 이렇게 합니다. 아무리 똑똑한 사람도 성실한 사람을 뛰어넘지 못합니다. 토끼와 거북이 이야기는 괜히 만들어진 게 아닙니다.

1학년을 가르치며 문집을 만들었습니다. 5월에 첫 문집을 시작으로 12월까지 여섯 번을 발행했습니다. 4월에는 세 줄에서 다섯 줄 썼지만 12월에는 열 줄, 스무 줄씩 씁니다. 동료 교사들이 학급 문집을 읽고 6학년보다 1학년 우리 반 글이 낫다고 칭찬합니다. 우린 1년 내내 썼고 6학년은 문집에 내기 위해 12월에 썼으니 당연합니다. 일기는 거북이가 토끼를 이기는 경기입니다.

7) 말보다 삶으로 가르칩니다

저는 글쓰기와 독서 책을 썼고 강의를 합니다. 독서 토론반도 하고 대회에 아이를 데려가 상도 받지만 집에서는 글쓰기로 잔소리하지 않습니다. 일기 검사도 하지 않고 담임선생님이 요구하는 것 이상을 넘어서지도 않습니다. 제 아이들이 대회 나가기 싫어해서 안 갑니다. 학교에서 저를 놀라게 하는 아이, 가슴 뛰게 하는 글을 만날 때마다 '내 아이도 이렇게 쓰면 얼마나 좋을까?' 생각합니다.

제 아이는 학원에 안 갑니다. 스마트폰도 없습니다. 세상 물정 모르고 순진합니다. 고민하고 치열하게 붙드는 마음이 없습니다. 고민 없는 아이에게 글을 가르치는 것도 어렵거니와 '글을 잘 쓰는 우리 반 누구'와 비교하며 강요할 게 뻔합니다. 사랑하는 자녀이니 더 안달하겠지요. 한국 부모 마음이 작동해서 하지 말아야 할 짓을 하겠지요! 그래서 두고 보기만 합니다. 물어 오면 도와주지만 잘 묻지도 않고 일기도 안 보여줍니다.

우리 가족은 해마다 가족 신문을 만듭니다. 가족 신문에 글을 실으려고 일기를 보여 달라고 했습니다. 일기장 읽다가 깜짝 놀랐습니다. 출근하는 차 안에서 꼼짝 않고 읽었습니다. 책 내용도 알맞게 인용하고 비유도 잘합니다. '한 일'은 조금이고 본 것, 들은 것에다 생각을 알맞게 적어서 놀랐습니다. 예상하지 못한 '자기만의 생각'이 드러납니다.

"〈책벌레들의 책 없는 방학〉 독서 캠프가 끝난다. 나는 믿고 싶지 않다. 네 자매가 컴프리아에서 떠나 링컨셔로 돌아갈 때 이런 기분이었을까? 이 기분은 제1회 나니아 탐험이 끝날 때, 제주도에서 돌아오고 서울에서 돌아올 때, 무엇보다도 주영이 오빠, 민영이와 헤어질 때 느꼈던 기분이다. 어쩔 수 없이 끝나지만 다음에 만날 수 있다는 희망을 품고 돌아가는 것……."

'가르쳐야 한다'는 부담감과 '가르치려 들지 말자'는 마음 사이에서 불안하게 바라봤습니다. 가르치지 않으면 제대로 못 쓸 것 같고, 가르치려 하면 강요해서 망가뜨릴 거라는 생각이 짓누릅니다. 강요하지 말고 잘 가르치면 되지 않느냐 생각하

겠지만 모르는 소리입니다. 자식 잘 가르치는 부모 없다는 말
이 맞습니다. 둘 사이에서 갈팡질팡하면서 '그래도 강요보다
는 기다리는 게 낫겠다.' 했는데 잘했다는 생각이 듭니다.

　교사와 학부모에게 강의할 때마다 강요하지 말라고 계속 부
탁합니다. 강의를 들은 분들은 제가 강요하지 않는다고 생각
합니다. 저와 함께 살면 압니다. 밖에서 하는 말이 아니라 평
소에 자녀를 대하는 모습이 아이를 기릅니다. 부모와 교사는
삶으로 가르칩니다. 이 문장을 쓰면서 부끄러운 일들이 생각
납니다. 형편없는 모습으로 상처를 준 적이 많습니다.

　스승의 날 5학년 아이에게 받은 편지 일부입니다. 항상 매
로 다스리고 학생을 자기 밥줄로 알며, 자신이 학급의 최고 권
력자라고 생각한 선생님은 자신이 잘 가르치는 줄 압니다. 제
가 가까이에서 지켜본 분입니다. 아이는 삶을 봅니다. 잊지 않
으려고 되새기는 말입니다. 삶으로 가르쳐야겠습니다.

매주 독서모임을 통해 뵙고 있지만 더 이상 이 학교에서
는 뵐 수 없는 선생님.
제게 '라 암의 레 하옵' '실용수의' '이스라엘- 팔레스타인
분쟁' 등은 알려 주신 선생님. 우연히 저와 생각이 맞아떨
어진 선생님. 솔직히 전 그동안 '교사'라는 직업에 대해
부정적인 생각을 가지고 있었어요. 그 때 당시 항상
아이들을 매로 다스리고, 학생을 자기 밥줄로 알며
자신이 학급의 최고 권력자라고 생각하는 선생님 밑에서
공부했거든요. 하지만 선생님과 했던 전담 수업과 방과후
수업은 개방적이고 활발해서 전 '교사'에 대한
부정적 생각을 버렸습니다 감사해요.

4. 속 시원히 털어놓자 – 상담 글쓰기

아이들이 점점 참지 못하고 양보하지 않습니다. 스트레스 받는다고 아우성입니다. 독서와 글쓰기를 성적 높이는 수단으로 생각합니다. 배려하고 웃어야 하는 까닭은 자기 관리를 위해서랍니다. 힘들고 어렵게 사는 사람은 자기를 계발하지 않아서라며 무시합니다. 위로하는 아이는 줄어들고 위로를 찾아 허덕이는 아이가 늘어납니다.

IMF 이후 평생직장이 무너졌습니다. 다른 사람보다 앞서야 한다는 압박에 떠밀려 너도나도 자기 계발을 했습니다. 미국 발 경제 위기로 자기 계발마저 소용없어지자 상처받았다며 힐링을 찾습니다. 힐링 열풍에 이어 '여행'이 뜹니다. 여행은 잠깐 즐거움을 주지만 평생을 이끌어 가는 원동력이 아닙니다. 여행할 형편이 안 되는 사람은 어떡하죠? 여행 열풍이 지나면 또 무엇이 올까요? 시대를 읽지 못하고 휩쓸려 다니면서 유행을 따르지만 한순간뿐입니다.

점점 '내가, 나는'을 외치지만 그럴수록 '우리'가 절박합니다. 나 편하고 잘살면 된다는 세상에서 공동체성은 약해지고 마음을 나눌 이웃을 찾기 어렵습니다. 고작 '진실 게임'으로 만족합니다. 답답한 처지에 놓이면 털어놓아야 합니다. 마음을 털어놓고 상처를 쏟아 낼 때 받아 주는 사람이 있어야 합니다. 자기 계발이나 힐링이 아니라 믿어 주는 공동체가 우리를 일으킵니다.

가정에서조차 이해와 사랑보다 체면과 평가를 들이댑니다. 글을 쓰고는 부모님께는 절대 보여 주지 말라 합니다. 부모는 아이를 힘들게 하는 줄도 모르고 자기 뜻만 내세웁니다. 너무 붙들어 두어서 스스로 움직이지 못하게 만들어 놓고는 아무 것도 못한다고 소리를 지릅니다. 모래 구덩이에 빠져 허우적거 려도 깨닫지 못합니다. 아이는 부모 소유가 아닙니다. 칼린 지브란은 "팽팽하게 당긴 화살을 쏘아 보내듯 세상을 향해 아이를 떠나보내야 한다."고 말합니다. '개미'를 읽고 고개 끄덕이는 아이가 생기지 않게 해야 합니다.

개미

김근기(4 남)

개미가 모래 구덩이에 빠졌다.
나가려고 허우적댄다.
나가려도 발버둥 쳐 봐도
모래가 무너져 나갈 수가 없다.
개미가 드디어 탈출에 성공했다.

모래 구덩이는 어른들!
개미는 우리들이다.
언제쯤 우리는
모래 구덩이 바깥으로 나갈 수 있을까?

화살을 당기지도 않고 일찍 떠나보내는 부모도 아이를 힘들게 합니다. 사랑으로 길러 팽팽해진 뒤에 날려 보내야 하는데 준비되기 전에 놓아 버립니다. 이혼, 술과 중독, 폭력과 억압, 무관심과 방치로 날아가지 못하게 떨어뜨립니다. 힘들고 아파도 아이는 마음을 털어놓지 못합니다. 어떻게든 표현해야 하는데 말할 대상이 없으니 친구를 괴롭히고 반항하고, 말을 안 하고 주눅 들고, 분노하거나 변명합니다.

《괭이부리말 아이들》을 쓴 김중미 작가는 "아이들은 어른들이 생각하는 것보다 조숙하고 마음자리가 깊다. 상처가 많을수록 속마음을 숨긴다. 대신 온몸으로 말을 한다. 어른들은 아이들의 몸짓을 잘 이해하지 못해 서로 동문서답을 할 때가 많다. 물론 아이들 역시 자신들의 행동을 스스로 이해하지 못할 때가 많다. 아픈 마음을 솔직히 드러낼 방법이 없어서, 혹은 그 아픈 마음을 드러냈다가 또 다른 상처를 입을까 두려워 어른들이 용납하지 못하는 행동으로 자신을 드러낼 때가 많다."고 합니다.

표현할 기회를 주세요. 아이가 외치는 한 문장 한 문장을 귀하게 여기세요. 아무리 답답한 상황에 있는 아이라도 믿어 주는 사람이 있으면 회복합니다. 아픈 마음을 내보일 때까지 기다리며 들어 주어야 합니다.

● 김영진 외 지음, 《나는 어떻게 쓰는가》, 씨네21북스, 2013, 138쪽.

1) 아이를 알아주세요

우리는 상처를 쉽게 내보이지 않습니다. 아픔과 슬픔을 다른 모습으로 표현합니다. 마음을 보여 줘도 되는지 상대를 살핍니다. 껍질 안에 몸을 웅크리고 고개만 살짝 내밀어 나가도 되는지 살핍니다. 학부모는 자기 위주로 왜곡해서 말합니다. 이혼이나 가정 폭력은 숨깁니다.

편부모나 조손 가정이라는 사실을 안다고 해도 아이를 아는 게 아닙니다. 부모 직업, 아파트 평수, 시험 점수보다 아이 스스로 하는 말이 중요합니다. 상담하려면 아이를 알아야 합니다. 아이에게 직접 들어야 합니다. 솔직하게 꺼내 놓기만 해도 치유가 시작된 겁니다.

어린 왕자의 말을 들어 보세요.

"어른들에게 새로 사귄 친구 얘기를 하면 어른들은 중요한 것에 대해 묻지 않는다. 친구 목소리는 어떤지? 무슨 놀이를 좋아하니? 친구도 나비를 수집하니? 이렇게 묻는 일은 절대 없다. 그 애는 몇 살이지? 형제는 몇 명이니? 몸무게는? 아버지 수입은 얼마지?라고 묻는다. 그걸로 친구가 어떤 사람인지 알았다고 생각한다."•

"공부 잘해? 몇 등이야? 어느 아파트에 살아?"로는 아이를 모릅니다. 표정이 어떤지, 무엇을 좋아하는지, 취미가 무엇인지 물어야 합니다. 많이 안다고 해도 조심해야 합니다. 보이는

• 생텍쥐페리 지음, 김민지 그림, 《어린 왕자》, 인디고, 2006, 43쪽.

모습이 전부가 아닙니다. 인격은 로봇처럼 반응하지 않습니다. 상처받은 마음은 양파 껍질 같아서 꼭꼭 감춥니다. 숨겨진 상처를 꺼낼 때까지 믿고 기다려야 합니다. 껍질 밖으로 나오는 순간을 붙잡아야 합니다. 덜컥 다가서지 말고 살며시 곁에 서 주세요. 들을 준비가 되었으니 언제든 찾아오도록 마음을 열어 주세요.

사람은 자주 대하면 무뎌집니다. 무뎌지면 상대를 무시하고 자기 뜻대로 이끌어 갑니다. 아이 입장에서 생각해야 하지만 보이지 않습니다. 인생 그래프와 문장 쓰기를 활용하세요. 친구에게 물어보세요. 교사가 모르는 사실을 친구는 알고 있습니다. 친구가 툭 던지는 말에 진실이 담겨 있습니다. 1학기 중간쯤인 5월에 한 번, 1년을 마치는 12월에 한 번 '가장 많이 변한 친구 소개하기' 글을 써 보세요.

5학년에서 가장 많이 변한 친구

○○○(5 남)

△△△이 가장 많이 바뀌었다. 전에는 용기가 없었는데 지금은 용기가 아주 많이 났다. △△△는 아주 많이 바뀌었다. 솔직히 처음에는 겁쟁이인 줄 알았다. 아니, 4학년 때 나는 쟤를 아주 많이 괴롭혔다. 그런데 지금은 괴롭히고 싶지 않다. 쟤가 바뀌니 나도 바뀐 것 같다. 미안해지기도 한다. 이제 △△△는 인기도 꽤 많아졌다. △△△가 딱지를 해서 딱지가 인기가 좀 생겼다. 지금 나도 딱지를 한다. 딱지가 재미있다. 거기다 딱지 동맹도 있다. △△△를 4학년 선생

님이 보시면 대단히 여기시겠다. 작년엔 △△△가 말도 잘 안 해서 혼내시기도 했는데 지금은 아닐 것 같다.

△△△는 자폐 성향이 있어 말을 거의 안 합니다. 몸도 두뇌도 느립니다. 마음은 천사인데 친구는 다른 걸 봅니다. 글 쓴 아이는 자기 관리를 못하고 본능에 충실합니다. 먹이사슬 구조가 형성되기 쉽습니다. △△△도 변했지만 글 쓴 아이가 더 변했습니다.

아이가 똑같은 잘못을 계속하면 비난이 앞섭니다. '왜 저럴까? 무얼 잘못하는지 알기는 할까?' 저학년은 잘못을 모르기도 하지만 고학년은 대부분 자기 잘못을 압니다. 알지만 변하지 않아 힘들어합니다. '변하고 싶은 모습'을 주제로 써 보세요. 알면서도 행하지 못하는 마음을 드러낼 겁니다. 아이가 노력하고 있다는 사실을 알면 지시와 비판이 아니라 따뜻한 마음으로 다가갈 수 있겠지요.

변하고 싶어요

김예린(5 여)

나는 자신감이 많은 사람으로 변하고 싶어요. 하고 싶은 말이 많은데 자신감이 없어서 하고 싶은 말을 못 합니다. 그럴 때마다 속이 답답하고 자꾸 한숨이 나옵니다. 속이 답답하면 화가 나고 울고 싶고 또 왠지 혼자 있고 싶고…… 자신감이 넘치면 하고 싶은 말을 해서 속도 후련하고 정말 좋을 텐데…… 크흑! 나는 왜 자신감이 없는지 내가 비참하게 느껴진다. 친구 한 명 친해지게 만드는 건 일주일 정도. 친구 한 명 친해지는 게 일주일이 걸리다니…… 하지만 상대방이 먼저 말을 건네 주면 금세 환해진다. 어릴 때는 더 심했다. 소심해서 애들한테 말도 못 하고…… 아, 진짜 자신감이 크면 좋겠다.

근덕초등학교 마읍분교에 근무하면서 같은 학교에 속한 노곡, 동막분교 아이들과 일주일에 한 시간씩 글쓰기를 했습니다. 3월 13일에 인생 곡선을 그렸습니다. 같은 학교 분교이지만 만날 일이 별로 없는 교사와 글쓰기를 하면서 자기소개를 이렇게 썼습니다.

○○○(4 여)

나는 1997년 5월 16일에 태어났다. 내가 태어나기 전에 우리 엄마가 제일 걱정했던 것은 아빠를 닮아 이마가 클까 봐 걱정했다고 한다. 그리고 엄마처럼 뚱뚱할까 봐 맨날 기도했다고 하였다. 한두 살 때는 기억이 안 나고 세 살 때 공원에 갔는데 엄마가 화장실 간다고 나를 할머니한테 맡기고 갔다. 날 버리고 가는 줄 알고 엄마를 쫓아 가다가 넘어져 이마를 다쳤다. 흉터가 아직도 내 이마에 있다.

네 살이 되는 날 엄마와 아빠는 이혼을 하였다. 무슨 이유인지는 잘 모른다. 다섯 살이 될 때 엄마는 일하다가 돌아가셨다. 엄마가 돌아 가셨는데도 몰랐는지 울지도 않고 엄마 묘만 바라보았다. 엄마가 돌아 가시고 여섯 살 때 나는 할머니, 할아버지와 함께 동막으로 이사를 왔다. 이사 올 때 나는 한 것이 없는데 왠지 피곤했다. 1학년 입학을 하고 2학년 때부터 완전 불행이 시작되었다. 동영이 오빠와 같은 반이 되었다. 1학년과 같이 싸우지 않고 그대로 똑같은 줄 알았는데 몇 달이 지나고 담임선생님이 출장인지 아파서 학교에 못 나오셨다. 그때면 불행했다. 왕따를 당했기 때문이다. 친구들도 다 날 배신했다. 그때면 꼭 왕따 지옥에 온 기분이었다.

열 살 때는 그냥 그대로고 열한 살이 되자 아빠가 나한테 전화를 했다. '아빠' 하고 말하면서 받아 보니 무슨 여자가 받았다. 그때 새 엄마가 생겼다는 걸 알게 되었다.

열네 명이 모였는데 열 명이 결손가정이고 정신지체가 세 명입니다. 한 아이는 정신분열증 엄마, 욕과 폭언을 일삼는 삼촌과 삽니다. 형과 둘이 살면서 학교 급식으로 하루 식사를 모두 해결하는 아이, 부모 한 명만 있어도 좋겠다는 아이, 사고 당해 얼굴이 망가진 아이……. 왜 첫 시간부터 마음을 털어놓았는지 모르지만 마음을 만져 달라는 외침으로 들렸습니다. 글을 읽으며 '어떻게 이렇게 살았지? 내가 무얼 해야 할까?' 마음을 살펴야겠다고 생각했습니다.

2) 제 말 좀 들어 주세요

사람은 인격체여서 말 한마디에 마음이 상합니다. 상한 마음은 풀어내야 합니다. 똑같이 상처 주더라도 풀어 버리려는 게 사람 마음입니다. 예전에는 깡통 걷어차고 나무로 칼싸움하면서 친구나 형, 누나와 놀고 떠들며 풀어냈지만 지금은 털어놓을 곳을 찾기 어렵습니다. 스마트폰에 떠밀리고 텔레비전과 컴퓨터에게 대화를 넘겨 줍니다.

화를 풀 기회를 주세요. 억눌린 마음을 뱉어 낼 시간을 만들어 주세요. 산에 올라가서 소리 지르게 해 주세요. 마음에 쌓인 울분을 공책에 쏟아 내게 해 주세요.

"애들아, 내일은 학교 뒷산에 가자!"

"와, 신난다! 왜 가요?"

"가 보면 알아! 부모님이 거긴 왜 가느냐고 물어보시면 인생의 질고를 털어 내러 간다고 말씀드려라!"

"인생의 질고가 뭐예요?"

"질고는 아픔과 고통을 말해!"

다음 날 뒷산에 올라갑니다. 교문만 나서도 즐거워합니다. 들꽃, 나비 보고 새소리 들으며 흙길 걷는 것만으로도 마음이 부드러워집니다. 딱딱한 콘크리트 사이에서 살면 마음이 딱딱해집니다. 풀어 버려야 합니다.

"이제 인생의 질고를 털어 내 보자!"

"그게 뭐예요? 어떻게 하는 거예요?"

"응, 지금부터 5분 동안 화풀이하는 거야! 나는 투명인간이 될 테니까 마음껏 화를 풀어. 곁에 있는 친구 흉보고 싶다면 이름 부르지 말고 해! 또 하나, 호루라기 불면 끝내야 한다! 자 인생의 질고를 털어 보자!"

있는 욕, 없는 욕 다 합니다. 잘못된 방법이라 하실 수도 있지만 이상하게도 우리 반에서는 욕을 거의 하지 않습니다. 화를 풀어내고 오면 속이 시원하다고 합니다.

산

남수민(4 여)

산에 올라갔다. 험한 길로 갔다. 이상한 길을 정복하기 위해서다. 올라가면서 겨울인데도 새싹을 보았고 또 인동초도 보았다. 인동초는 왼쪽으로 감으면서 올라가는 식물이다. 산에 올라갈 때는 힘들었다. 그리고 많이 올라가 산에서 화풀이를 하였다. 지금까지 살았던 화풀이를 했다. 화풀이는 비밀이다. 오랜만에 산에 올라가니 좋았다. 시원했다. 우리 학교 뒷산에 올라가면 화풀이를 해서 좋다.

"속이 시원하니?"

"네, 선생님. 다음에 또 가요!"

"그래? 진짜 속이 시원한지 증거가 필요한데 말이야!"

"진짜 시원하다니까요!"

"증거가 되려면 문서나 영상으로 남겨야 하거든."

"아, 글 쓰라는 거구나!"

"그래, 글쓰기 공책에 시원하게 써 볼까? 인생의 질고를 털어놓는 것도 좋지만 꽃이나 곤충을 써도 되는 거 알지?"

화내고 싶어도 그러지 못하는 상대에게 실컷 하소연하라고 합니다. 무엇이든 괜찮으니 쓰라고 합니다. 부모님, 친구나 선생님, 자기 자신일 수도 있습니다. 욕하고 싶으면 ××로 쓰라고 합니다. 마음을 받아 준다는 믿음이 생기면 비밀을 털어놓습니다. 꺼내 놓으면 마음이 풀립니다. 사각사각 조용히 연필 소리만 들립니다. 고 귀여운 녀석들!

아예 '선생님 잘못 쓰기'를 숙제로 냅니다. 칼날 같은 표현이 아프게 하지만 마음을 풀어 주기 위해 참습니다. 마음이 열리면 오해는 사라집니다. 마음을 열지 않으면 담이 더 높아집니다. 나를 돌아볼 기회를 주는 글을 만나면 고맙다고 합니다. 장난처럼 쓰는 아이는 또 장난스러운 글을 써 오지만 제 목적은 따로 있습니다. 진짜 아픔을 꺼낼 아이를 기다립니다. 해마다 그런 아이가 있습니다.

어린이날 직전에 부모님께 편지를 씁니다. 어린이날에 설마 아이에게 화를 낼까 싶어서 하고 싶은 말을 쓰라고 했습니다. 글을 모아서 이름을 밝히지 않고 집에 보내지만 부모는 잘 변하지 않습니다. 귀하게 대접해야 할 아이에게 '죽여 버린다'니요. 대단한 일을 하지 않아도 아이는 존재 자체가 귀합니다.

○○○(3 여)

엄마! 엄마는 꼭 내가 공부 못할 때

"야! 너 공부 안 할 거야! 공부 안 하면 죽여 버릴 거야!"

이런 말씀을 하시죠! 그땐 저의 생각도 마음도 생각해서 하는 말씀인가요? 그렇지만 죽여 버린다는 말은 제가 상처를 받을 수도 있잖아요. 물론 엄마께서 저를 사랑해서 그러는 것은 알지만 저는 그 말을 들으면 정말 내가 죽고 싶어져요. 그래서 너무 속상해요. 그리고

"강아지 이야기하면 밟아 죽일 거야!"

그럴 땐 저는 정말 더 강아지가 사고 싶어요. 그냥 강아지 얘기를 자유롭게 하게 해 주세요. 이게 저의 두 가지 소원이에요. 또 엄마께서 뒤통수 때리는 것이에요. 그땐 정말 기분이 나쁘고 집 나갈 것 같아요. 그러니까 제발 뒤통수만은 안 때린다고 약속해 주세요. 저는 엄마가 참 좋은데…… 엄마는 제게 마음을 주시지 않아요! 그러니까 너무 속상해요. 앞으로 이 세 가지 안 하기 약속해 주세요.

글을 쓴 뒤에 같은 고민을 쓴 글을 읽어 줍니다. 저를 흉본 글은 꼭 읽어 줍니다. 군이 변명하지 않아도, 글을 읽어 주기만 해도 됩니다. 오해하고 썼다면 친구가 저를 변호합니다. 욕하거나 지나치게 비난한 글은 읽어 주지 않습니다. 교육에 활용할 때는 교사가 잘 판단해야겠지요. 또한 습관처럼 즐기지 않도록 한계를 분명히 해야 합니다. 불평하고 욕하는 게 일상화되면 안 됩니다. 읽고 나서 '그런 말 들으면 슬프고 힘들겠다!' 해 줍니다. 힘내라거나 마음이 어떻다거나 말하지 않지만 좋아합니다. 이해할 수 없는 행동의 이면에는 이런 모습이 버티고 있는 건 아닌지요!

우리 말도 들어 주세요

이주현(5 여)

어른들은 아이라고 차별하는 것 같아요. 특히 혼날 때 '말대꾸 말대꾸' 또 혼내시고. 제가 말만 하면 나쁜 입이 되나요? 잔소리 들을 때

저는 어느 정도 억울함이 있어요. 그런데 지금도 그 억울함을 못 참아요. 자꾸만 그걸 말대꾸로 들으시니까 속상해요. 또 어른들께서 "하면 안 돼!"라고 하시면 왜 그런지 궁금해요. 그래서 물어보면 또다시 그게 반항이 되는 거고 그러면 더 속상해져요. 제 생각과 궁금증 의견이 있는데 어른 앞이라고 감정을 억지로 억누르고 싶지 않아요. 가끔씩이라도 저희 생각, 우리 말도 들어 주세요.

어른에게 말대꾸나 반항으로 보이는 모습이 주현이 말처럼 그냥 물어보는 건 아닐까요? 어른은 아이가 몰라서 묻는다고 생각하지 않고 말대꾸한다며 윽박지릅니다. 이해하는 마음이 필요합니다. 상처를 준 사람에게 직접 말을 하지 못하는 아이도 있습니다. 지나치게 착해서 말하는 걸 두려워하거나 미안해합니다. 상담 글쓰기를 하다 보면 함정에 빠집니다. 상처가 많지만 착해서 말을 하지 않는 경우, 상처가 없는데 자기만 생각하며 화풀이하는 경우입니다. 분별이 필요합니다.

남수민(4 여)

나는 너무 이상하다. 처음에는 막 잘했는데 끝으로 갈수록 점점 못한다. 피아노 연습도 정말 잘했다. 이건 처음 얘기다. 그러다 점점 잘 못한다. 2일만 더 있으면 이사를 간다. 우리가 강부맨션으로 갔을 때는 아주 깨끗했는데 시간이 지나면서 점점 싫증나고 지저분해진다. 처음에 '잘해야지' 하고 마음먹은 것을 점점 잊어버린다. 거의 다 그런다. 일기도 처음 글씨는 그럭저럭 괜찮다가 끝으로 가면서 점점 날아

간다. 작심삼일이란 말이 이런 이유 때문인가 보다. 또 나는 너무 이상하다. 수업 시간에 잘할 것처럼 보면 다시 얼굴이 빨갛게 달아오른다. 나는 아주 작은 사람이기 때문에 아주 작은 일밖에 못 하나 보다.

수민이는 공부 잘하고 글 잘 쓰고 그림도 잘 그립니다. 잘하는 게 참 많은데도 아주 작은 사람이라고 생각합니다. 이 글이 없다면 저는 수민이 자아상이 좋다고 생각했을 것입니다. 상처 주고 구덩이에 밀어 넣었을 수도 있습니다. 수능 시험 보고 어떤 사람이 될까 고민하며 저를 찾아왔습니다. 선생님이 되면 어떻겠냐 했죠. 작은 아이를 세워 세상에 내보내는 일을 감당하라고요.

수민이는 선생님이 되고 나서 '작은 아이'에 대해 제가 쓴 글을 읽고는 페이스북에 글을 남겼습니다.

2014년 8월 6일

좋은 교사를 경험하지 못하고 좋은 교사가 되어야지 하고 마음을 먹는 사람과 좋은 교사를 경험하고 그와 같은 교사가 되고자 하는 사람과는 큰 차이가 있다고 생각한다.

어렸을 때의 내 글이 실려 있는 권일한 선생님의 책을 보았다. 오만하고 자아상이 높아 보이는 내 안의 '아주 작은 나'를 발견해 주신 선생님 덕분에 지금 내가 여기 있을 수 있다는 생각이 들었다. 숙소에 들어와 천천히 책을 읽는데 눈물이 왈칵 난다. 2000년 나에게 "너는 참 이상해."라고 말씀하시던 선생님이 2014년 나에게 "지금 너

이상한 거 아니야."라고 말씀하시는 듯하다. 선생님의 삶의 궤적이 큰 위로가 된다. 그래 나도 이 길을 가야지!

3) 숨겨 둔 마음 풀어 주기. 반성하는 글

반성문은 잘못을 고백하고 용서를 구하는 글입니다. 아이는 반성문을 싫어합니다. 반성하는 척하며 쓰는 글이라 생각합니다. 잘못을 인정한다면 반성문을 쓰라 하지만 마음을 닫은 아이에게는 변호하는 글을 쓰라 합니다. 절박한 상황에 몰리거나 답답함을 풀고 싶은 마음이 강할수록 까닭을 열심히 찾습니다. "네가 왜 그런 행동을 하는지 써 봐! 반성문 쓰라는 게 아니야! 친구도, 나도 말이 통하지 않으니 글로 표현해 봐! 말은 안 통하지만 글은 통해. 그대로 인정해 줄 테니 써 봐!" 합니다.

우리 반은 글 쓰는 분위기여서 대뜸 들이대는 요구로 받아들이지 않습니다. 써야 할 이유가 있기 때문에 꼼꼼하게 씁니다. 당연히 내용이 좋습니다. 글을 칭찬하면서 행동을 훈계하면 마음이 누그러집니다. 글이 문집에 실리면 반성문을 자기 표현 방법으로 이해하고 마음을 돌이킵니다.

잘못된 행동을 하는 까닭이 있습니다. 무조건 행동만 꾸짖으면 눈앞에서는 변할지 몰라도 아이는 그대로입니다. 원인을 알면 달라집니다. 행동에 대한 꾸짖음이 아니라 원인에 따른 처방을 내놓으면 아이와 교사 모두에게 좋습니다. 원인을 알아보세요.

한 아이가 여자애들 따라다니며 엉덩이 크기를 어림합니다. 저질이라고 손사래를 쳐도 더한 장난까지 했습니다. 마음을 보여 달라고 했더니 "…… 요즘에 열심히 하고 싶었는데 제대로 안 된다. 나는 아무래도 바보 같다. 일기도 잘 안 쓰고 선생님 말씀도 잘 안 듣고…… 큰집에서는 내 동생 때문에 맞고 나는 정말 내 마음대로 살 수가 없다……."라고 썼습니다.

문집에 난 글을 보고 부모가 이런 마음인 줄은 몰랐다 하시며 장가갈 때 선물로 줘야겠다고 합니다. 아이도 선생님과 부모님의 뜨거운 반응에 마음이 풀렸습니다. 아래 아이는 평소에 일기, 숙제 하나도 안 합니다. 도무지 자기 관리를 못해서 친구들이 "그냥 놔둬요!" 합니다. 미술 시간에 계속 준비물을 가져오지 않아서 쓴 반성문을 읽고 '얘도 다른 아이처럼 생각하는구나!' 하고 놀랐습니다.

반성문

○○○(5 남)

오늘은 준비물을 가져오지 않았다. 반성을 정말 하고 싶다. 선생님 말대로 나는 정말 공부에 관심이 없는 것 같다. 노는 것만 좋아하다니…… 준비물 가져오자, 책 가져오자 해도 작심삼일이다. 오늘만이 아니다. 엄마가 그전에 가방 싸라 해도 말로만 '네~ 네.' 하는 이 버릇 버려야겠다.

오늘 애들이 셀로판지를 사기에 이상하다는 생각이 들긴 했지만 휴~우 물총을 샀으니 이미 늦었다. 이럴 줄 알았다면 애들한테 물어볼

걸 그랬다. 내가 한다는 말은 다 거짓말 같다. 내가 생각해도 이렇게 쓴 뒤에 지킨 것이 별로 없다. 아니지! 아예 없다. 고생이다. 내가 실수로 안 가져온 것도 같다. 전에 미술 시간에도 준비물을 엄마가 말해 겨우 가져왔다. 내가 일부러 안 가져온 거라 생각하는 이유는 지금 500원이 있다. 엄마가 1,000원을 줬는데 500원 남겨 오라는 말 듣고 일부러 미술이 싫어서 물총만 산 것 같다. 내가 내 죄에 당한 것 같다. 준비물 안 가져오면 가만히 있는 줄 알았는데 이럴수록 미술을 더욱 싫어하게 되는 것일까?

반성은커녕 자기 변호와 거짓말을 늘어놓는 아이가 있습니다. 오해하거나 버릇없더라도 일단은 받아 줍니다. 부모님이나 어른을 향한 흉이라면 상담하지만 내게 대한 것은 그냥 둡니다. 그러면 글을 쓸 때만은 마음을 엽니다. 지나치게 썼다면 얼마 뒤에 얘기합니다. 당장은 참으세요. 솔직하게 쓰라고 해 놓고는 잔소리 한다고 생각하게 만들면 마음을 닫습니다. 오해를 참고 기다리면 관계가 좋아집니다. 시간이 지나면 "제가 지나쳤죠?" 합니다.

반성문으로 논설문을 가르칩니다. 자신을 변호하고 싶다면 논리적으로 드러내라 합니다. 구체적인 사건을 예로 들어야 한다, 증거가 있어야 한다고 말해 줍니다. 어떤 근거와 예를 들지, 무조건 비판만 할 것이 아니라 대안을 어떻게 제시할지 생각해서 쓰면 좋은 논설문이라고 알려 줍니다. 그러면 겁내거나 짜증내지 않고 반성문을 즐깁니다.

앞에서 소개한 편지에서 '밥줄, 권력자'로 표현된 교사는 아이를 윽박지르고 반성문을 자주 쓰게 했습니다. 아이들은 반성문을 쓰면서 도리어 울분을 쌓았습니다. 정말 반성해야 하는 사람은 아이 마음에 상처를 낸 어른입니다. 우리가 반성해야 합니다.

제 잘못을 지적하면 미안하다고 말해 줍니다. 그러면 오히려 아이가 미안하다고 합니다. 드물게 자기 잘못을 모르는 아이가 있습니다. 어떤 행동을 해도 교사가 자기만 미워한다고 생각합니다. 심지어 미안하다는 말에 "알면 됐어요." 합니다. "너 말 태도가 그게 뭐냐?" 하면 사과한 행동은 위선이 됩니다. '잘되나 보자!' 하는 마음이 꾸역꾸역 올라옵니다. "너희는 참 좋은데 내가 못난 선생이라 힘들게 해서 미안하다."는 말을 하면서도 거짓말하는 것 같습니다.

아이를 가르치면서 '하지 마!'와 '무슨 일 있어?'를 구분하는 일이 얼마나 어려운지 모릅니다. 새로 옮겨 간 학교에서 전담 수업 첫 시간에 4학년 남자아이가 껌을 씹으며 의자에 반쯤 누운 채로 앉아 있습니다. 껌 버리고 오라고 했더니 "왜요?" 하면서 씨근덕댑니다. 첫날부터 이런 아이는 처음입니다. 초보 교사일 때는 무조건 '하지 마!' 했습니다.

"너, 공부할 준비가 안 됐구나. 복도에 가서 화 풀리면 들어와라." 했더니 몸을 흔들며 나갑니다. 몸을 뒤로 젖히고 발을 문 손잡이에 올려놓고 돌립니다. 뒷골이 뻐근해지며 혈압이 확 오릅니다. "너 뭐야? 왜 문을 발로 열어. 이리 와!" 제가 아이에게 다가갔으면 틀림없이 맨손으로 두들겨 팼을 겁니다. 폭발 직전의 적막감에 휩싸인 가운데 아이가 앞으로 나옵니다. 그때 문득 '이 녀석, 상처받아서 이렇구나! 상처받은 아이다.' 하는 생각이 마음을 확 뚫고 지나갑니다. "껌 버리고 자리에 앉아!" 하며 참았습니다.

아이에 대해서 교감 선생님이 전설 같은 이야기를 해 줍니다. 학교를 들었다 났다 하는 짓을 꽤나 했습니다. 평소엔 멀쩡한데 꼭지만 돌면 눈에 뵈는 게 없어집니다. 일부러 친근하게 다가가서 칭찬하며 친해졌습니다. 10월에 "선생님, 그때 왜 발로 뒷문 열려고 한 줄 아세요?" 합니다. '그게 이유가 있었나?' 하며 바라보니 "친구랑 싸웠어요." 하면서 제가 들어오기 직전 이야기를 해 줍니다.

아빠가 아이를 많이 때린 게 이혼 사유인지는 모르지만 부모가 이혼했습니다. 반항심이 많은 게 당연합니다. 화내는 남자 어른은 때리는 아빠로 보였겠지요. 어른을 '자기 마음대로 시키기만 하는 사람'으로 봤겠지요. 제가 화내고 때렸다면 어떻게 되었을까요? 초보일 때는 무조건 하지 말라고 윽박질렀습니다. 이젠 '무슨 일 있어?'를 더 많이 말합니다. '하지 마!' 할 때도 있지만 아이 마음을 알고서 저를 돌아보게 되었습니다. '밥줄'과 '최고 권력자'를 잊지 않겠습니다. 나 때문에 상처받은 아이에게 정말 미안합니다.

4) 나는 다른 무엇이랍니다. 비유 글쓰기

그림, 영상, 노래, 사진, 글은 마음에 말을 겁니다. 감춰 둔 마음을 내보이게 합니다. 그림책《행복한 우리 가족》을 보면서 우리 가족이 어떤지 말합니다. 아빠와 아이가 함께 노는 방송을 보고 아빠에 대해 글을 씁니다. 솔직하게 글을 쓰려면 마음을 여는 열쇠가 필요합니다. 어른이라는 권위, 배워야 한다는 의무만으로는 안 됩니다. 마음을 여는 매개물을 만들어 주세요. 잘 가르치려면 연결해 줘야 합니다. 마음이 열리면 예상치 못한 일이 일어납니다.

거울 앞에 아이를 세우고 뭐가 보이냐고 묻습니다. 보통은 웃습니다. 피하는 아이도 있습니다.

"네가 잘 아는 사람이 거기 있지? 인사해 봐!"

"안녕~."

"마음을 비추는 거울이 있다면 어떨까? 칭찬받을 때는 멋진 모습을 비출 거야. 마음이 아프면 고통스러워하는 모습이 보이겠지. 네 거울에는 어떤 모습이 보여?"

"반짝이는 별빛이 보이니? 바위를 휘감아 바다로 흘러가고야 마는 냇물이 보여? 가시투성이 밤송이, 외롭게 핀 꽃…… 뭐가 보여? 왜 그런 모습이 되었는지 말해 줄래?"

할머니가 아껴 주시고 칭찬해 주셔서 남이 뭐라고 해도 신경 쓰지 않는 건강한 모습을 말합니다. 엄마가 자꾸 누구와 비교해서 주눅 든 모습을 말합니다.

비유 글쓰기는 거울에 비친 모습을 글로 씁니다. 대놓고 표

현하기 어려워하는 아이도 마음을 비유하면 씁니다. '나는 나
쁜 놈이다.' 쓰긴 어렵지만 '나는 밤송이다. 가시덩굴이다.'는
쉽게 생각합니다. 《반지의 제왕》 2권에서 주인공 프로도와 샘
은 '갈라드리엘의 거울'을 들여다봅니다. 마음의 불안이 거울
에 나타나는 부분을 읽어 주세요.

특수교육 대상인 형을 괴롭히던 아이와 비유 글쓰기를 했
더니 '나는 밤송이, 가시나무다.'라고 썼습니다. 글을 읽고 어
떻게 하겠냐고 했더니 사과하고는 다시 괴롭히지 않습니다.
글은 자신을 돌아보고 행동하게 만듭니다.

연필꽂이

김초현(5 여)

동막에 와서 연필꽂이 두 개를 보았다. 과연 누구 것인가? 한 연필
꽂이는 연필이 서너 자루만 꽂혀 있고 다른 연필꽂이는 빽빽하게 꽂
혀있다. 서너 자루밖에 없는 연필꽂이는 안 무겁다고 나불나불대며
옆에 있는 빽빽한 연필꽂이를 놀린다. 빽빽한 연필꽂이가 마치, 어미
잃은 애기처럼 나랑 똑같이 힘들어 보인다. 연필꽂이에 들어와 점점
많아지는 연필들이 내가 어려서부터 어려운 일을 겪어 가며 살아온
것처럼 내 모습이 나타난 것 같다. 아, 얼마나 힘들었을까?

텅 빈 연필꽂이의 놀림에 아랑곳하지 않고 꿋꿋하게 연필을 들고 있
는 불쌍한 연필꽂이다. 처음엔, 텅 빈 연필꽂이처럼 가벼운 데다 예
쁜 옷을 입고 있었지만 주인 손에 들어와 옷을 뜯기고 햇볕을 맞고 자
라며 무거운 짐을 들고 있다. 불쌍한 연필꽂이! 정리할 줄 아는 주인을

만났더라면 팔자 좋고 나처럼 힘들게 안 살았을 텐데…… 너도 참 인생이 불쌍하구나! 연필꽂이야, 힘내렴! 내가 여기 올 때마다 너를 위해 기도해 줄게. 내가 여기 올 때마다 연필 한 자루씩 하나씩 없어지기를…….

빽빽한 연필꽂이를 보는 순간 지나온 날이 생각나 마음을 털어놓습니다. 초현이는 엄마와 헤어져서 남동생을 돌봅니다. 다른 사람 눈에는 의미 없는 연필꽂이가 초현이에게는 힘든 삶을 보여 주는 비유 대상입니다. 연필꽂이를 볼 때면 초현이 생각이 납니다. '연필꽂이'를 읽어 주면 눈빛이 달라지며 위로 받는 아이가 있습니다.

글쓰기 어려워하는 아이는 사실만 간단하게 씁니다. 느낌을 모르고, 다른 사물이나 경험에 빗대어 설명하지 않습니다. 교과서에서 비유를 배우고 학원에서 글 쓰는 방법을 배워도 실제로 쓸 때는 잊습니다. '비유 표현'이라는 정보를 가르치기 때문입니다. 감정 전체를 비유하면 달라집니다.

좁게 보면 직유, 은유, 풍유, 의인법이 있습니다. 직유는 '~처럼, ~같이, ~ 듯이, ~인 양'을 연결어로 씁니다. '개미처럼 살금살금 걸어온다.'라고 씁니다. 은유는 대상의 본뜻을 감추고 다른 대상으로 표현합니다. '(가)는 (나)이다.'를 씁니다. '내 마음은 호수다.'라고 씁니다. 풍유는 속담, 격언, 풍자나 우화에 많이 쓰이며 속담이나 격언을 인용하라는 말로 설명합니다. 의인법은 '천둥이 소리를 지른다.'처럼 사람이 아닌 것을 사람처럼 표현합니다. 넓게 보면 문장에 변화를 주는 반어, 도치, 역설, 설의, 문답, 대구법과 강조할 때 쓰는 과장, 반복, 억양, 점층, 열거도 비유입니다.

일부러 가르치지는 않습니다. 아이가 우연히 대구를 쓰면 '네가 대구를 아는구나!' 하며 알려 줍니다. 글을 읽어 주며 반 아이들에게 '얘가 반어를 아네!' 합니다. 그럼 반어를 쓰는 아이가 생깁니다. 컴퓨터를 좋아하는 분은 저처럼 순간순간 컴퓨터를 가르치겠죠! 음악, 미술을 하는 분도 그럴 거고요. 저는 이렇게 글을 가르칩니다.

5) 하나님이 내게 주신 것이 있어요

20○○년에 다섯 명을 가르쳤는데 네 명이 엄마와 헤어졌습니다. A는 '엄마'를 '콕콕 찌르는 가시'로 기억합니다. B는 밤마다 '엄마, 엄마' 잠꼬대를 합니다. 할아버지가 엄마 얘기는 절대로 하지 말라고 부탁합니다. C는 부모 이혼으로 전학 왔고, 학교 폭력으로 권고 전학 온 D는 부모가 이혼했습니다.

슬프고 아프고 떠올리기 싫은 경험도 해석을 달리하면 딛고 일어설 발판이 됩니다. '사례가 있을까? 큰 고통을 겪으면서도 기쁘게 살아가는 사람이 누구일까?' 이순신이나 마틴 루서 킹처럼 '원래 대단한 위인이잖아.' 하는 유명 인사가 아니라야 했습니다.

이지선 씨는 교통사고로 화상을 입어 얼굴이 끔찍하게 망가졌습니다.* 지선 씨가 당한 고통을 견뎌 낼 사람이 얼마나 있을까 싶습니다. 사진을 보여 주며 "이런 얼굴을 하면 사람들이 어떻게 생각하지?" 하고 물으면 "징그럽다. 싫어한다. 이상하다. 자꾸 쳐다본다. 왕따시킨다."고 말합니다. 실제로 동네 아이가 괴물 같다고 말한 사건을 말해 줬습니다. "이 얼굴로 살 때 장점이 없을까? 힘들기만 할까?" 하니 이해하고 배려하고 겸손하다고 말합니다.

같은 사람이라고 말하지 않고 사고 당하기 전 사진을 보여 주며 물었습니다. "참 예쁘지. 예쁜 얼굴로 살면 뭐가 좋을까?" 하고 물으니 "인기를 끈다. 자신감이 넘친다. 사람들이 잘해 준다. 면접에서 유리하다. 주변에 친구가 많아진다……." 계속 찾습니다. "두 사진 모두 같은 사람이야. 지선 씨는 사고를 당했어. 심한 화상 때문에 7개월 동안 30번 넘게 수술을 받았어." 지선 씨라고 하니 깜짝 놀랍니다.

"예쁜 얼굴로 살면 단점이 없을까?" 하니 어리둥절합니다. 예쁘면 다 좋지 무슨 단점이 있을까 하는 거죠. "예쁘지만 성격 나쁜 사람은 어때?" 하니 '자기만 안다. 잘난 척한다. 다른 사람 마음을 몰라 준다.'고 합니다. 물론, 외모가 성격을 결정하지 않습니다. 예뻐도 겸손한 사람도 있고 반대 경우도 있습니다. 상처를 가진 경험이 충분히 장점이 된다고 알려 주려고 꺼낸 이야기입니다.

"예쁜 얼굴로 돌아가고 싶을까? 지선 씨는 지금도 행복하

● 이지선 지음, 《지선아 사랑해》, 문학동네, 2010.

대. 고통스러운 수술을 이 악물고 버텼으면서도 불행하지 않
대. 신기하지! 너희에게도 장점과 단점이 있어. 힘든 일도 있을
거야. 이미 겪은 일이라 거부할 수가 없잖아. 하나님께 편지를
써 보자. 항의해도 되고 털어놓아도 돼. 혹시나 감사할 일이
있다면 그렇게 써도 돼."

사람마다 장점과 단점이 있습니다. 태어날 때부터 가진 태
도도 있고 환경의 영향 때문에 생긴 것도 있습니다. 장점이 있
어 감사하는 마음을 가져야겠죠! 슬프게 하는 것이라면 하소
연이라도 합니다. 하나님에게 하고 싶은 말을 합니다. 보이지
않는 대상이라 마음이 편합니다. 혹시 아이가 바라는 걸 들어
줄 지도 모르죠.

○○○(6 남)

내 장점: 복식호흡을 할 수 있는 나의 배, 빨리 외우기.

내 단점: 나를 칭찬하는 사람이 없다. 외운 거 하루 만에 까먹는다.

하나님, 단 세 가지만 물어보고 싶어요. 왜 부모님이 싸우고 이혼까
지 하게 만들었어요. 그냥 부모님들이 몇 번 싸우다 말면 되잖아요.
전 그것 때문에 마음 아주 깊은 곳에 하나님을 미워하는 이유가 추가
되었어요. 그리고 엄마, 아빠가 이혼을 하고 강원도에 왔을 때 몇 년
밖에 안 되어 할아버지가 돌아가게 하셨나요? 왜 할머니만 놔두고
데리고 가신 거죠? 하나님을 미워하는 이유가 늘어났죠! 마지막 우리
할머니가 왜 술을 먹게 한 거죠? 하나님이 술을 먹게 해 장작을 땔 때다

가 우리 할머니가 팔에 화상을 입어 며칠간 탄 살을 뜯어냈죠! 그때마다 제 마음도 하나님한테 정이 떨어졌죠! 하지만 고마운 것도 있어요. 우리 집에서 제일 많이 아파하는 할머니를 그 일 뒤로 지금까지 안 아프게 해 준 게 제일 고맙고 감사합니다. 지금부터 아무도 안 아프게 해 주세요.

한 번도 털어놓지 않은 이야기를 털어놓습니다. 할 말이 더 있지만 하나님이란 말이 어색하거나 마음이 열리지 않아서 멈췄습니다. 그래도 밖으로 드러냈다는 사실이 중요합니다. 졸업하면서 서울에 살던 아빠가 데려갔습니다. 아빠와 함께 간다고 기뻐하는 아이를 보며 아이가 가진 자연 치유 능력이 대단하다고 생각했습니다. '아프게 한 아빠와 다시 살게 되었다는 것만으로도 이렇게 좋아하는데……, 아빠를 그리워하던 마음이 함께 살면서 상처로 자라면 안 되는데…….' 생각하며 보냈습니다. 아래 일기는 4학년 여자아이가 썼습니다. 영화 같은 삶을 산 아이는 하나님께 하고 싶은 말을 쏟아 냅니다.

내 추억

○○○(4 여)

오늘 글쓰기를 했다. 하나님이 주신 것이라는 제목으로 글을 썼다. 하나님에게 하고 싶은 말을 썼다. 엄마 아빠 얘기를 쓰다 보니 눈물이 글썽거렸다. 선생님께 내가 쓴 글을 주고 선생님이 얘기를 하다 보니 엄마와 있었던 추억이 떠올라 참았던 눈물을 쏟고 말았다. 내가 두 살이나 세 살 때 넘어져 다친 이마의 상처는 그때 잘 살지 못해서 돈이 없어 약을 못 사서 생겼다. 흉터를 만지고 보면 옛날 추억이 떠올라 엄마가 그립고 엄마 죽은 거 생각하면 아빠가 밉고 원수 같다. 왜냐하면 엄마를 죽게 한 사람은 아빠였기 때문이다. 엄마는 아빠를 사랑했는데 이혼하고도 후회만 했는데 아빠는 바람만 피고 옛 추억을 생각하면 우울하고 화가 난다. 이렇게 많은 추억을 떠올리며 울고 있는데 종원이 오빠는 난데없이 'ㅇㅇ이 왜 울어?' 하고 물어봤다. 나는 대답 없이 계속 엄마 생각에 빠져 종원이 오빠 말이 내 귀에 들어오지 않았다. 나는 엄마한테 하고 싶은 말이 있다. '엄마 저요 잘 있으니 걱정 말고 하늘나라에서 건강하게 잘 계시고요. 제 꿈에 자주 놀러 와요.'라고.

무턱대고 하나님께 편지 쓰라고 하면 마음을 털어놓기보다는 간단한 소원이나 질문 몇 개 던지고 맙니다. 하나님께 보내는 편지는 마음이 통해야 하고 글이 주는 힘을 깨달은 뒤에 써야 합니다. 그런 분위기가 되지 않으면 안 쓰는 게 낫습니다. '하나님께 쓰는 편지'라는 말이 무겁게 느껴지거나 '하나님'이라는 말이 껄끄러우면 '네 소원을 말해 봐'처럼 쉽게 바꾸세요.

허승환 선생님은 종이비행기에 소원이나 고민을 적고 칠판으로 날리게 합니다. 이름 쓰지 않고 날린 비행기에 적힌 사연을 한 장씩 읽어 줍니다. 답글이 꼭 필요한 글을 정해서 친구 모두 '그 아이'에게 답글을 씁니다.*

저희 집은 엄마와 아빠가 다섯 살 때 이혼하셨습니다. 저는 그때부터 남자가 너무 싫어 미칠 것 같습니다. 왜냐하면 아빠가 지난 8년 동안 몇 십 번도 아니고 몇 번 만나 준 것이 고작이어서입니다. 1년에 30번 정도 만난다고 약속했으면서 정작 약속을 지키지 않아서입니다. 그런데 요즘 엄마가 재혼하고 싶다고 합니다. 하지만 남자와 사는 것은 죽어도 싫습니다. 싫다고 말해도 엄마는 결혼하고 싶은가 봅니다. 전 어떻게 해야 할까요?

사연을 듣고 친구가 적어 준 내용입니다.

이혼…… 돈 때문에 두 분 부모님이 이혼 동의서를 쓰는 걸 봤어. 비록 이혼은 안 했지만 싸우면서 이혼 동의서와 도장을 찍는 모습까지 봤어. 그땐 정말 죄책감과 슬픈 이야기가 주마등처럼 스쳐 지나가. 그놈의 돈 때문에……. 그 돈이 뭐라고 이혼까지 하나 생각도 했고, 자살 시도도 해 보았어. 목에 줄을 매달아 보려고도 했고, 높은 곳에서 떨어져 보려고도 했어. 그런데 생각해 보니 그놈의 돈 때문에, 이혼하려는 부모님 때문에 내가 죽기엔 내가 너무 아까워서 밤새 울었어. 다행히 이혼을 안 하셨어. 극단적인 생각을 하거나 좌절하지 마, 파이팅!

아이는 돈, 이혼, 성적이 아니라 네버랜드를 꿈꾸는 존재입니다. 피터팬과 하늘을 날고 별에 성을 만드는 꿈을 꾸며 살

• 두 글은 허승환 선생님(예은이네 집 운영자,《허쌤의 공책 레시피》저자)께 허락을 받고 올립니다.

아야 하는데 어른이 짐을 너무 많이 얹어 일어서지도 못하게 만들었습니다. 스마트폰 같은 첨단 기기의 혜택을 받지만 부작용이 많은 지금, 핸드폰 없고 촌스럽지만 갈등이 적었던 예전 둘 중에 한 곳을 선택하라면 어디에 살 거냐고 물은 적이 있습니다. 어디를 선택했을까요?

제목 없음

○○○(2 남)

오늘은 엄마, 아빠가 밤늦게 밥 먹고 있는데 싸웠다. 계속 싸운다. 엄마 눈에서 결국 눈물이 나왔다. 지난번에 또 싸웠는데 언제는 물건들을 막 던지면서 싸웠다. 그러곤 컴퓨터를 했다. 아침에는 피아노를 갔다. 그리고 텔레비전을 보고 시험지랑 복습 노트, 일기를 쓰고 또 텔레비전을 보고 또 싸우고 있다. 학원비 때문이다. 그리고 닌텐도를 하고 잠이 듭니다.

2학년 아이 학원 보내려고 돈 벌러 나가지 말고 아이와 함께 시간을 보내는 게 얼마나 귀한지요! 부부가 사랑하며 아이와 함께 책을 읽는다면 얼마나 좋을까요! 지금 누리지 못하면서 다음 세대에게 전해 줄 수 있을까요! 제발 아이답게 자라게 해 달라고 하나님께 편지를 보내고 싶습니다.

6) 자신에게 편지를 써요

글 쓰다 울면 "울어. 힘들면 우는 거야. 괜찮아. 울자. 나도 힘들면 울어!" 합니다. 글 쓰다 울면서 마음을 털어놓고 짐을 내려놓습니다. 이럴 때 쓴 글은 보석입니다. 진짜 보석만이 상처(흠집)가 있다고 합니다. 공장에서 만들어 낸 보석은 상처가 없습니다. 저는 상처가 보석으로 변하기를 기대하며 글을 씁니다.

글은 상처를 보석으로 바꿉니다. 자신을 돌아보며 편지를 쓰면서 스스로 격려할 기회를 주세요.

"자신에게 편지를 써 보자. 반성하는 내용보다는 자기 자신을 격려하는 내용이면 좋겠어. 아픈 상처 잘 견디고 자라 온 과정을 칭찬해 보자."

자신을 칭찬하고 발돋움을 합니다. 친구와 마음을 나누며 답글을 써 줍니다. 친구를 위로하는 위로자가 되면 자기도 저절로 낫습니다. 다만, 아픔과 상처를 내보여도 받아 줄 만큼 마음이 열린 뒤에 답글을 나누어야 합니다.

김초현(5 여)

안녕? 난 5학년 김초현이야! 내가 너에게 묻고 싶은 게 있어. 넌 남들처럼 엄마가 없으면서 고생하며 살아왔는데 힘겹지 않았니? 참, 넌 동생에게 우는 모습을 안 보이려고 엄마가 보고 싶어서 우는 걸 숨어서 울다니……, 너 참 동생을 위해서 아픈 모습을 안 보이려고 노력하는 모습이 대견하구나! 3일 전에도 동생이 독감에 걸려 아파하는 모습 보다가 울컥하기도 하고 화장실 갔다 온다면서 너 많이 울었지! 지금도 눈물이 글썽거리는구나! 내가 지금 너에게 말할 게 있다. 제발 울지 말아 줘! 네가 우는 모습을 재현이가 보면 재현이도 많이 울 거야! 그러니 이제 제발 울음을 멈춰 줘! 넌 이런 내 부탁도 못 들어주니? 제발 들어줘. 이젠 울음을 그치고 재현이에게 당당한 누나가 되어 주면 좋겠어. 부탁한다. 내 안에 있는 작은 아이야!

박인숙 답글

초현아, 니 마음 잘 알 것 같아. 나도 이 글을 읽으니까 눈물 날 것 같아. 하나님이 이걸 들으면 울컥하실 거고 꼭 널 지켜 줄 거야! 그럼 안녕!

○○○ 답글

초현아, 참 불쌍한 아이인 것 같다. 나도 불쌍한 아이지만 불쌍한 아이가 되기 싫어서 나도 너처럼 당당하게 지내 오고 있어. 그리고 너는 재현이를 위해서 누나 노릇을 참 잘하는 것 같다. 언젠가 하나님께서는 너에게 큰 축복을 내리고 너를 많이 인도하셔서 너를 즐겁게 해 주실 거야. 초현아, 나도 너처럼 그런 경험을 겪은 적이 있어. 하지만 끝까지 힘내고 재현이를 위해 누나 노릇을 열심히 하고 끝까지 꿋꿋하게 살아가길 빈다. 초현아, 파이팅!

두 번째 답글을 쓴 아이는 앞에서 소개한 인생 그래프 주인공입니다. 자기를 불쌍하게 여기는 아이, 스스로 당당하게 지낸다고 썼지만 그렇지 않은 아이가 다른 아이를 위로합니다. 상처받은 아이의 위로에 상처받은 아이가 회복됩니다. 말

뿐인 허튼소리가 아니라는 걸 압니다. 10월 말에 '가장 많이
변한 친구'를 찾아 글을 쓰라 했는데 이 아이가 뽑혔습니다.
아이는 글씨를 네모 반듯하게 씁니다. 수학 문제를 풀면 계산
과정을 다 지웁니다. 네모 상자에 갇혀 다른 사람에게 자신을
내보이지 않습니다. 이러던 아이가 막대걸레 들고 기타 치는
흉내 낸다는 소리를 듣고 막 울었습니다. 스스로 상자를 깨고
나사 풀린 것처럼 노는 모습에 엉엉 울며 감사했습니다. 헤어
지고 몇 년 뒤에 얘네가 그리워 중학교에 찾아갔습니다. 환한
얼굴로 웃는 모습을 보며 참 기뻤습니다. 아픔을 글로 표현하
며 치유가 되었으리라 믿습니다.

짐만 되는 나

○○○(5 여)

충격이다. 병원에서 물혹이 있단다. 처음에는 충격뿐이었지만 엄마
의 한숨, 걱정이 나를 울컥하게 만든다. 나도 충격적인데…… 코 안
을 찍었는데 보니 머리를 누군가에게 맞은 느낌이다. 그래도 열두 살
어린 나인데 물혹이라니? 엄마는 내 마음을 아는지 모르는지 계속 한
숨만 쉬신다. 그때는 이 생각을 많이 한다. 왜 이렇게 살아서 엄마,
아빠께 걱정만 끼치냐구! 정말로 많이 죄송스럽다. 눈물을 흘릴 수 없
어 참았다. 차 안에서도 꾹 힘들게 참았다. 그런데 아빠께선 이상한
말을 하신다. "여름방학 때 운동 다녀! 태권도나 검도 이런 거!" 내 마
음을 콕콕 찍는다. 나도 모르게 한 방울이 똑 떨어졌다. 빨리 닦고 태연
한 척하지만 마음속에서 아빠의 미움, 슬픔이 뒤엉켜 마음을 힘들게

했다.

학교에서 참았던 눈물이 나온다. 너무 괴로웠다. 나오려던 눈물을 꼭 참고 반으로 갔다. 공부 시간이 끝나고 쉬는 시간이다. 내 머릿속엔 온통 그 생각뿐이다. 머리가 너무 아파 왔다. 그것을 ○○○에게 털어 놓았다. ○○○도 그렇다고 한다. 하지만 이야기를 들었을 때 생각은 하나였다. ○○○네 엄마는 그래도 편안하게 해 주셨네! 좋겠다. 하지만 난 고민을 표현도 말도 못 하고 그저 혼자 끙끙 앓는다. 그때 진짜 부모님이 원망스럽고 미웠다. 나도 충격인데 내 마음이라도 편하게 해 주지! 그렇게조차 해 주지 못하다니. 나는 정말 이러면서까지 엄마께 짐이 되면서까지 살아야 되나 이런 생각이 많이 났다.

○○○랑 대화를 한 뒤 마음이 편안해졌다. 수업을 끝마치고 집에 왔다. 과외도 마치고 이제 학원 가야지 하고 있다. 그치만 너무 졸렸다. 그래서 주무시는 엄마 옆에 누워 있다 스르르 잠이 들었다. 그러다 깨니 기시가 넘었다. 학원을 못 간 것이다. 너무 죄송하여 엄마께 죄송하단 말을 하니 엄마께선 괜찮다고 하셨다. 아빠가 오셨다. 오신 뒤 아빠랑 얘기하다 "엄마 아빠가 얼마나 걱정하는지 알아? 엄마 아빠 마음 알아?", "아빠는요? 내 마음 알지도 못하면서……." 이 소리가 목구멍까지 차올랐지만 참았다. 짐만 되는 나! 정말 죄송스럽다. 그 말뿐이다.

파도는 끊임없이 해변에 몸을 부딪치지만 거대한 대양의 일부로 존재하는 한 고갈되지 않습니다. 가족의 사랑 안에 머물게 하면 아무리 크게 부딪치고 부서져도 고갈되지 않습니다.

아빠가 태권도 다니라고 한 말이 아빠 식 사랑 표현인 줄 아는 때가 오겠지만 아이에게 맞게 표현하면 더 좋겠지요.

몇 가지 사례를 말했지만 정답으로 받아들이지 마세요. 상담은 미로에서 길을 찾는 일과 같습니다. 이해하고 공감하는 마음이 미로를 여는 열쇠입니다. 마음에 담긴 슬픔을 느끼며 함께 울어 줄 마음이 있으면 미로에서 벗어납니다. 아이 삶에 한 발 들여놓는다 생각하세요. 보이는 현상으로 만족하지 말고 깊이 들여다보세요. 한 아이를 살리는 일은 세상을 살리는 일입니다.

5. 아하, 이거야! - 시

기가 막힌 글을 많이 만났습니다. 혼자 보기 아까워서 문집을 만들다가 기왕 쓴 거 대회에 내보냈습니다. 잘 당선되지 않습니다. 어떻게 하면 상을 받는지 알고 싶어 수상작을 살펴봤습니다. 느낌 없이 꾸며 쓴 글이 많습니다. 지금은 어떻게 하면 상을 받는지 알지만 대회에 맞춰 글을 쓰지 않습니다. 상 받게 하려고 '봄이 오면 / 봄이 오면 / 봄비가 새싹을 깨우네.' 이렇게 쓰게 하지 않습니다.

대회에서 상 받는다고 좋은 글이 아닙니다.

효도가 주제라면 효도하는 내용을 써야겠지만 말끝마다 효도하겠답니다. 작품집에는 '효도하는 아이, 자연을 아끼고 사랑하는 아이, 나라에 충성하는 아이……'가 가득합니다. 유치하거나 과장하거나 둘 중 하나입니다. 겪지 않은 일을 지어내서 쓴 것 같습니다. 대회가 끝나면 다른 모습으로 살겠지요!

시는 더 심합니다.

'파란 파란 하늘은 우리 아빠 마음이고요. 하얀 하얀 구름은 우리 엄마 마음이지요. 큰일났네요. 먹구름이 몰려와요.'

무얼 느낀 건지 모르겠습니다. 시를 읽으면 웃거나, 먹먹하거나, 기쁘거나, 슬프거나…… 마음이 울렁거려야 하는데 '이건 뭐지?' 하는 마음이 앞섭니다.

2학년 국어 교과서에 줄글을 시로 바꾸는 내용이 나옵니다. '재미있는 현장 체험 학습'을 줄여 시로 쓰면 자기만의 생각이 드러나지 않습니다. '감자 캐기'에는 지은이 이름을 쓰지 못합니다. 누가 써도 비슷하게 지어낼 테니까요. 자기만의 생각을 담아내지 않았으니 그냥 정답 찾기입니다.

재미있는 현장 체험 학습

6월 7일 금요일
날씨: 맑음

야호! 오늘 감자 캐기 현장 체험 학습을 다녀왔다. 일어나자마자 가방에 도시락, 간식, 돗자리를 넣었다. 설레는 마음 때문에 엄마가 깨우지 않아도 혼자 일어나서 씩씩하게 학교에 갔다. 현장 체험 학습 장소에 도착하여 감자 캐기를 하였다. 처음에는 힘들었는데 선생님 말씀대로 줄기를 잡고 흙을 파니 잘 캐졌다. 흙에서 캐낸 동글동글한 감자가 신기하고 먹음직스러웠다. 오후 간식으로 엄마는 내가 캔 감자를 쪄 주셨다. 우리 가족 모두 호호 불며 감자를 먹었는데 정말 맛있었다.

↓

감자 캐기

오늘은 특별한 날
현장 체험 학습 날

감자 캐자
파파
사르륵사르륵

흙을 덮은
귀여운 감자

노릇노릇 뜨끈뜨끈
솥에다 삶아서

온 가족이 맛있게

냠냠 냠냠

2-1 국어 교과서 266~267쪽

다른 예로 윤석중이 쓴 '키 대 보기'를 줄글로 바꾼 '우리 반 키 재기'가 나옵니다. 윤석중 시인은 '우리 반 키 재기'를 줄여서 '키 대 보기'로 쓰지 않았습니다. '나는 오늘 아침에 밥을 먹었습니다.'를 '아침을 먹은 나'라고 말재주 부린다고 시가 되지 않습니다. 줄글을 줄여서 시를 쓰면 '글짓기'*입니다. 짓지 않고 내뱉어야 글이 살아 있습니다. 삶을 그대로 보여 주어야 진짜 글입니다.

1) 시가 무엇일까?**

시가 무엇일까요? "정서나 사상 따위를 운율을 지닌 함축적 언어로 표현한 문학의 한 갈래.(다음 사전)", "언어의 의미·소리·운율 등에 맞게 선택·배열한 언어를 통해 경험에 대한 심상적인 자각과 특별한 정서를 일으키는 문학의 한 장르.(네이버 사전)" 설명이 더 어렵습니다. 정리하면 이렇습니다.

형식 운율을 살려 함축해서 표현한 것.
목적 특별한 생각과 정서를 일으키는 것.

• 이오덕 지음, 《글쓰기 어떻게 가르칠까》, 보리, 1993. 글짓기와 글쓰기에 대해서 알고 싶으면 이 책을 참고하세요.
•• 탁동철 지음, 《달려라, 탁샘》, 양철북, 2012. 시가 무엇인지 알려 주는 좋은 책입니다.

소속 문학의 한 갈래.

   학교에서는 형식(표현 방법)으로 시를 가르칩니다. 그러면
반복하는 말, 흉내 내는 말, 비유와 인상적인 표현을 써서 짧
게 쓴 글이 시라고 생각합니다. 아이는 일기를 시로 쓰고 싶어
합니다. 고민 없이 짧게 지어내면 되니까요. '생각과 정서'는 뒷
전입니다.

   출판사에서 표현 방법과 운율을 문제로 냅니다. 정서와 생
각은 채점하기 어려워서 피합니다. 점점 더 형식과 정답 찾기
로 배웁니다. 흉내 내는 말이나 반복하는 말, 비유에 마음을
빼앗겨 생각과 정서를 놓칩니다. 시에 관한 문제를 많이 풀수
록 시를 엉터리로 씁니다. 주객이 바뀝니다.

   시뿐만이 아닙니다. 자기 색깔을 잃어버린 설명문, 뻔한 주
장에 똑같은 근거를 되풀이하는 논설문이 가득합니다. 시를
쓰려면 마음이 움직여야 합니다. 설명문을 쓰려면 알려 주고
싶은 마음이 솟구쳐야 합니다. 명확한 근거를 말하되, 안타까
운 마음으로 외쳐야 논설문입니다. 형식을 앞세우면 보지 못
합니다.

까치

                                                              성덕제

책책책 책책책책

응원을 하나 봐요.

삼삼칠 박수를

어디서 배웠을까?

꼬리를

흔들어 대며

책책책책 책책책

2-1학기 국어 12쪽

　반복되는 말, 재미있는 부분을 찾는 수업입니다. 까치가 손뼉 치고 꼬리 흔드는 모습이 재미있나요? 지도서에서는 '책'을 반복해서 재미있다고 합니다. 까치가 '책책책' 소리 낸다는데 재미없습니다. 삼삼칠 박수 모르는 아이도 많은데 삼삼칠 박수를 왜 하는지 묻습니다. 까치를 자주 본 사람도 공감하기 어려운데 까치 소리를 듣지 못한 아이는 무얼 느끼겠습니까!

　시는 느낌입니다. 느낌을 살려 놓고 형식에 맞게 다듬어야 합니다. 느낌을 쏟아 낸 글에서 정답을 찾는 짓은 하지 말아야 합니다. 까치는 '책책책', 시냇물은 '졸졸졸', 토끼는 '깡총깡총', 땀은 '뻘뻘' 흐르지 않습니다. 까치, 토끼, 시냇물, 땀에서 다른 소리를 들어야 시인이 됩니다.

옥수수 심기

배강길(6 남)

크면 우리가 먹는 옥수수

지금 옥수수 씨앗이 새 삶을 시작한다.

땅 속에 파묻혀
캄캄한 세상을 살다가
작은 씨앗으로 시작해
바깥세상으로 나온다.
오늘도 한 옥수수 씨앗이 새 삶을 시작한다.

외할머니와 옥수수를 심고 썼습니다. '옥수수 심기'는 교과서에서 말하는 특징이 없습니다. 시가 아닌가요? 어른이 쓴 시는 형식을 따지지 않습니다. 시집을 펴 보세요. 운율이 맞지 않은 시, 재미있는 표현과 흉내 내는 말이 없는 시가 얼마나 많은지! '오감도' 시제 1호는 아이 열셋이 무섭다고 외치는 말뿐입니다. 세월호의 아픔을 보면서 오감도가 마음에 확 들어 왔습니다. 아이 열셋이 무섭다고 외치는 내용이 가슴 저미게 느껴졌습니다. 나라 잃은 슬픔을 표현한 시인의 마음이 느껴집니다.

공사

김소희(1 여)

학교를 마치고 집에 와 보니 집이 엉망이다.
보일러가 고장이 나서
가스보일러로 바꾸는 거라고 엄마가 말했다.

지금은 밤 9시다.

보일러 아저씨는 참 힘들겠다.
아직도 보일러를 고치니까!

보일러 아저씨 집에도
나처럼 1학년 아이가 있다고 했다.
아저씨 집 아이도 나처럼 아빠를 기다리겠다.

흉내 내는 말, 반복하는 말이 없고 문장부호도 온점과 느낌표 하나뿐입니다. 2연에서 끝났다면 시가 아니지만 3연이 있어서 시입니다. 아빠를 기다리는 아이에게 보일러 아저씨가 몇 학년이냐고 물었겠죠. 아저씨네 집에도 1학년 아이가 있다는 말을 듣고는 '나처럼 아빠를 기다리겠구나!' 합니다. "아빠 사랑해요."를 쓰지 않았지만 마음이 느껴집니다.

봄에 풀이 돋아날 때 숲에 들어가 보세요. 꽃이 피지 않아도 봄 냄새가 납니다. 땅이 생명을 뿜어내는 냄새입니다. 온 사방에서 생명의 기운이 느껴집니다. '옥수수 심기'는 캄캄한 세상에서 움트는 생명을 보여 줍니다. 솟아오르는 생명에 대한 기대를 갖게 합니다. 마음에 품었던 작은 씨앗이 어떻게 자라는지 살펴보게 만듭니다. 경이롭습니다.

시나리오 작가 김선정은 "시는 나의 이야기, 즉 시인 자신의 내적 탐구가 빚어내는 결정체다. 지극히 주관적인 시선이 극에 달했을 때 말할 수 없는 아름다움으로 완성되는 것, 세상과 타협하지 않고, 타인으로부터 때 묻지 않았을 때만 완성될 수 있는 순수함, 그 자체"라고 말합니다. '옥수수 심기'는 시입니다. 내적 탐구가 빚어내는 결정체, 생각이 빛나는 아름다움, 때 묻지 않은 순수함 자체입니다.

같은 책에서 시인 유희경은 "시인은 발화telling해서는 안 된다. 그저 보여 주어야showing 한다."고 썼습니다. 대놓고 말하지 않지만 글쓴이의 마음을 보여 주고, 우리가 바라보아야 할 지점을 말해 주어야 시란 뜻입니다. '옥수수 심기'는 보여 줍니다. 짧지만 마음을 폭 담아 보여 줍니다. '어쩜 이런 생각을 할까?' 벅찬 마음으로 읽고 또 읽습니다.

9·11 테러 이후 미국은 테러 용의자들을 관타나모 수용소에 가뒀습니다. 불순한 메시지가 오간다며 펜과 종이를 없애자 수감자들은 치약을 잉크 삼아, 스티로폼 컵을 종이 삼아 시를 씁니다. 2005년 풀려난 모아젬 벡은 "시가 없었다면 미쳤을 것"이라고 말합니다.**

마음을 확 터트려 표현해야 시입니다. 시대와 장소, 상황, 시인의 성향에 따라 내용은 다르지만 모두 마음을 표현합니다. 교과서에 '아!' 하는 마음을 일으키는 시가 실려야 합니다. '나도 그런 적 있어!', '이 사람도 나와 같은 일을 겪었구나!', '맞아, 정말 그렇겠다!' 맞장구쳐야 합니다. 그래야 진짜 시를 씁니다.

시는 '아하!'라고 느낀 것을 다른 사람도 '아하!' 느끼도록

• 김영진 외 지음, 《나는 어떻게 쓰는가》, 씨네21북스, 2013, 68쪽.
•• 도정일 외 지음, 《글쓰기의 최소 원칙》, 룩스문디, 2008.

짧게 쓴 글입니다. 아이 말에는 시가 들어 있습니다. 아이는 순간순간 감탄하고 감정을 내뱉습니다. 귀를 기울이면 시를 조잘대는 소리가 들립니다. 시를 배우지 않은 꼬맹이는 그대로 시인입니다.

2) 시 맛보기를 해 보자

시는 여운을 남기는 글입니다. 초등학생은 깊이 느낀다는 말을 모릅니다. 책을 많이 읽는 아이도 깊이 읽지는 않습니다. '아이'와 '깊이'는 만나기 어려운 짝입니다. 재미있는 시는 반짝 관심을 일으키지만 깊이 여운을 남기기는 어렵습니다. 책 한 권, 시 한 편을 깊이 맛보면 얼마나 좋을까요!

좋은 시를 공책에 옮겨 쓰게 합니다. 긴 시는 인쇄해서 붙입니다. 읽고 이야기를 나눈 뒤에 느낌을 씁니다. 함께 맛을 보는 시 맛보기 활동입니다. 시를 읽고 시 내용과 경험을 연결해서 이야기를 나눕니다. 무턱대고 시 쓰라고 하기 전에 분위기를 만듭니다. 아래 시는 어린이날이나 어버이날 즈음에 나눕니다.

죄송스러운 마음*

박수빈

엄마가 방을 닦으면서

• 문집 〈버즘나무〉에 나온 시를 월간 〈우리말과 삶을 가꾸는 글쓰기〉에서 인용했습니다.

이기 어디고
이기 방이가 소 마굿간이지
저 놈의 새끼 죽었으면
마, 속이 시원하겠다.

그때 하늘이 무너지는 것 같았다.
지금까지 상도 못 타 봤다.
난 오늘 자면서 새롭게 태어날 거다.

"수빈이는 언제, 어떤 상황에서 이 시를 썼을까?"

"저녁에 엄마가 일하고 와서 집에 있는 수빈이를 보고 혼낸 것 같아요. 엄마가 일하느라 힘들어서 말을 함부로 했을 거예요. 그런데 좀 지나친 것 같아요."

"왜 이 시를 썼을까?"

"이런 말 들으면 화를 풀어야 해요. 엄마니깐 화를 직접 못 내고 이렇게 글로 쓴 거겠죠. 나도 화가 날 때는 비밀 일기장에 화풀이를 해요. 엄마가 욕도 하고, 죽으면 좋겠다고 해서 대들지도 못하고 억울해서 쓴 것 같아요."

"이 시를 쓰고 수빈이는 기분이 어땠을까?"

"기분이 풀렸을 것 같아요. 나는 화날 때 욕하면 풀려요. 쓰면서 더 화나기도 하겠지만 그래도 새로 태어날 거라고 하니 반성을 하는 것 같아요. 저보다 착해요."

"마음을 이해할 수 있니? 그런 적이 있어?"

"나도 그런 적 있어요. 우리 엄마는 욕은 안 하지만 방 치우라고 화를 내요. 그냥 치우라고 먼저 말해도 되는데 무조건 화를 먼저 내요. 내가 한 게 아닌데도 화를 낼 때는 신경질 나요."

"같은 상황에서 너희는 어떻게 생각했지?"

"나는 상 못 탄 생각, 다시 태어날 거라는 생각은 안 하고 화만 났어요. 내가 커서 엄마를 이길 수 있게 되면 내 마음대로 할 거라 생각했어요. 그런데 수빈이는 다시 태어날 거라고 하고 상 못 탄 생각을 했으니 좀 소심한 것 같아요.."

"이 시를 소개한다면 누구에게 소개할까?"

"엄마한테 보여 줄까요? 그러면 엄마가 수빈이 엄마보다 더 착하다고 엄마 잘 만난 줄 알라고 할 것 같아요! 친구랑 볼래요."

"시를 읽고 나니 어떤 생각이 들어?"

"나도 상 한번 타고 싶어요. 조회대에 나가 본 적도 없어요. 그렇지만 다시 태어나고 싶진 않아요"

남지은(3 여)

나도 그런 적 있다. 하지만 방이 아니라 책상이다. 엄마는 매일 "지은아, 책상 정리해라!" 그런다. 나는 자꾸만 책상을 안 치운다. 그럴 때마다 엄마가 책상을 치워 준다. 나는 그래서 엄마가 아주 좋다. 그리고 방도 치우라고 한다. 나는 방 치우는 것이 최고로 싫다. 속으로 '영찬이가 그랬는데 왜 내가 치워!' 이런다. 그러면 영찬이는 "아, 누나! 빨리 치워!" 이런다. 그래서 나는 영찬이가 없을 때 방을 치우고 싶다. 나도 엄마가 방을 치워 주고 공부도 시켜 주고 하는데 상도 못 타는 내가 너무 싫다. 이제는 상도 받고 싶다.

초등학교 5, 6학년 쓰기 활동에 시를 읽고 생각이나 느낌을 쓰는 내용이 있습니다. 시 맛보기와 같습니다. 교과서 시는 아이와 동떨어진 내용이라 잘 느껴지지 않습니다. '내 이야기'가 아니면 깊이 맛보지 못합니다. 아이는 자기 손때가 묻은 걸 좋아합니다. 손때 묻은 인형, 손때 묻은 책, 손때 묻은 장소에서 시가 나옵니다. 손때 묻은 이야기로 맛을 보여 주세요.

꽃나무•

임길택

밟혀 꺾이면
그만이려니 했는데
가지가 꺾이자
얼른 새 가지 내놓고
다른 꽃들 필 무렵에 맞춰
저도 얼른 꽃을 피워 댔어요.
꽃나무는
제 이름처럼 살고 있었어요.

• 임길택 지음, 조동광 그림, 《똥 누고 가는 새》, 실천문학사, 2014, 60쪽.

3월 첫 주에 맛보는 시입니다. 시인이 무얼 말하고 싶어 시를 썼는지 이야기하고 "지금까지 밟혀 꺾이는 경험을 한 친구가 있을 거야. 힘든 일은 누구나 겪는단다. 서로 도와서 새 가지 내놓고 꽃을 피우도록 하자. 한 해 동안 자기 이름답게 살아가자." 합니다.

교사 연수에서 '꽃나무'로 시 맛보기를 했습니다. 한 분이 '그냥 쉬면 어땠을까? 굳이 친구들 속도에 맞춰 꽃을 피워야 했을까? 부러진 가지 아플 텐데 천천히 상처 치료하며 자라도 될 텐데 안타깝다. 올해 힘들면 내년에 피워도 되는데.'라고 썼습니다. 시를 읽고 희망을 갖는 사람도, 안타까워하는 사람도 모두 좋습니다. 시는 느낌이니까요!

시 맛보기를 하면 시를 쓸 분위기가 생깁니다. 운율을 찾고, 반복하는 말과 흉내 내는 말을 찾는 것보다 글쓴이 마음을 더 느낍니다. 시가 우리 삶과 연결되어 있다고 깨닫습니다. 맛보면 맛을 찾습니다. 형식에 매인 글을 쓰는 아이일수록 시 맛보기가 도움이 됩니다.

3) 시를 쓰기 전에 알아 두세요

(1) 교과서 시를 누가 썼을까?

초등학교 교과서에 시가 60편가량 나옵니다. 아이가 쓴 시는 3학년 다섯 편, 2학년 한 편뿐입니다. 나머지 50편가량은 어른이 썼습니다. '동심'을 생각하며 썼지만 아이가 느끼지 못하는 내용이 많습니다. 무슨 뜻인지 해석해 줘야 하는 건 물론이거니와 무얼 느껴야 하는지도 알려 줘야 할 지경입니다. '여기가 재미있게 표현한 곳이야.'라고 짚어 주지 않으면 모르는 시가 많습니다.

거미의 장난

유희윤

거미 한 마리
천장에서 뚝 떨어진다.
대롱대롱 공중에 매달려
가슴 덜컹하게 한다.

저 녀석,
모르나 보다.

저처럼 줄에 매달려
빌딩 벽을 청소하는
우리 아빠를

엉덩이가 콩알만 한
저 녀석

아빠 땀방울보다

작은 저 녀석

모르나 보다.
저를 보고 놀라는 내 마음도

몰라서
몰라서
장난을 치나 보다.

4-2학기 국어 263쪽

'거미의 장난'을 왜 썼을까요? 천장에서 뚝 떨어진 거미를 보며 빌딩 벽을 청소하는 아빠를 생각했을까요? 거미 엉덩이를 보고 땀방울을 생각했을까요? 아빠 생각하는 마음도 모르고 거미가 장난치는 거라 생각하는 아이가 있을까요? 아니면 열심히 일하는 부모님께 감사하는 마음을 가지라는 뜻으로 지어냈을까요?

'거미의 장난'은 차라리 "엄마, 거미~" 하는데 엄마도 "여보, 거미~" 하고 아빠가 "왜 거미 한 마리 때문에 호들갑이야?" 하는 모습을 썼다면 나을 겁니다. 빌딩 벽에 매달려 일하는 아빠 땀방울은 거미를 통해서는 느끼기 어렵습니다. 부모님께 감사하는 마음을 전하려면 정말 느껴지는 시를 보여 줘야 합니다.

(2) 아이가 느낄 만한 시를 찾아보세요

교과서로 국어를 배우면 1단원에서 글 (가)로 문장의 종류를 배웁니다. 2단원에서 글 (나)로 제안하는 글을 쓰고, 3단원에서 글 (다)로 주장하는 방법을 배우는 방식으로 접근합니다. 글을 수업 목표를 위한 도구로 사용하는 방식으로는 문학 작품을 깊이 느끼지 못합니다.

양주 효촌초등학교 정인영 선생님은 교과서 대신 《나니아 연대기》로 국어를 가르칩니다.*《사자와 마녀와 옷장》을 읽고 문장의 종류를 배웁니다.《사자와 마녀와 옷장》에서 제안하는 글을 쓰고, 주장과 근거를 배우며, 사자에게 편지를 보내고, 시를 씁니다. 책 내용으로 연극을 하고 책에 나온 노래를 부르며 그림을 그립니다. 책에 깊이 빠져듭니다.

교과서에 나온 글보다 좋은 글로 바꿔서 가르치세요. 교과서는 기본 자료입니다. 교과서로 가르치지 않아도 됩니다. 순서를 바꿔서 가르쳐도 되고 내용을 바꾸어도 됩니다. '부모님을 생각하는 마음이 드러난 부분을 찾는' 수업이라면 아이가 느낄 만한 다른 시로 공부해도 됩니다.

드디어 선물을

남은진(4 여)

드디어 내가 정성껏 만든 꽃을 아빠에게 드릴 수 있는 날이다. 아

● CBS에서 제작한 '세상을 바꾸는 시간 15분'에서 수업 과정과 결과를 볼 수 있습니다.

빠 생신에 아빠는 일직을 했다. 오늘은 아빠가 노는 날이다. 내가 아빠에게 꽃을 드리자 딱 두 말, '땡큐' 이 말이다. 드디어 아빠가 선물을 받아 즐거워하시는 모습을 보고 싶었다. 그래서 아빠 생신을 기다린 것이다. 난 우리 아빠의 큰 힘이다.

잘 쓴 글이 아닙니다. 문장 순서를 바꾸고 내용을 더 써야 합니다. 생신에 왜 일직을 하는지, 아빠가 노는 날이라는 게 무슨 뜻인지, '땡큐' 한마디만 듣고 뭐가 좋은지 자세하게 써야 합니다. 아마 은진이 아빠는 그런 게 눈에 들어오지 않을 겁니다. "난 우리 아빠의 큰 힘이다." 한마디로 충분할 겁니다.

'난 ○○의 큰 힘이다'를 시로 써 보세요. 뒷장에 나오는 '우리 엄마는 여군', '붕어빵'에서 부모님을 생각하는 마음이 잘 나타난 부분을 찾아보고 시를 써 보세요. '거미의 장난'은 비할 바가 아닙니다.

4) 시를 쓰자

(1) 재미있는 시로 분위기를 만듭니다

아이 글은 재미있습니다. 순간을 기막히게 표현해서 자꾸만 생각납니다. 좋은 글을 만나면 '아! 그렇구나!'란 말이 터져 나옵니다. 미소 짓고, 생각에 잠기게 합니다. 아이들에게 시를 보여 주고 (   )에 들어갈 낱말 찾기 퀴즈를 해 보세요. 글도 재미있고 맞히기도 재미있어 덤벼듭니다.

우리 엄마는 (   )

최호현(3 남)

우리 엄마는 아침에 보험 회사에 가고
낮에는 태화마트에 일하러 간다.
엄마는 힘들지 않은가 보다.

나는 학교 갔다가 태권도 갔다 오면
힘들어 죽을 것 같다.
우리 엄마는 꼭 (   ) 같다.

(로봇)을 말하는 사람이 많습니다. 느낌은 전달되지만 식상합니다. 아이가 무얼 생각했을까 찾아야 합니다. 3학년 남자아이 눈에 힘이 센 여성은 (여군)입니다.

(   )

김소희(도계초 1 여)

오늘은 우리 아파트에
(   )가 왔다.
여름에는 모기가 많이 있어서
(   )가 자주 올라온다.

(   ) 냄새를 많이 맡은 사람은
모기나 파리처럼 죽을 수 있을까?

나는 정말 궁금하다.

(   )를 따라다니면서

냄새를 많이 맡았는데 큰일이다.

(   )

김형규(6 남)

할아버지가 일을 하신다.

장에 나갔다.

(   )을 한 봉지 샀다.

할아버지가 좋아하는 (   )

버스 기다리다 (   )이 식는다.

가슴에 꼭 안고 버스를 탔다.

정답은 (소독차), (붕어빵)입니다. 다른 학교에 가서 시 쓰기, 독서 감상문 쓰기 수업을 할 때가 있습니다. 처음 만난 아이들과 낯선 장소, 지켜보는 사람 앞이지만 괜찮습니다. 재미있는 시를 보여 주면 금방 마음이 열립니다. '오줌 마려울 때, 시험'*처럼 실감 나게 쓴 시를 보여 주면 깔깔깔 웃어 대며 표정이 달라집니다. 짧다는 이유 외에는 매력이 없던 시가 재미있다고 즐거워합니다.

• 한국글쓰기연구회 엮음, 《엄마의 런닝구》, 보리, 1995.

"교과서 시와 뭐가 다를까? 내가 보여 주는 시가 재미있는 이유가 뭐지?"하면 '솔직하다. 순수하다. 직접 겪은 일을 썼다. '아!' 하게 된다. 시 같지 않다(형식에 얽매이지 않는다).'고 합니다. "맞아, 시를 잘 알고 있구나. 시는 팍 떠오르는 생각을 짧게 쓴 글이야. '아!' 하는 순간을 찾아봐. 억지로 쥐어짜지 말고 보고 듣고 생각한 걸 찾아봐!"합니다.

(2) 순간을 찾습니다

무얼 쓸지 찾아봅시다. 눈에 딱 띄는 것, 팍 떠오르는 것, 마음에 남는 것을 찾습니다.

"나는 그걸 '순간'이라고 부른다. 겪은 일, 생각한 것 어떤 거나 가능해. 너희 마음에 '순간'으로 기억하는 걸 꺼내 봐. 무슨 뜻인지 모른다면 '나만 아는 내용, 내가 느낀 바로 그것'을 찾아라. 직접 겪고 생각한 걸 찾아봐!"

도무지 생각이 안 나면 일기장을 봅니다. '순간'을 쓴 일기를 찾아 시로 고칩니다. 그러나 이건 순간을 못 찾는 몇몇을 위한 겁니다. 줄글을 시로 바꾸는 방식을 따라할까 봐 피합니다. 처음부터 '시'를 생각하며 시로 쓸 만한 내용을 찾습니다. 교실 밖으로 데리고 나가서 운동장 구석을 살펴보세요. 풀, 개미, 구름, 나무, 굴러다니는 쓰레기라도 찾아 감탄해 보세요. 그럼 시를 씁니다.

순간을 찾으면 사실을 먼저 씁니다. 마음에 있는 걸 꺼내라는 뜻입니다. 사실에 대한 생각을 이어 씁니다. '호박 싹' 1연은 일기 쓰듯 사실과 간단한 느낌을 썼습니다. 2연에 느낌이 강하고 짧게 나타납니다. 큰일 펼치려고 단장한다는 표현, 꾸미지 않아도 어린 것은 다 예쁘다는 표현, 이걸 느끼게 해 준 호박 싹에 대한 수빈이 마음이 팍 드러납니다.

호박 싹

김수빈(5 여)

호박 씨를 빼다가 심었다.
첫째 날엔 물도 잘 주고 기분이 좋았다.
둘째 날엔 물을 주긴 했지만 의심이 됐다.
"이게 싹이 날까?"
셋째 날엔 물도 대충 주고 실증 났다.
그 후에 잇고 있었는데 싹이 났다.

꼬부라져서 날개 펼치듯
큰일 펼치려고 단장하고 있는 것 같다.
꾸미지 않아도 어린 것은 다 예쁘다.
사람이든 싹이든 동물이든.

시를 잘 모를 때는 쉽다고 하지만 제대로 알면 시 쓰기 어렵다고 합니다. 쉽게 생각해도 안 되지만 어렵게 생각해도 안 됩니다. 어려워하면 쉽게, 쉽게 덤비면 어렵게, 대충 쓰려 하면 무게감 있게, 아이에 따라 다르게 가르칩니다.

정호승 시인에게 시를 보내고 답을 받았습니다.

"아이들 시 참 잘 읽었습니다. 일부러 보내 주신 선생님의 마음이 바로 아이들의 시와 같군요. …… 아이들은 말 한마디 한마디가 다 시입니다. 다만 어른들이 시를 느끼지 못하는 데에 문제가 있을 따름입니다. '병아리', '붕어빵' 등 보내 주신 시는 아이가 아니면 쓸 수 없는 시라고 생각됩니다. 아이들의 순수한 동심에 웃음이 절로 납니다. 아이들의 시를 통해 늘 마음속에 기쁨이 가득하시길 바랍니다."

병아리

변준호(6 남)

병아리가 죽었다.
새벽 3시 반에 일어나니 죽었다.
병아리가 베개에 깔려 죽었다.
내 때문에 죽었다는 생각이 든다.

나랑 뛰어놀고 내 배 속에서 놀고
지렁이 잡아 주는 생각하면 눈물이 나온다.
불을 꺼도 머릿속에는 병아리 소리가 들린다.
그렇게 생각했는데 꿈에도 나타나지 않고……
내가 보고 싶지 않나?
나는 보고 싶어 울었는데
공부 끝나고 집에 오니 삐약삐약 소리가 난다.

물방울 소리가 병아리 소리 같다.

이틀밖에 안 됐는데 이렇게 보고 싶을까?

무덤에 가서 땅에 귀를 대고 누웠다.

그래도 보고 싶다.

병아리야! 천국에 가서 보자.

그때 내가 더 잘해 줄게!

준호와 학교에서 토끼, 닭, 청둥오리를 키웠습니다. 겨울에 먹이 구하려고 김장하는 집마다 찾아가 배추 찌꺼기를 실어 왔습니다. 먹이고 청소하고 병아리가 태어나는 걸 봤습니다. 손때 묻혀 사랑했는데 병아리가 죽었습니다. 강력한 '순간'입니다. 느끼지 못하면 배우기 어렵습니다. '정말 그렇다'고 느낀 그걸 써야 합니다. 시는 풍성하게 느끼는 것부터 가르쳐야 합니다. 마음을 흠뻑 쏟을 대상을 찾아보세요. 아이의 경험과 생각에서 시를 길어 내세요. 번쩍 하는 순간을 찾아 마음을 보여 주세요. 그게 시입니다.

(3) 대놓고 말하지 말고 돌려서 말하세요

식물

김찬묵(4 남)

땅에 박혀
움직이지 못하는 식물

해가 뜨면서

위험과 싸움 시작이다.

나는 (   )이다.

(   )에 들어갈 말을 찾아보세요. 교과서 시라면 쉽게 찾을 겁니다. 정답은 '식물 편'입니다. 짧기 때문에 시인가요? 그럼 다른 낱말을 넣어 보세요. 여러 사람이 '봉숭아', '진달래' 같은 이름을 말했습니다. '나는 (봉숭아)이다.'를 넣어도 짧지만 시는 아닙니다. '식물'이 시로써 가치 있는 까닭은 '나는 (식물 편)이다.'에 마음이 담겨 있기 때문입니다.

'나는 식물 편이다.'를 '식물을 보호하겠다'거나 '식물을 아끼고 사랑하자'고 쓰면 느낌이 사라집니다. 자연보호 하겠다고 말하지 않아도 어떻게 할지 보입니다. 찬묵이는 식물 편이거든요. 환경보호 글짓기 대회에서 '최선을 다해 환경을 보호하겠다.'고 쓴 글은 '식물 편'이 주는 느낌에 견주지 못합니다.

"짧지? 별 내용도 아니야. 그런데도 한 문장 때문에 멋진 시가 되었어. 이걸 빼면 설명에 불과하지만 한 구절 때문에 마음이 담긴 글이 돼! 어디일까?" 하니 "나는 식물 편이다."라고 대답합니다. 시를 시답게 만드는 게 무엇인지 초등학생도 압니다. 찬묵이는 식물이 움직이지 못하기 때문에 위험과 싸움의 한가운데에 있다는 걸 압니다. 식물이 만나게 될 위험을 보는 눈이 귀합니다. 약자를 알고 보호하는 마음이 아름답습니다.

시는 에둘러 얘기하는 맛이 있어야 오래 남습니다. 직접 표현하지 않고 마음을 드러내야 좋습니다. "사랑 고백을 한다고 생각해 보자. '사랑해. 진짜 진짜 사랑해.'와 '불빛 하나 없는 곳에서도 네가 보여. 내 마음에 네가 밝게 빛나!' 중에 어떤 게 더 좋아?"물으면 "내 마음에 네가 밝게 빛나!"를 고릅니다. 사랑한다고 말하지 않으면서 사랑을 표현하고, 보고 싶다는 말 하지 않으면서 보고 싶은 마음을 전해야 시입니다. 간접 표현을 써서 여운을 남겨야 맛깔납니다. '식물을 보호하겠다.'고 쓰지 말고 '나는 식물 편이다.'로 써야 합니다.

한 아이가 농어촌청소년문예제전에서 초등부 최우수상을 받았습니다. '새알 찾기'라는 글인데 마지막 문장이 '해를 보니 산을 넘어가고 있었다.'입니다. 동생과 개울 따라 집에 가다가 새알 4개를 봤습니다. 동생은 가져가고 싶어 하지만 형이 말립니다. 좀 가다가 동생이 새알 한 번만 더 보자 하고 형은 집에 가자 합니다. 새알을 찾으려는 동생과 집에 가려는 형이 '해가 지도록' 개울에서 옥신각신하는 모습이 아름답습니다. '열심히 찾았다.'고 쓰지 않고 돌려서 말했더니 여운이 남는 글이 되었습니다.

생텍쥐페리는 "사람은 참 안됐다. 뿌리가 없어서……."라고 했습니다. '사람은 반드시……' 하며 직접 표현했다면 여운이 사라집니다. 느낌을 깊이 전하려면 간접 표현을 쓰세요.

(4) 감동으로 나아가세요

'순간'을 찾아 간접 표현하면 시를 잘 씁니다. 수첩 갖고 다니며 시를 쓰는 아이가 생깁니다. 그러나 저는 더 원합니다. 순간을 담아내는 수준을 넘어 감동을 주는 시를 쓰기 원합니다. 감동을 담으려면 자세히 봐야 합니다. 순간을 뛰어넘어 오래도록 남을 이야기를 찾아야 합니다. 제게는 '선생님의 허리띠'가 이런 시입니다.

선생님의 허리띠

반예림(5 여)

안 그래도 마른 선생님
더 말라 보인다.
배가 더 홀쭉해 보인다.
배에 둘러진 허리띠가
선생님 인생인 것도 같다.
뭔가 답답한 건지도
뭔가 조르고 있는지도 모른다.

저는 몸이 말랐습니다. 고민을 많이 하고 사소한 일도 신중하게 생각합니다. 저도 제가 답답합니다. '선생님의 허리띠'는 저를 잘 나타내며 여운을 남깁니다. '어떻게 살아야 할까?' 생각하게 만듭니다. 제가 받은 최고의 선물입니다.

개울가 내 얼굴

김초현(5 여)

어렸을 때 사람들이 나 보고
엄마를 많이, 무지하게 닮았다고 한다.
엄마와 아빠가 떨어져 살고 나서 엄마를 다시 볼 수 없었다.
지금 나는 열두 살이다.

"너, 엄마 많이 닮았다!"
그 생각이 나면 엄마가 보고 싶어서 개울가로 달려가 본다.
개울물 위로 얼굴을 들이대 본다.
내 얼굴이 보인다.
두 개로 보인다.
한쪽은 엄마 얼굴 같고 한쪽은 약간 비슷한 내 얼굴이다.
사람들이 나 보고 엄마 닮았다는 게 약간 이해가 된다.

하지만 내 얼굴이 가슴을 바늘로 콕콕 찌른다.
아프다. 울고 싶다.
개울 속 내 얼굴을 보며
상처 나지 않게 조심 또 조심해야겠다.

서울 아이들이 좋아하는 시를 투표했을 때 근소한 차이로
2등을 했습니다. '개울가 내 얼굴'을 좋아한다 해서 감사했습
니다. 해방감을 주는 내용이 아닙니다. 초현이는 엄마 보고 싶

을 때마다 "엄마 닮았다!"는 동네 할머니 말을 생각하며 개울에 얼굴을 비춰 봅니다. 도시 아이도 마음의 울림을 압니다. 어린이 세상에선 마음이 마음에 잇닿습니다.

제가 정말 좋아하는 시는 표현을 뛰어넘는 생각을 일으키는 시입니다. 아이가 툭 뱉어 놓은 표현을 보며 마음이 찌릿해집니다. 형석이는 3층 교실에서 친구들 노는 운동장을 내려다보며 시를 썼습니다. 형석이 시를 읽어 주면 할 이야기가 많아집니다. 형석이 같은 아이, 형석이 친구처럼 즐겁게 노는 아이가 많아지면 좋겠습니다.

아이들 노는 모습

류형석(4 남)

위에서 아이들이 노는 모습을 보면
신이 난다.
아무 이유 없이 벅차다.
난 왜 그러는지 모른다.
하여튼 내 친구들이 노는 걸 보면
나는 좋다.

재미있는 시로 시작하지만 뛰어넘으세요. 마음에 가득 찬 이야기와 느낌을 짧은 문장에 담은 시는 감동이 있고 여운이 남으며 마음을 울립니다. 자세하게 살펴보고 툭 던져서 써야 합니다. 자세히 보기, 툭 던져 쓰기를 이해하기까지는 시간이

걸립니다. 가르치는 사람이 감동을 갈망하세요. 저는 늘 기대하며 글을 기다립니다.

"학생의 기억에 가장 오래 남는 수업은 공책에 필기한 내용도 아니고, 교과서에 인쇄된 궁색한 문장이 아니라 수업하는 내내 교사의 눈빛에서 뿜어져 나오는 메시지다."[*] 눈빛을 느끼게 해 주세요. 절절한 마음을 짧은 문장에 쏟아 내서 보여 주세요.

5) 시를 고쳐 쓰자

나태주 시인은 '풀꽃'을 30년 동안 다듬었다고 합니다. 자기만의 느낌을 다른 사람이 함께 느끼게 하려면 다듬어야 합니다. 아이는 문장을 다듬는 방법도, 이유도 모릅니다. 몰라서 하기 싫은데 하자고 하면 내키지 않습니다. 고치는 맛을 봐야 달라집니다.

전교생 여덟 명인 작은 학교에서 일주일에 한 번 방과 후 글쓰기반을 합니다. 지난해 마치면서 '내년에는 하지 말아야지!' 했습니다. 착하고 순진하지만 1년 내내 똑같습니다. 어떤 아이라도 기다리면 꽃을 피운다는 걸 압니다. 글쓰기, 독서 강의하면서 저도 그렇게 말합니다. 그러나 1년 동안 변하지 않는 모습을 겪으면서 '너희가 무슨~' 하는 마음이 생깁니다.

저와 달리 아이들은 좋았는지 계속하잡니다. 한 문장 겨우

• 조너선 코졸 지음, 김명신 옮김, 《교사로 산다는 것》, 양철북, 2011, 40쪽.

쓰는 1학년부터 6학년까지 화요일마다 글을 씁니다. 재미있는 시 읽어 주고 '자기만의 경험과 생각'을 찾으라 했습니다. 5학년 아이는 소가 새끼 낳다가 죽은 이야기를 합니다. 어미 없는 송아지를 할아버지께서 돌본다고 합니다. 듣기만 해도 시가 나올 것 같지만 얘는 글을 잘 쓰지 못합니다. 욕심 부려 실망하느니 마음을 비우는 게 낫다고 생각했습니다.

글을 받았는데 무척 달라져서 깜짝 놀랐습니다. 일주일 뒤에 시를 고쳐 씁니다. 기대하지 않으면 고치려는 마음도 생기지 않습니다. 제가 변하면 아이가 변하고, 아이가 바뀌면 제가 바뀝니다. 시를 하나씩 읽어 주니 '와~' 합니다. 시를 쓴 사람에게 질문을 하라고 했습니다. 왜 썼는지, 왜 그렇게 표현했는지, 이해하기 어려운 부분은 어디인지 물어보면 쓴 아이가 대답합니다.

송아지가 불쌍하다고 썼습니다. 무슨 뜻이냐고 물었더니 불쌍하다는 뜻이라고 합니다. 대놓고 불쌍하다고 하지 말고 표현해 보라고 했습니다. 다른 송아지는 어미 곁에서 젖을 빨아먹는데 애만 멀리 떨어져 혼자 있다고 합니다. 듣던 아이 모두 "진짜 불쌍하다." 합니다. "와, 정말 안됐다. 어미 없이 혼자 있다고? 그냥 '불쌍하다'고 할 때는 몰랐는데 네가 그렇게 말하니 느낌이 팍 온다." 불쌍하다고 직접 표현하지 말고 불쌍한 모습을 묘사하라고 하니 고쳐 쓰겠다고 덤빕니다.

우리 집 백구

○○○(4 여)

우리 집 백구는 생긴 모습이 귀엽다.
① 귀가 아래로 내려져 있어서 귀엽다.
할머니는 백구가 싫다며 욕을 한다.
② 냄새 난다고 하고 갖다 판다고도 한다.
욕 듣는 게 꼭 나 같다.

나는 할머니한테 욕을 듣는다.
내 모습이 꼭 백구 같다.
백구 마음을 알 것 같다.
백구는 얌전하지만 속으론 스트레스가 많이 쌓였을 것 같다.
나라면 나중에 짖을 것 같다.

어느 날 백구가 팔리는 걸 봤다.
③ 목줄을 매단 채 팔렸다.
철 목줄이라 목이 아플 텐데……
차라리 내가 잡혀가는 게 낫다.

다음 날 백구를 보려고 창문 밖을 봤다.
하지만 없다.
④ 아직도 창문 밖에 백구가 있다고 생각했다.
백구가 팔릴 때 마음은 어땠을까?

백구가 생긴 모습이 귀엽다고 했는데 어떤지 알려 달라고 했더니 ①을 덧붙입니다. ②도 어떻게 욕하는지 덧붙였고 ③은 팔릴 때 모습을 묘사했습니다. ①②③이 없으면 마음에 와 닿지 않습니다. ④는 표현을 바꾸었습니다. 글을 잘 쓰려면 덧붙여 설명하기와 줄이기를 잘해야 합니다. 잘 느껴지도록 늘여 쓴 뒤에 다시 줄여야 합니다. 1연을 이렇게 다시 쓰면 되겠지요.

'우리 집 백구는 귀엽다./귀가 아래로 내려져 있을 때 더욱!/할머니는 백구를 싫어한다./냄새 난다고 하고 갖다 판다고 욕한다./욕 듣는 게 꼭 나 같다.'

설명과 묘사가 부족한 부분을 더 썼지만 줄이기는 하지 않았습니다. 지금 줄이자고 하면 '금방 늘이라 했다가 또 줄이라니 도대체 뭐지?' 할 겁니다.

제대로 시를 쓰려면 '할머니에게 욕을 듣는 모습이 백구 같다.'를 붙들어 다시 써야 합니다. 할머니는 친구가 놀러 가도 아이에게 거친 말을 쏟아 냅니다. 친구도 할머니가 무섭다고 합니다. 마음 둘 곳 없는 아이가 백구에게 마음을 주었는데 팔려 갔습니다. 이 마음을 담아 써야 합니다. 언젠가 그럴 날이 오겠지요.

복도에 시화가 걸려 있습니다. 몇 년 전부터 걸려 있던 시는 '벚꽃이 예쁘다, 독버섯 조심해라.'는 내용이어서 느낌이 없습니다. 삶을 담고 마음을 표현했다면 반응이 있어야 합니다. 글쓰기 시간에 쓴 시를 걸었더니 보육 교실 선생님이 "아이들 글 읽고 울컥했어요." 합니다. 올해 오신 선생님은 "아이들 마음에 그런 게 있는지 몰랐어요." 합니다. 글쓰기를 계속 가르쳐야 하나 고민한 마음이 단번에 사라졌습니다. 어떤 아이라도 기다리면 꽃을 피웁니다. 확실합니다.

월간 〈좋은교사〉에 시를 5년 연재한 뒤에 고민이 생겼습니다. '내가 보낸 글이 과연 시일까? 산문 아닐까? 뭐가 시일까?' 주변 선생님들도 시가 뭐냐고 묻습니다. 고민할수록 시를 모르겠습니다. 공립, 사립, 대안 학교 교사 모두 시를 모르겠다고 합니다. 20년 넘게 글쓰기를 가르치면서 아직도 시를 모르겠습니다. 아이 마음을 찾아 헤매다가 '아~' 하는 글을 찾으면 그게 시가 아닐까 생각합니다.

6. 교과목을 뛰어넘자 – 주제 통합 글쓰기

옛날에는 일정 기간 동안 한 사람에게 배웠습니다. 선비는 읽고 외우고 쓰면서 배웠고, 서민은 대장간, 논과 밭, 옹기점에서 땀 흘리며 배웁니다. 방법과 내용을 뛰어넘어 스승의 삶과 인격을 배웁니다. 무엇을, 어떻게 하는지 배우다가 왜 사는지도 깨닫습니다. 지금은 학문이 여러 분야로 나뉘었고 내용이 많아 도덕, 국어, 수학…… 으로 가르칩니다. 각 과목도 작은 단위로 쪼갭니다. 초등학교에도 한 과목만 가르치는 교사가 많아집니다. 수업을 목적으로 잠깐 만나고 헤어지다 보니 삶을 깊이 들여다보고 이끌어 가는 교사가 줄어듭니다. 스승이 사라지는 시대입니다.

4-1학기 국어 4단원에 중심 문장과 뒷받침 문장을 쓰는 방법 세 가지가 나옵니다. '설명하기, 예를 들기, 까닭 제시하기'입니다. 세 가지는 논술의 기초입니다. 논술은 근거를 제시하고, 예를 들고, 설명해야 합니다. 배우면서도 세 가지가 논술의 기초인 줄 모릅니다. 설명, 예시, 근거를 따로 떼어 조각으로 전달하려고만 하지 '무엇을 위해 조각을 알아야 할까?'를 고민하지 않습니다.

학교에서 한 해 200일 남짓 보내면 학생들은 수학 200조각, 과학 200조각, 문학 200조각을 모읍니다. 내 것으로 만들기 전에 새로운 조각을 밀어 넣습니다. 많이, 빨리 배우려다 보니 이해하지 못하고 지나갑니다. 정보는 많이 알지만 활용하지 않습니다. 지식에 짓눌려 삶을 놓칩니다. 공부를 잘하는 학생이라면 조각을 죽 잇는 법을 배우지만[*] 이마저도 삶에서는 쓰지 않습니다.

수학 싫어하는 아이들이 "수학 배워 봐야 어디 써먹지도 못하는데 왜 배워요?" 합니다. 우리나라 교육의 핵심을 짚은 말입니다. 부모는 물론이고 교사도 '대학 입시' 외에는 어디에 써

• 윌리엄 에어스 지음, 홍한별 옮김, 《가르친다는 것》, 양철북, 2012, 111~112쪽.

먹는지 모릅니다. 비영리 교육 동영상 사이트 '칸 아카데미'를 운영하며 '교육계의 혁명가'로 불리는 살만 칸은 이 문제를 잘 짚어 냅니다.

"소수(1과 그 자신으로만 나누어지는 수)가 무엇인지는 설명할 수 있어도 어떻게 그 개념이 최소공배수의 좀 더 일반적 개념과 연관되는지는 설명하지 못했다. 간단히 말해서 공식이 있고 외워야 할 것들을 외웠지만 연결이 빠졌다. 직관적인 도약이 이뤄지지 못했다. 왜 그럴까? 아마 단원의 인위적 분류에 따라 연결된 개념들이 별개로 구분된 채 해당 주제가 수업 시간에 너무 빨리, 얕게 다뤄지고 넘어가 버렸기 때문일 것이다. 요점은, 아이들은 수학을 묘사한 특정한 단어와 과정 들을 알 뿐, 실제 수학은 몰랐다는 점이다."[*]

수학은 아름답습니다. 꽃과 나무에 숨겨진 규칙성과 정밀함이 얼마나 놀라운지요! 마음을 드러내는 글, 상황을 끝내는 멋진 문장, 복잡한 사회현상을 쉽게 설명하는 도표와 게임[**], 한 사람의 인생 전체를 담은 그림 하나, 노래, 사진…… 이 모두를 교실에서 배울 수 있다니 얼마나 멋집니까! 그러나 우리는 가치를 느끼도록 연결해서 가르치지 않습니다.

실과 시간에 씨앗 심고 가꾸는 법을 배웁니다. 과학 시간에

---

[*] 살만 칸 지음, 김희경·김현경 옮김, 《나는 공짜로 공부한다》, 알에이치코리아, 2013, 161~162쪽.
[**] 이혁규 외 지음, 《수업, 비평을 만나다》, 우리교육, 2007, 178~198쪽을 참고했습니다. '게임을 통해 배우는 세계무역'은 세계 경제 구조를 단번에 보여 주는 게임입니다.

도 식물을 배웁니다. 4-1학기 식물의 한살이, 4-2학기 식물의 세계, 5-1학기 식물의 구조와 기능을 배우고 6학년에서 날씨도 배웁니다. 식물에 대한 지식을 충분히 배우지만 씨앗을 줘도 심고 키우지 못합니다. 표준화된 학습 주제만을 다루는 일 이상을 할 의무가 있다는 확신을 가진 교사가 많아져야 합니다. 조각에 대한 지식만으로는 아이를 바꾸지 못합니다. 성적과 지식을 넘어 전체를 꿰뚫어야 합니다.

베르나르 베르베르는 "당신들은 하나의 현상을 이해하기 위해서 그것을 측정하고 틀 안에 넣고 분류하고 점점 더 작은 조각으로 나눈다. 당신들은 모든 것을 잘게 자르면 자를수록 더욱더 진리에 다가간다고 생각하고 있다. 그렇지만 매미를 잘게 자른다고 매미가 왜 노래하는지를 발견하게 되는 것은 아니다. 난초 꽃잎의 세포들을 현미경으로 관찰한다고 해서 난초 꽃이 왜 그토록 아름다운지를 이해하게 되는 것은 아니"•라고 말합니다.

잘라서 하나씩 살피면 이해하기 쉽겠지만 온전하지도, 경이롭지도 않습니다. 폭발하는 지식을 따라가지도 못합니다. 이해를 뛰어넘어 융합해야 합니다. 연결하고 통합해야 합니다. 머리로만 배우지 말고 만지고 겪으며 자기 것으로 만들어야 합니다. 이야기 나누고 글을 쓰고 삶에 스며들게 해야 합니다.

• 베르나르 베르베르 지음, 이세욱 옮김, 《개미 3》, 열린책들, 2001, 649쪽.

사회 시간에 유물과 유적을 배우지만 아이들은 관심 없습니다. 박물관에 가도 휘익 지나갑니다. 앞서 살아가신 분들의 삶과 정신이 깃든 흔적으로 받아들이지 않습니다. 유물과 유적을 삶과 동떨어진 지식으로 외우기만 합니다. 숭례문이 국보 1호인 줄 안다고 뭐가 달라지겠습니까! 불에 탈 때만 잠깐 관심 가지고 끝입니다.

통합 수업은 여러 내용을 연결합니다. 한 주제를 다양한 방식으로 조사하고 직접 해 봅니다. 교과서에 실린 '주제 학습'도 통합 학습의 일종입니다. 그러나 취지와 다르게 골칫덩어리가 되어 갑니다. 과정을 겪어 내야 의미 있는데 부모나 학원이 보고서를 대신 만들어 주는 결과 위주로 전락했습니다.

원래는 이런 모습이어야 합니다. 비가 오는 날, 어떤 아이는 비에 관한 책을 읽거나 시를 쓰고 다른 아이는 비가 하는 역할을 조사합니다. 비가 어떻게 만들어지는지도 찾아보고 하루 동안 내린 비의 양을 눈금실린더에 모아 양을 재 보기도 합니다. 물이 고인 웅덩이의 둘레도 재어 보고 비와 관련된 상품 판매 놀이도 합니다. 비가 오는 며칠 동안 계속 비와 관련된 내용을 국어, 수학, 사회, 과학, 음악, 미술 모두 통합해서 배우는 겁니다.•

이런 교실을 꿈꾸었지만 실패했습니다. 전체를 이해하지 못하고 조각을 흉내 내니 힘듭니다. 목적지를 생각하지 않고 뒤

• 실비아 C. 차드 지음, 지옥정 옮김, 《프로젝트 접근법》, 창지사, 1995, 15~16쪽.

꿈치만 따라가니 안 됩니다. 다시 조각난 지식을 가르치지만 불편합니다. 사회과 '유물과 유적'을 가르치면서, '유물과 유적의 가치를 알까? 당시 사람이 살았던 모습에 의미를 담아 우리 삶과 관련지을까? 유물을 소중하게 여길까?' 하는 생각이 듭니다.

문득, '묻어 놓고 한번 파 보자. 닭 뼈라도 묻고 발굴해야겠다.'고 생각했습니다. 제가 잘 가르치지 못하는 보고서나 연극을 하면 실패할 게 뻔합니다. 글을 쓰기로 하고 계획을 짜는데 점점 풍성해집니다. 국어, 수학, 사회, 과학, 미술, 실과가 통합된 수업입니다.

1) 오래된 물건 소개하기

유물과 유적은 예전에 살던 분이 남긴 흔적입니다. 나이가 들면 옛 사람에게 관심을 갖지만 아이는 새것에 마음을 빼앗깁니다. 경복궁에 가도 사진 몇 장 찍고 돌아옵니다. 외국에서 만난 성과 도시가 멋지다고 하면서도 우리 유물과 유적은 멋진 줄 모릅니다. 역사와 전통을 자랑하는 민족이라고 하지만 무엇이 그리 자랑스러운지 느끼지 못합니다.

관심을 갖고 보면 광화문 하나만으로도 온갖 이야기를 하겠지만 그렇게 보는 아이가 없습니다. 일제강점기와 육이오전쟁, 급격한 개발을 거치며 조상의 숨결이 깃든 물건은 돈이 되는 물건으로 바뀌었습니다. 어떤 이야기가 담겨 있는지는 관심 없고 '얼마짜리인지' 알아봅니다. 텔레비전에서도 진품인지

가려내서 돈으로 계산합니다. 유물과 유적을 '조상들의 숨결, 흔적'으로 보지 않는 게 당연합니다. 부모가 귀하게 여긴 물건에 담겨 있는 이야기도 모릅니다. 먼저 살던 사람이 쓰던 물건에 이야기가 스며 있다는 걸 알려 주고 싶었습니다. '사연이 있는 물건 소개하기' 과제를 냈습니다.

보석함

진서영(6 여)

우리 집 보석함은 14년째 그 자리에 가만히 있다. 이 보석함은 신혼 여행 때 아빠가 경주에서 선물로 산 것이다. 하지만 제 구실을 하지 못한다. 아빠가 보석을 사 주시지 않아서이다. 그래서 보석함이 언제 채워질지 모르겠다. 이제는 내가 커서 저 보석함을 채워 드리겠다. 지금은 달랑 보석함만 하나 있다. 내가 크면 많이 사 주어야겠다.

마당에 있는 가마솥을 할머니 때부터 썼다는 말에 놀랍니다. 살고 있는 집을 아빠가 지었다는 걸 압니다. 할아버지, 할머니에게 옛날이야기를 들으면서 작은 물건 하나에 옛사람이 살아온 이야기가 담겨 있다는 걸 압니다. 오래 쓴 물건을 소개하면서 물건이 이야기를 만드는 과정을 겪습니다.

2) 유물 가져오기

"유물 찾기 할 거야! 유물 대신 쓸 수 있는 물건을 가져와야 해! 땅에 묻을 수 있는 것으로. 진짜 소중한 걸 가져와서 망가뜨리면 안 되니까 망가져도 되는 걸 가져와야 해! 무엇이 있을까? 옛날 사람들이 쓰던 것 말이야!"

"구슬 있는데 될까요?"

"그럼, 구슬 좋지! 구슬은 옛날에 귀한 장식품이었단다!"

"조개도 되겠네요. 조개가 돈이었잖아요!"

"물론이지! 제주도 갔다 온 사람은 돌하르방 가져와도 되고 귀퉁이가 깨져서 버리는 그릇도 좋아!"

"하얀 건 백자, 파란 건 청자죠!"

"그래. 닭 뼈나 족발도 좋아!"

"뼈는 시체가 되는 건가요?"

"유골이라고 부르지."

돼지 뼈, 조개, 오래된 숟가락, 구슬과 같은 물건을 가져왔습니다. 유물 찾기 전날 학교 실습지에 몰래 묻습니다. 속을 비워 낸 달걀 껍질이나 찰흙으로 만든 작은 그릇 안에 채소 씨, 꽃씨를 넣어 둡니다. 묻고 땅을 골고루 긁어 흔적을 없앱니다. 물을 한번 뿌려 주면 흔적이 사라집니다.

3) 유물 찾기

발굴 방법과 박물관에 전시하기까지 과정을 먼저 배웁니다. 실제로 발굴을 하므로 수업 태도가 다릅니다. 현장에 나가기 전에 이론을 배우는 고고학자 같습니다. 금을 그어 구역을 나눠 주고 자기 구역에서 유물을 찾습니다. 모두 문화재 발굴 팀입니다. 발굴 팀 이름과 상징 깃발도 있으면 좋겠지요! 미술 시간에 만든 깃발 들고 갑니다.

학교가 생긴 이래 처음 하는 문화재 발굴입니다. 숟가락으로 흙을 긁어내다가 물건이 보이거나 느껴지면 붓으로 쓸어냅니다. 조심조심 주변을 파내고 쓸어서 손으로 들어낼 정도가 되면 사진 찍고 종이 위에 옮깁니다. 종이에는 발굴 시간, 장소, 발굴자 이름을 씁니다. '유골-다리뼈 -20○○년 4월 6일, 3구역, ○○○' 정말 재미있습니다.

1971년 7월 5일 공주 송산리 고분군에서 배수로 공사를 하던 중에 무령왕릉이 완벽하게 보존된 상태로 발견되었습니다. 몇 달이 걸려서 발굴해도 모자랄 정도였지만, 막무가내로 우왕좌왕하며 7월 9일에 끝냈습니다. 국립중앙박물관장으로 발굴에 참여한 김원룡은 "일본의 어느 유명한 고고학자는 그런 행운은 백 년에 한 번이나 올까 말까 하다고 나를 축하해 주었지만 엄청난 행운이 그만 멀쩡하던 나의 머리를 돌게 하였다. 중요한 마당에서 나는 고고학도로서 어처구니없는 실수를 한 것이다."[*]라고 말했습니다. 귀하다는 말은 들었지만 어떻게 다루어야 할지 몰랐기 때문에 마구잡이로 파내 돌이킬 수 없는 실수를 했습니다.

아이들 눈빛이 무령왕릉을 발굴하는 고고학자 같습니다. 무령왕릉에 관한 안타까운 발굴 이야기를 해 주면 거기 가자고 합니다. 가자고 한 '그곳'으로 수학여행을 가면 눈빛이 달라

• 김태식, '무령왕릉 발굴 30주년 특집' 기사. 2001년 6~7월, 연합뉴스.

집니다. 조각을 모아 붙인 항아리 앞에서 요리조리 살핍니다. 발굴하는 모습이나 사진을 보면 '우리 학교 발굴'을 떠올리며 재잘댑니다. 유물과 유적, 박물관이 생생해집니다.

가족과 함께 부여-공주 역사 기행을 다녀왔습니다. 발굴 수업을 못 했지만 다른 방법이 있습니다. 우리는 책을 좋아합니다. 도서관에서 백제 문화, 역사 관련 책을 빌려 읽었습니다. 아이들이 여행 전날 묻습니다.

"아빠, 무령왕릉에서 나온 금제 뒤꽂이가 왕이 쓰던 거라는데 다른 책에서는 왕비가 쓰던 거라고 해요. 누구 거예요? 금동 신발도 왕 거라는 책과 왕비 거라는 책이 있어요."

"그래? 나도 처음 듣는 이야기인데. 가서 찾아볼까?"

무령왕릉 전시실에서 금제 뒤꽂이와 금동 신발을 뚫어지게 살펴봤습니다. '녹이 심하게 슬었다.'가 아니라 '머리 뒤에 어떻게 꽂았을까?', '머리 모양은 어떨까?', '왕과 왕비 신발이 따로 있네. 우리가 본 건 뭐지?'라고 합니다. 체험하는 곳마다 들러 살아 있는 공부를 했습니다.

이승희(6 여)

유물 찾는 공부를 하니 참 재미있다. 빨리 찾으려고 노력하였지만 어디에 있는지 몰라서 궁금하고 답답하기도 하였다. 처음에는 기사님을 따라 다니다가 구슬 세 개를 발견하여 기분이 참 좋았다. 숟가락으로 파헤치다가 가벼운 돌도 주워서 종이에다가 적었다. 유물을 빨리 더 많이 찾으려고 글씨는 1학년 글씨보다 더 못나게 쓴 것 같다.

유물을 찾으려고 헤매고 있는데 성환이가 가지고 온 개 뼈가 나왔다. 처음 만져 본 느낌은 흙 속에 있어서 그런지 물렁물렁하였지만 실제로 들어서 만진 것은 딱딱하였다. 하나하나 찾을 때마다 아저씨들이 이런 걸 어렵게 찾는다는 걸 알게 되었다. 그런데 조개가 석기시대 때에는 돈이었다니 믿어지지 않는다. 요새 그렇게 볼품없는 것이 말이다. 다 찾고 보니 학교 밭이 다 골구어졌다. 힘도 들고 그랬지만 보람도 느꼈다. 또 유물 찾는 공부를 하고 싶다. 만약에 또 한다면 다른 아이들보다 더 많이 찾을 것이다.

승희는 어찌나 긴장했는지 딱딱한 개 뼈가 물렁물렁하게 느껴졌답니다. 듣고 배운 지식과 직접 겪으며 깨달은 지식은 다릅니다. 설명은 머리에 남지만 경험은 몸에 남습니다. 몸으로 겪은 경험은 마음에 사라지지 않는 흔적을 남깁니다.

4) 다른 공부 함께하기

승희는 구슬과 개 뼈, 조개를 찾았습니다. 세 가지 유물을 사용한 시대와 주인공을 정하고 글을 써 봅시다. 귀부인이 조개를 내고 백제 상인들이 중국에서 가져온 구슬을 샀습니다. 시집갈 때도 가져갈 정도로 귀하게 여겨서 부인이 죽자 같이 묻었습니다. 이날 일기를 상상해서 씁니다.

"오늘 부인이 죽었다……."

실과 시간에 꽃과 채소를 심습니다. 학교 실습지에는 지난해 자라던 식물이 방치되어 있습니다. 밭을 뒤집고 정리해야 하지만 귀찮아합니다. 발굴을 하면 즐겁게 실습지를 정리합니다. 발굴하면서 풀과 돌을 다 치웠으니 고랑을 만들어 심기만 하면 됩니다.

"선생님, 달걀을 찾았는데 안에 씨가 있어요!"

"와! 그거 2천 년 전 씨앗이네! 이집트 피라미드 안에서 3천 년 전 보리 씨가 나와서 심었는데 싹이 났대! 우리도 이거 심어 볼까?"

"예, 심어요! 지금 심어요!"

달걀과 씨앗, 제가 묻어 놓은 줄 알지만 마음은 2천 년 전으로 돌아갑니다. 씨앗 뿌리고 가꾸는 방법도 잘 배웁니다. 유적지에서 찾아낸 씨앗을 심으면 진지해집니다. 정말 싹이 날까 궁금해하고 싹이 나면 정성껏 키웁니다.

발굴지 면적 넓이 구하기, 물을 50센티미터 채울 때 필요한 부피 구하기, 같은 크기의 통 겉넓이 구하기, 물을 20리터 통에 넣으면 통이 몇 개 필요할까? 찾은 유물 연대를 상상하고 지금부터 며칠 전인지 계산하기 등은 수학 통합 수업입니다. 운동장 흙과 발굴지 흙을 비교하면 과학, 탐험 주제가를 만들면 음악, 찰흙으로 도자기나 부장품 항아리 만들기를 하면 미술입니다. 정말 즐겁게 공부합니다. 후유증이 있습니다. 자꾸 이렇게 하자고 합니다.

7. 삶과 통합하라-교과 글쓰기

가르침을 전담하는 곳(학교나 학원)에서 정해진 사람에게 특정 내용을 전달받는 걸 '배움'이라 합니다. 그림은 미술 학원, 음악은 피아노 학원, 공부는 국영수 학원, 수행평가만 전담으로 해 주는 학원까지……, '쓰기'라 하면 글의 종류와 주제에 따라 쓰기, 비유나 비교하여 쓰기, 공통점과 차이점을 활용하여 쓰기, 주장하는 글쓰기 따위를 배웁니다.

교과서도 시간, 분량, 형식과 주제를 정해 놓고 쓰라고 합니다. 그러면 날마다의 삶에서 겪는 자기 이야기가 아니라 똑같은 대답을 내놓습니다. '양보해야 한다. 정직해야 한다'고 쓰지만 실천 없는 메아리입니다. 배움은 짜인 틀 안에서만 일어나지 않습니다. 글쓰기는 더합니다.

과목, 영역, 시간을 나누면 '내 이야기'를 쓰지 않고 '교과서가 요구하는 이야기'를 씁니다. 정답 찾듯 쓰기 때문에 저마다의 독특함이 드러나는 형형색색의 글이 가뭄에 콩 나듯 합니다. 쓰기는 국어 시간에만 제한되지 않습니다. 말하고 듣고 읽는 과정을 버무려 써야 합니다. 글 한 편을 쓰기 위해 말하고 듣고 자료를 읽습니다.

독서 감상문에 경험을 쓰라고 하면 정말 그래도 되느냐고 묻습니다. "너만의 이야기를 담은 독서 감상문을 써야지!" 하면 "독서 감상문에 내 얘기 써도 돼요?" 합니다. 정답 찾는 습관이 굳어서 마음껏 쓰지 못합니다. 작가 라인골드는 "다른 어머니들은 아이들이 색칠할 때 선 밖으로 나가면 야단치는데 선 밖으로 색칠해도 웃으면서 받아 주는 어머니가 있어서" 상상력과 창조력을 잃지 않았다*고 합니다.

형식을 배워야 하니 어쩔 수 없나요? 그렇다면 주제를 바꿔 주세요. 아이가 모르는 걸 설명하고, 느끼지 못하는 걸 주장하고, 깨닫지 못하는 걸 표현하게 하지 말고 삶에서 찾으세요. 형식을 배워야 한다면 굳이 길게 쓰지 않아도 됩니다. 글은 마음으로 씁니다. 마음을 표현한 글을 보여 주고 마음에 귀를 기울이게 도와주세요. 그래야 마음껏 씁니다.

방법보다 내용이, 형식보다 마음이 먼저라고 하면 "너무 말랑말랑하지 않나요? 마음, 좋죠! 하지만 대학 가려면 논술을 써야 하는데 자기 생각과 느낌만 쓴다고 되나요?" 합니다. 시를 쓰는 사람이 논설문을 쓰지 못한다는 건 편견입니다. 시인은 터질 것 같은 감정에서 엑기스만 뽑아 씁니다. 왜 시를 쓰느냐는 물음에 시인은 논설문으로 답할 수 있습니다. 마음으로 글을 쓰는 아이는 논술도 잘 씁니다. 자기만의 가치가 확고하면 논술을 시험문제가 아니라 내 문제로 봅니다. 그럼 절절하게 씁니다.

'코리아 갓 탤런트'라는 텔레비전 프로그램에 최성봉이라는 청년이 나왔습니다. 다섯 살에 고아원에서 도망 나와 껌과 박카스 팔며 자랐습니다. 시끄러운 무도회장에서 조용히 노래

● 이어령·이재철 지음, 《지성과 영성의 만남》, 홍성사, 2012, 104쪽.

하는 사람에게 반해 혼자 연습한 '넬라 판타지아'를 부릅니다. 관객과 사회자가 웁니다. 아이들도 저도 울었습니다. "이 사람은 마음으로 노래해. 글도 마찬가지야. 마음으로 쓰는 거야!" 말합니다.

수학 문제, 과학 실험에서 마음을 앞세우다간 제대로 하는 게 없을 것 같지요? 공부는 연결입니다. 교과를 경험, 지식, 관심과 연결 지으면 눈을 반짝이며 배웁니다. 글과 마음을 연결해 주면 과목, 주제, 분량에 구애받지 않고 씁니다. 어떻게 연결하느냐에 따라 글이 달라집니다. 의미 없는 노래가 없고, 이야기 없는 그림이 없습니다. 과학자의 삶을 이해하면 과학 지식도 재미있고, 수학도 계산만 하는 과목이 아닙니다. 사회현상, 인물, 음악, 그림을 글쓰기로 표현해 보세요. 풍성해집니다.

1) 실천의 공간을 만들어 봅시다 – 도덕

모든 공부가 그렇지만 도덕은 특히 보고 배웁니다. 아이는 도덕 교과서보다 부모와 이웃, 교사를 보고 배웁니다. 인권을 가르친다고 합시다. "지난 시간에 인권을 배웠지? 인권이 뭘까?" 대답하지 않는 아이에게, "너희 같은 바보 꼴통들과 무슨 공부를 하겠냐? 인권은 인간이 인간답게 살아가도록 보장해 주는 기본이 되는 권리다. 따라해 봐. 인권은……." 인권을 무시당하면서 인권의 뜻을 외운다고 인권을 알까요?

도덕은 '올바른 가치를 선택하고, 실천하는 능력을 기르는 공부'입니다. 분별하고 실행하지 않으면 도덕을 배운 게 아닙니다. 도덕 교과 글쓰기는 올바른 가치판단에서 출발해서 실천 사례로 끝납니다. 사람과 상황을 고려해서 분별하고 실천해야 합니다. 정직을 배운다면 자신이 얼마나 정직한지, 정직은 어떤 모습으로 나타나야 하는지, 무엇이 정직을 방해하는지 살펴보고 정직하게 살아야 합니다.

언어 습관을 바꾸려면 '말의 힘'을 깨달아야 합니다. '봉사하는 마음'을 배우려면 실제로 이웃을 도와야 합니다. 머리로만 아는 것과 실제로 해 보며 느끼는 건 다릅니다. 겪어야 생각합니다. 복도에서 뛰지 말라는 정답을 알아도 무수히 되풀이해서 걷는 연습을 해야 조용히 걷습니다.

5학년 봉사 내용을 배울 때입니다. 도와주어야 한다고 말은 하지만 실천하는 아이가 없습니다. 동네에 누가 혼자 사는지, 끼니 걱정하는 사람이 있는지, 힘들고 고통스럽게 살아가는 이웃이 누구인지 모릅니다. 이웃을 조사하고 모금을 하기로 했습니다.

"5월에 누가 모금을 해 줄까?"

"우리가 사 먹으려고 그런다고 하면 어쩌지?"

긴장하며 준비합니다. 어색해하던 아이들이 점점 자기 일처럼 참여합니다.

먼저 돕는 까닭을 찾습니다. 이유가 없다면 이벤트로 지나가고 맙니다. 누구를 도울 것인지도 정합니다. 확실한 대상이 있어야 봉사하는 마음이 생깁니다. 가까운 이웃으로는 혼자 사는 동네 할머니, 환경미화원 아저씨를 정했습니다. 멀리 있는 이웃으로는 백혈병, 소아암 걸린 아이, 사할린 할머니를 돕기로 했습니다.

언제 모금할지 정하고 안내문과 모금함을 만듭니다. 모금한 돈으로 사 먹는다고 오해하는 사람에게 대답할 말도 준비했습니다.

"○○초등학교 5학년 학생들입니다. 선생님 성함은 ○○○입니다. 오늘 모금한 돈은 사할린 할머니들께 보내 드릴 겁니다."

더워도 과자나 음료수를 사 먹지 못하게 했습니다. 그 정도는 참아야 하고, 오해를 피해야 합니다.

준비 끝입니다. 교통안전 등 주의 사항을 확인하고 수요일 오후에 2시간 정도 모금했습니다. 두근거립니다. 잘 해낼까? 문제가 생기는 건 아닐까?

"선생님, 사람들이 진짜 잘 도와줘요! 어떤 가게 사장님은 만 원 줬어요. 우리 7만 원 넘을 거예요!"

흥분하며 떠드는 이야기를 들으며 다른 아이를 기다립니다.

"우리는 은행에 갔거든요. 거기 돈이 많잖아요! 큰 책상에 앉은 사람에게 가서 불우이웃 도와 달라고 하니 만 원 줬어요. 다음 책상에도 가고 다음 책상에도 가고 그랬어요. 은행 사람들이 진짜 잘 도와줘요!"

모금하러 간 아이 모두에게 돈을 준 가게 주인이 있습니다. 놀랐습니다. 감사 편지를 쓰자고 하니 그분께는 꼭 써야 한답니다.

모금한 돈을 편지와 함께 보냅니다. 열일곱 명이 2시간 동안

5학년 때 17만 원, 6학년 때 54만 원을 모았습니다. 일기장에는 흥분이 담겨 있습니다.

모금을 하며

김유임(6 여)

이웃 돕기 모금을 해 준 사람도 있고 해 주지 않은 사람도 있다. 모금을 하지 않은 사람들 중에는 주인이 없다고 돈을 주지 않은 곳도 있고 장사가 안 된다고 돈을 주지 않은 곳도 많다. 그리고 어떤 아주머니들은 과자 사 먹는 게 아니냐고 묻기도 하고 또 어떤 아주머니들은 돈이 없어서 장사를 하는데 왜 장을 돌아다니냐며 우리를 붙잡고 욕을 한다. 우리는 자존심이 팍팍 구겨지는 것도 꼭 참았다. 우리가 꼭 참은 이유는 우리 학교 4학년 선생님 남편이 기자인데 오면 이르려고 참은 것이다. 이것 말고 참은 이유가 또 한 가지 있다. 그것은 바로 이웃을 도우려면 참을성이 필요하다는 엄마 말이 떠오르기 때문이다.

우리가 직접 이웃을 도우니 한편으로는 창피하기도 하고 또 한편으로는 우리가 자랑스럽다. 나는 이 경험을 통해서 많은 것을 배웠다. 그것은 참을성과 남에게 의지하려고 하지 않는 마음이다. 이 일을 한 후 어른들이 어린이보다 생각이 짧다는 것을 느꼈다. 물론, 우리 엄마 아빠는 빼고 말이다. 그리고 어른들이 어떻게 어린이보다 못할까 하는 생각도 많이 든다. 비록 적은 돈이지만 우리가 보람을 느끼고 자기가 이렇게 할 수 있다는 것을 자랑스럽게 생각한다.

"지금쯤은 모금을 하지 않은 어른들이 후회를 하고 있겠지!"

모금한 돈으로 혼자 사는 동네 할머니에게 쌀과 라면을 갖다 드렸습니다. 쌀 배달이 더 어려웠습니다. 끙끙대며 가져갔는데 할머니가 안 계십니다. 부엌 앞에 두고 왔더니 다음 날 울먹이시며 정말 좋은 아이들이라고 고맙다는 말을 몇 번이나 하셨습니다. 환경미화원 아저씨에게 편지를 쓰고 그분들께도 감사 전화를 받았습니다.

백혈병, 소아암 아이, 사할린 할머니 계신 곳에는 돈을 송금했습니다. 교실에 영수증을 붙여 놓고 그분들이 어떻게 지낼까 생각하다 사할린 할머니들 집에 수학여행을 갔습니다. 할머니께서 계신 방마다 두 명씩 들어가 이야기 나누고는 놀이공원 간 것보다 더 좋아했습니다.

자기만 생각하는 것 같은 아이 마음에 우리가 보지 못한 아름다움이 들어 있습니다. 겪어 보지 않았다면 만나지 못했을 보물입니다. 겪고 생각하고 표현할 기회를 주세요. 다른 사람을 도와주면 자기를 사랑하는 마음도 커집니다. 책상에 앉아서 머리로만 하는 공부를 뛰어넘으세요.

활동을 하고 글을 쓰면 달라집니다. 형식에 맞춰 지어내는 글이 아니라 행동하고 겪은 일을 쓰니까요! 대학 때 논술을 걱정하십니까? 기술로 써낸 글과 마음으로 써낸 글을 읽으며 어느 쪽에 점수를 줄까요? 똑같은 기법으로 쓴 수백 명의 글에서 마음으로 써낸 글을 찾아낸 기쁨이 얼마나 큰지 심사를 해 보면 압니다. 그런 글을 써야 하지 않겠습니까?

2) 시대를 거슬러 가 보자-사회

사회는 평소에 이야기하지 않던 주제를 많이 다룹니다. 우리 고장을 배우는 3학년, 고장 간의 관계로 넓어지는 4학년은 그나마 괜찮습니다. 우리나라 역사와 정치, 경제, 문화, 세계여러 나라를 배우는 5~6학년은 가르치는 교사도, 배우는 학생들도 헉헉댑니다. 내용을 이해하는 것만으로도 버겁습니다.

사회는 시대가 흘러가는 방향, 사람 사이의 관계를 공부합니다. 우리나라 역사는 내용이 많아 중요한 사건과 인물 위주로 건너뛰며 배웁니다. 500년, 1천 년 전 살았던 조상의 모습과 역사를 배우려니 외울 내용뿐입니다. 1592년 임진왜란, 권율-행주산성, 이순신-한산도대첩 이런 식입니다. 흐름과 관계를 이해하는 수준까지 가지 못합니다.

내용 중심으로 다가가면 간단하고 쉽지만 흐름과 관계를 모릅니다. 흐름과 관계를 이해하려면 배경과 분위기를 살펴야 합니다. 전체 내용을 알고 넓게 봐야 하므로 힘듭니다. 조상의 생활 모습을 배워도 우리와 연관 짓지 못하는 건 흐름과 관계를 모르기 때문입니다. 흐름을 아는 수준까지는 아니더라도 우리가 배우는 낱말이 사람 사이에서 생각을 주고받는 역할을 했다는 걸 알려 주고 싶었습니다.

옛날 생활 도구를 배우며 새로운 낱말을 알았습니다. 낱말을 이해해야 문장을 만듭니다. 조상이 도구를 어떻게 쓸지 상상하며 일기를 썼습니다. 도구를 쓰던 모습을 생각하니 배운 낱말이 외워야 할 대상이 아니라 직접 쓰는 말로 다가옵니다.

시대를 상상해서 연도와 날짜를 정하고 글을 씁니다. 쓴 글은 다음 시간에 수업 자료로 씁니다.

이 사고뭉치 시녀들

이주현(5 여)

나는 조선의 국모다. 오늘 내 생일 준비를 하기 위해 시녀들이 분주해졌다. 하지만 한 시녀가 조각보를 들고 가던 중 문갑에 걸려 화로를 넘어뜨렸다. 그순간 다행히 옆에 물컵이 있어 불이 나진 않았지만 장판에 자국이 남았다. 그래서 잠시 소란이 일어났다. 그래서 난 홧김에 그 시녀를 잘라 버리고 새로운 ○○○라는 시녀를 맞아들였다. '그 시녀 잘 할까?'

1237년 8월 10일을 상상하며

　　○○○는 주현이가 라이벌로 생각하는 친구입니다. 이 정도면 애교로 봐줘야겠죠. 주현이는 1237년을 조선 시대로 생각하고 있네요. 장판도 어울리지 않죠. 조선이 건국된 날, 장판을 사용하기 시작한 때를 조사하는 과제를 냅니다.

　　낱말을 이해한 뒤에는 생활 모습이나 실제로 일어난 사건을 바탕으로 글을 씁니다. 움집에 살던 사람이 되어 일기 쓰기, 고려 시대 빨래하는 모습, 조선 시대 서당에서 공부하는 모습을 씁니다. '몽고의 고려 침입 때 내가 서희 장군이라면, 한산도대첩을 앞둔 이순신 장군이라면, 19세기 중엽 대동강에 사는 우리 집 앞에 이양선이 나타났다면……'

세계 여러 나라를 배우며 미국, 일본, 영국, 오스트레일리아, 아프리카 사람이 무얼 입고, 먹고, 어떻게 살지 상상하며 씁니다. 3학년 사회 시간에 조상의 생활 모습을 배우고 마음에 드는 모습을 하나씩 골라서 직접 겪은 사람이 되어 일기를 쓰자고 했습니다. 진우는 빨래하는 모습을 재연했습니다. 빨래하는 방법을 배운 것과 다릅니다.

다듬이와 방망이

오진우(3 남)

다듬이는 방망이가 칠 때 받치는 것이다. 하지만 빨래는 엄청나게 어려운 일이다. 빨고 볏짚 태워 만든 잿물을 넣고 삶아 하얗게 만든다. 깨끗해지면 말리고 풀에 묻힌다. 그리고 잘 접어 방망이로 친다. 다듬이를 깔고 다리미질을 한다. 빨래 한 번 하는데 얼마나 시간이 걸리는지 지겨워 죽을 뻔했다. 다 하고 나니 몸이 갈기갈기 찢어진 듯하다. 엄청난 힘이 필요하다. 친구들은 얼마나 힘들다고 안 하는지 진짜 너무하다. 어른들이 하지 왜 애들을 시킨 건지 이유를 모르겠다. 다시는 빨래를 안 하겠다.

1293년 4월 1일을 상상하며

사회는 시대를 배웁니다. 유물, 유적, 자료를 통해 당시 모습을 알고 시대를 해석합니다. 사실을 바탕으로 어떻게 살았는지 추측합니다. 율곡 이이가 되어 임금님께 십만양병설을 주장하는 편지, 당파 싸움 때문에 십만양병설을 반대한 사람들을 꾸짖는 편지를 써 보세요. 이방원의 '하여가'와 정몽주의 '단심가'를 현대판으로 바꿔 써 보세요. 너무 어렵나요? 고인돌을 만들고 주인공의 하루를 일기로 써 보세요.

다 쓴 뒤에 '십만양병설'은 율곡의 제자들이 꾸며 냈다고 알려 줍니다.[•] 문익점이 목화씨를 몰래 들여온 게 아니라는 사실도 알려 줍니다. 아이들이 관심을 보이면 임진왜란이 끝난 뒤에 선조가 의병장을 죽인 이야기, 광해군에 대한 평가까지 알려 줍니다. 관심을 갖지 않는다면 어려운 이야기는 꺼내지 않습니다. 잘못 알려진 역사가 많지만 아이에 따라 지혜롭게 판단해야겠습니다.

역사 내용은 분량이 많아 주요 사건만 간단하게 다룹니다. 그러면 역사 인식이 생기지 않습니다. 조각난 사실을 기억하는 수준을 뛰어넘고 싶어도 내용이 많아 힘듭니다. 저는 시대와 주요 사건을 재구성해서 이야기를 해 줍니다. 다 기억하지 못하더라도 한 시대를 어떻게 평가해야 하는지 알려 주려 합니다. 역사를 아는 사람은 무너지는 건물 아래 서 있지 않습니다. 역사를 알려면 시대를 느껴야 합니다. 그래서 글을 씁니다.

3) 과학자의 엉뚱 일기-과학

과학은 이미 알려진 현상과 이론을 실험으로 확인하면서 배웁니다. 과학자는 새로운 실험을 하겠지만 학생은 정해진

• 이덕일·이희근 지음, 《우리 역사의 수수께끼 2》, 김영사, 1999, 224~235쪽.

절차에 따라 밝혀진 사실을 확인하면 끝입니다. 실험을 하고 조사, 분류, 분석하지만 과정과 결론이 제한되어 있어 창의성을 발휘하기 어렵습니다. 실험 관찰에 쓰는 내용은 거의 비슷합니다. 특정 사이트에서 제시하는 모범 답안을 그대로 알려 주지 않는 것만으로도 괜찮은 수준입니다. 과학은 실험 과정과 실험 기구, 실험 결과가 중요하지만 우연을 무시하지 못합니다. 실험을 하면서 갖는 자기만의 생각이 중요합니다.

초등학교 과학 교과서에는 단원 끝날 때마다 과학 글쓰기가 하나씩 나옵니다. 전국 초등학생이 똑같은 주제로 쓰기 때문에 내용이 비슷해서 재미없습니다. 글쓰기 주제를 바꿔 봅시다. 실험 전, 실험 중, 실험 후 글쓰기로 나눕니다. 실험 전 쓰기는 내용을 배우기 전에 배경지식을 알아보는 역할을 합니다. 실험 중 쓰기는 실험 과정과 결과를 풀어 쓰고 실험 후 쓰기는 새로운 내용을 만듭니다.

단원 시작하기 전에 쓰고 싶은 주제를 고르게 하세요. 실험 전 쓰기를 고른 아이는 단원을 시작하기 전에 씁니다. 실험 후 쓰기는 배운 뒤에 씁니다. 실험 전에 쓴 글은 동기 유발 자료로, 실험 후에 쓴 글은 단원 정리에 사용합니다. 과학적 사실을 바탕에 두고 글을 써야 합니다. 그러나 실험하지 않고 글쓰기만 강요하려 든다면 차라리 실험을 해 주세요.

주제 화산(4-1학기)

내용 용암과 마그마, 화산 분출 관련 사실, 현재 활동 중인 화산, 화산 분출할 때 나오는 물질, 화산대와 지진대, 화산 활용.

실험 전 쓰기 주제

1. 폼페이에서 화산 폭발로 죽어 간다고 가정하고 나중에 자신을 발굴할 사람에게 편지 쓰기.
2. 세계의 유명 화산 소개하는 글쓰기.
3. 우리 마을에서 화산이 터진다면 어떻게 될까?
4. 화산 영화 보고 감상문 쓰기.
5. 현재 활동 중인 화산을 탐사한 여행기 상상하여 쓰기.

실험 중 쓰기 주제

1. 현무암과 화강암의 차이가 드러나는 추리 글쓰기.
2. 신나는 스쿨버스 시리즈처럼 화산 속 여행기 쓰기.
3. "나는 마그마다. 화산과 함께 터져 재가 되어 날아가게 되었다. 내가 오늘 겪은 일을 일기로 써 보자!"
4. 화산 분출 과정을 알려 주는 기사문 쓰기.

실험 후 쓰기 주제

1. 곧 화산이 터질 것을 알아채고 먼저 달아나는 두꺼비가 되어 화산의 위험과 피해를 알리는 경고 보도문 쓰기.
2. 화산을 이용한 사업 제안서(온천 개발, 용암으로 기념품 제작, 살아 있는 화산 관람 등) 쓰기.

실험 전 쓰기

이 글을 볼 미래 사람들에게

박준건(6 남)

 지금 내 집 위에는 화산재가 가득 쌓여 있다. 어제 화산이 소리 없이 터져서 어느 순간인가 우리 집을 덮쳤다. 30분만 더 있으면 우리 집이 무너질 듯하다. 베수비오 화산이 요즈음 화산 활동이 보이기는 했으나 설마 생각하며 방심한 것이 화근이다. 그래도 이렇게 조용히 분출이 될지는 상상도 못 한 일이다. 1,500년 후에 사람이 이 글을 발견하면 코웃음을 칠지도 모른다. 그때는 화산이라는 게 없을지도 모르니까. 하지만 화산이 있다면 이것만은 명심해라. 화산은 늘 큰 소리와 폭발로 다가오는 것만이 아니고 우리 폼페이를 덮친 것처럼 소리 없이 덮치는 화산도 있다는 점을.

 화산이 없는 지역은 이 글을 무시하고 넘길지도 모른다. 아니 화산이 있더라도 '설마 그렇게 되겠어.' 하는 사람들도 있을지 모른다. 설마라는 아주 조그마한 발상이 나중에 큰 화를 입힌다는 것을 명심해라. 아마 바닷가에 사는 사람은 바다가 무섭지 않을 거고 산 주변에 사는 사람들은 산이 무섭지 않을 것이다. 적응이 충분히 되어 있어 불안감이 없을 것이다. 하지만 믿는 도끼에 발등 찍힌다는 속담도 있지 않은가? 또한 바닷가에 사는 사람이 화산이 있는 곳으로 놀러 갔는데 화산이 터졌다거나 산에 있는 사람이 바닷가로 놀러 갔는데 쓰나미가 일어난다든지……. 경우는 얼마든지 많다. 그러니 항상 조심하고 설마 하는 마음도 가지지 말고 항상 대비를 해야 할 것이다.

교과서에 실린 글쓰기 주제를 좋아한다면 그걸로 쓰세요. 공부하는 동안 지진이나 화산 소식이 뉴스에 나오면 스크랩을 하거나 방송을 보고 쓰세요. 관련 영화나 영상을 보고 쓰세요. 무얼 하건 아이에게 의미 있는 활동을 하세요. 3학년에서 배우는 동물, 4학년 식물, 5학년 태양계, 6학년 날씨 모두 글쓰기 좋은 주제입니다. 한 단원씩 차근차근 해 보세요.

4) 오선 악보를 글로 표현해 보자 – 음악

음악 시간에 감상을 합니다. 무엇을 느끼게 해야 하는지 모르겠고 딱히 답이 나오지도 않아 난감합니다. 어떻게 할지 몰라 녹음 들려주고 끝입니다.

"오늘은 감상 음악을 들어 보자! 들어 보니 어때?"

"……"

"뭐 생각나는 거 없어?"

"……"

"그럼 느낌을 다섯 줄로 써 봐라!"

"에이, 아무 생각 안 나는데……"

학년이 올라갈수록 재미없다고 합니다. 영상 매체에선 눈과 귀를 자극하는 음악이 넘쳐 나는데 음악 시간은 지루합니다. 기타와 드럼에 빠지는 아이에게 리코더와 소고, 단소는 고리타분합니다. 리코더 소리가 얼마나 아름다운지 모릅니다. 단소 소리의 멋과 소고 치는 흥겨움도 모릅니다. 아름다움이 어떻게 표현되는지 관심이 없습니다.

느낌 표현을 가르치기 어려웠습니다. 발도로프 교육에서 아이디어를 얻어 느낌을 선으로 그렸습니다. 자신감 있는 아이는 몸으로 표현하게 했습니다. 그러다가 제가 잘하는 글쓰기로 돌아왔습니다. 무조건 쓰라고 하면 안 되겠다고 생각해서 매개물을 찾아 주었습니다. 논설문은 주장에 어울리는 매개물을 연결해서 쓴 글입니다. 뒷받침하는 근거와 인용 역시 매개물입니다. 일기에서는 글감이 매개물입니다. 매개물이 있으면 음악을 듣고 표현하기 쉽습니다.

음악에 어울리는 물건, 계절, 사람을 찾았습니다.

"부드럽고 느린 음악은 달팽이가 생각나고, 가을에 어울리고, 항상 늦게 움직여 답답한 언니가 생각나고, 점심 먹은 뒤 나른한 내 모습이 떠오른다."

음악을 언제 다시 듣고 싶은지 물었습니다.

"화가 날 때 들으면 기분이 풀리겠다."

아이들이 연결해서 말한 내용으로 음악을 누구에게 소개하고 싶은지 떠올립니다.

"우리 형이 나 때릴 때 진정하라고 들려주고 싶다."

아이들이 연결해서 말한 내용으로 마음을 표현합니다.

많은 아이가 가수를 꿈꿉니다. 영상 매체가 보여 주는 이미지에 빠져 진심으로 노래하는 게 무엇인지 모르면서 멋진 모습을 부러워합니다. '나는 가수다'가 나온 뒤에 정말 노래를 잘하는 게 무엇인지 보고는 가수를 포기하는 아이가 생깁니다. 진심이 묻어나는 음악을 들려주면 오페라, 교향곡, 가야금

병창, 판소리를 느낍니다.

어떤 음악이건 이야기가 있습니다. 작사자와 작곡가, 연인이나 가족과 관련된 이야기를 들려줍니다. 폴 포츠나 최성봉처럼 이야기가 있는 노래를 들려줍니다. 노래만 들려주면 음정과 박자, 리듬에만 반응하지만 이야기가 있으면 감상이 달라집니다. 노래가 한 사람의 인생을 좌우하는 순간을 보여 주면 느낍니다.

작곡할 때 상황이나 노래와 관련된 이야기는 음악에 집중하게 도와줍니다. 교과서에 나온 음악이라도 관련된 이야기를 들려주면 감상의 깊이가 달라집니다. 모차르트가 작곡한 피가로의 결혼 중 '산들바람은 부드럽게'는 〈쇼생크 탈출〉에 나온 뒤로 새로운 이야기를 갖게 되었습니다. "감옥에 갇힌 사람이 혼날 줄 알면서 왜 죄수들에게 음악을 들려줄까?" 물어보세요. 음악으로 힘을 얻고 용기를 낸 사람들 이야기를 '○○ 갓 탤런트'에서 찾아보세요. 음악의 깊이를 느낍니다. 작곡가의 삶, 노래와 관련된 사람의 삶에 연결되어 나오는 힘이죠!

이예지(5 여)

폴 포츠는 정말로 감동적이다. 눈앞이 캄캄한데도 숨이 끊어질 듯이 노래를 불러서 정말 감동적이다. 내 동생에게 이 노래를 들려주면 그 자그마한 장난기가 사라질 것만 같다. 사실은 울고 싶었지만 차마 앞에서 우는 것이 부끄러웠다. 하지만 폴 포츠는 자기 꿈을 이루어 나가기 위해 용기를 키우고 부끄러움을 버렸다. 진짜로 슬프다. 그러나 걱정이다. 내 동생이 이걸 듣고 감동을 먹을지 안 먹을지 모르겠다. 나도 꿈과 용기를 키우고 부끄러움은 버려야겠다고 생각한다. 폴 포츠는 마치 선생님 같다. 내게 꿈과 희망, 그리고 용기를 키워 주기 때문이다. 몸이 불편한데도 자기 꿈을 이루어 내겠다고, 그 다짐 하나만으로 꿈을 이루어 내서 기쁘다.

예지와 친구들은 가끔씩 오페라를 들려 달라고 했습니다. 안드레아 보첼리를 들려주고 '눈이 보이지 않지만 세상을 아름답게 살아가는 사람의 삶'에 대해 이야기합니다. 요란한 음악, 의미 없이 가벼운 가사에 몸을 흔드는 5학년 아이가 눈을 감고 오페라를 들으며 훌쩍거립니다. 음악 감상으로 상담도 합니다. 조용한 음악 들으며 헤어진 가족을 생각합니다. 시끄러운 음악 들으며 화풀이합니다. 음악은 아픔을 드러내어 풀어 버리도록 돕습니다.

베토벤의 운명을 들려주세요.

"작은 소리 세 번 뒤에 큰 소리 한 번이 오잖아. '쿵쿵쿵'~ 쿵 예상치 못한 일이 운명처럼 다가오는 거야. '쿵쿵쿵' 하다가 갑자기 '쿵' 하는 거지. 잘 들으면 음악을 해석할 수 있어. 작곡가의 의도를 해석하면 더 좋겠지만 자기 나름대로 해석해도 상관없지. 베토벤이 귀가 조금씩 들리지 않을 때 '쿵쿵쿵'을 알아챘으면 쿵을 겪지 않았을 거라 생각한 건 아닐까?"

엄마 없는 아이 여럿을 가르칠 때 자기 이야기를 많이 했습니다. 숨겨 둔 비밀을 꺼내고 글로 썼습니다. 음악 시간에 '자장가'를 배우면서 '엄마'가 부르는 자장가를 들려줬더니 한 아이가 "엄마 생각난다." 합니다. 옆에 앉은 아이가 "나도 엄마 생각난다." 합니다. "나도~", "나도~" 하더니 모두 엉엉 울었습니다. '오늘 배울 내용'을 '아이가 겪어 온 삶, 아이가 살아갈 삶'보다 앞세웠다면 울 리가 없습니다. 소중한 아이를 위해 노래, 그림, 책, 이야기 무엇이건 연결시켜 주세요.

8. 대상에 가치를 부여하자
   -조사 보고서, 소개하는 글

마음을 다해 소개하고 설명할 대상이 있다면 행복한 아이입니다. 방법을 알아도 소개하고 싶은 마음이 없으면 대충대충 합니다. 방법 위주로 조사 보고서, 소개하는 글, 설명문을 가르치면 경찰이 조사하듯 합니다.

"너 취미가 뭐야?"

"컴퓨터 게임."

"컴퓨터 게임이라고…… 컴-퓨-터-게-임."

"넌 취미가 뭐야?"

"나는 노래 부르기."

"가족은 몇 명이야?"

"아빠, 엄마, 동생, 나."

"너는?"

마음을 담지 않은 조사는 대상을 제대로 표현하지 못합니다. 소중한 친구는 이렇게 소개하지 않습니다. 상대를 소중하게 여기지 않으면 다름을 틀림으로 봅니다. 배려는 이해에서 나옵니다. 아메리카 원주민은 사랑한다는 표현 대신 이해한다고 합니다.* 이해하면 가까워집니다. 친하지 않더라도 이해할 수만 있다면 소중하게 바뀌겠죠.

한 아이가 유난히 말이 없습니다. 이해하기 위해 아이에게 물어봅니다. 답답해하는 친구에겐 물을 기회를, 조용한 친구에겐 대답할 기회를 줍니다. 친구들이 질문을 쓰고 비슷한 질문끼리 모아 질문지를 만들어 줍니다. 말로 대답하지 않아도 되니 편하게 씁니다.

대상 말이 거의 없는 6학년 여자아이 ○○

A 질문 아이들이랑 놀 때 조금 답답해. 그러니까 말 좀 해.
대답 내가 언제 아이들이랑 놀 때 말을 하지 않았어?

B 질문 계속 ○○와 논다. ○○ 말고 △△ 같은 아이들과 놀아라. △△도 알고 보면 순진한 아이다.
대답 △△랑 놀면 너무 무서워 죽겠어!

• 포리스트 카터 지음, 조경숙 옮김, 《내 영혼이 따뜻했던 날들》, 아름드리미디어, 1996, 69쪽.

선생님 질문 하고 싶은 이야기, 속상한 얘기를 잘 하지 않는 구나! 속 시원히 얘기하면 좋겠다. 예쁜 ○○야!
대답 내가 말을 하려고 해도 너무 떨려서 못 하겠어요.

C 질문 혼자 놀지 말고 친구들이랑 많이 놀면 좋겠다.
대답 친구들이랑 놀려고 해도 나는 입에서 말이 안 나와!

D 질문 몰라 몰라 하는 말만 하지 말고 말 좀 많이 하면 좋 겠다.
대답 입에서 계속 몰라만 나와서 그래.

E 질문 아랫입술 내미는 버릇 있잖아! 그것 좀 고쳐라.
대답 니가 고치라 했으니 고칠게!

F 질문 말 좀 해라. 적극적으로 놀이에 참여해. 빈둥빈둥거리 지 말라고.
대답 너랑 말하니 네가 너무 무서워!

G 질문 자신감을 길러라.
대답 그래, 인제 내가 말을 할게.

간단한 활동입니다. 친구들은 말 좀 하라 했고 아이는 그렇 게 하겠다고 답했습니다. 말을 많이 하지는 않지만 달라졌습니다. 며칠 뒤에 국어 시간에 '비유하기'를 배우고 글을 썼습니다. 자신을 거북이에 비유해서 쓴 글을 읽고 친구가 반응합니다.

국어 시간

최미정(6 여)

우리는 쓰기 시간에 큰 책상에 모여서 자기가 쓴 숙제를 읽어 보기로 하였다. 처음부터 은주가 자신감 있게 발표를 하였다. 선생님이 읽어 보라고 하여서 나도 읽었다. ○○ 거를 들어 보기로 하였다. ○○는 자신감 없는 목소리로 조그맣게 발표를 하였다. 거북이에 대해 썼는데 '친구가 많아서 좋겠다'고 썼다. 자기는 친구가 별로밖에 없는 이야기 같았다. 한참 있다 ○○는 울기 시작했다. ○○가 우니까 나까지 눈물이 나올 것 같았다. 정말 오늘은 ○○가 글쓰기를 가장 잘한 것 같다. ○○가 힘차게 놀고 말도 잘 하는 아이가 되어서 우리와 친하고 정답게 놀면 좋겠다.

원래 마음이 약한 아이입니다. B 질문의 △△는 F입니다. F는 성격이 화끈하고 직설적입니다. 감정을 마음에 담아 두지 않습니다. F가 조용히 말해도 B에게는 천둥소리로 들립니다. F는 B가 답답하다고 합니다. 친구 조사 활동은 ○○이 마음을 열게 했습니다. F도 ○○을 이해합니다. 서로 다르지만 이해하며 한 해를 보냈습니다.

눈에 보이는 모습이 전부가 아닙니다. '외로움'에 대해 할 말이 없는 아이가 없습니다. 모두 사랑과 관심을 원합니다. 성격 차이, 마음에 숨겨 둔 상처, 두려움과 편견이 아이를 몰아붙입니다. 활발한 아이는 말로 풀어 버리지만 곱씹으며 힘들어하는 아이도 많습니다. 말로 고백하지 못하는 아이를 위해 조사를 핑계로 글을 썼습니다. 고백이 아이를 치유합니다. 기회를 주세요.

사람마다 서로 다른 걸 소중하게 여깁니다. 소개하는 글은 대상에 대한 주관적 가치판단을 씁니다. 대학 입학과 취직에 필요한 자기소개서는 자신이 필요한 사람이라는 가치를 드러내야 합니다. 읽는 사람이 글쓴이의 가치판단에 공감할수록 좋은 글입니다. 공감하도록 글을 쓰려면 먼저 자신을 소중하게 바라봐야 합니다.

자기소개서에는 자신의 가치를 담습니다. 평소에 가치를 담은 소개하는 글을 몇 번이나 써 봤을까요? 문제 풀이는 질리도록 했지만 소중한 사람을 소개한 적은 없습니다. 자신의 가치를 모르고 글에도 자신이 없습니다. 학원에서 알려 준 모범 답안이 진짜 가치를 대신합니다. 대상을 마음에 품고 간절하게 써야 진심이 통하지만 잘 모릅니다.

거창하게 생각하거나 대단한 것만 찾지 마세요. 아이에겐 낡아 빠진 인형이 소중합니다. 너덜너덜해진 책, 허섭스레기처럼 보이는 물건이 누군가에겐 정말 귀합니다. 소개하고 싶은 대상이 없어도 걱정하지 마세요. 가치를 부여하면 아이도 가치를 붙듭니다.

학기 초에 씨앗을 심습니다. 잘 돌보기도 하고 죽게 내버려 두기도 합니다. 소중하게 생각하고 시간과 정성을 들이면 꽃도 피고 열매도 맺을 생명인데 관심이 부족해서 죽습니다. 계속 가치를 부여해 보세요. '떡잎이 저절로 떨어졌네.', '벌써 이만큼이나 컸다.', '꽃이 피려나?' ……. 관심을 보이세요. 날마다 똑같아 보이지만 자란다는 사실을 말해 주세요. 귀하게 생각하도록 안내하면 꽃을 피웁니다.

망가진 주전자, 깨진 그릇, 작아진 운동화, 오래된 장난감을 화분 삼아 운동장 구석, 놀이터 귀퉁이에 자라는 풀을 심었습니다. 직접 옮겨 심은 들꽃은 돈 주고 사 온 꽃과 견줄 수 없이 귀합니다. 아무 데나 자라는 잡초도 이름이 있습니다. 밟혀도 어떻게든 버티고 살아납니다. 하얀 민들레를 화분에 옮기려다가 실수로 뿌리를 잘라 버렸습니다. 15센티미터는 되는 뿌리 중에 3센티미터만 남았지만 죽지 않고 씨를 퍼뜨렸습니다. 우리 꽃은 화려하지 않지만 질긴 생명을 가지고 있으며, 수수합니다.

"이건 애기똥풀이야! 잎과 줄기를 자르면 애기 똥처럼 노란 즙이 나와! 애기 똥은 이런 색이거든! 독이 있어서 입에 대면 입안이 얼얼해져!"

"이건 괴불주머니야! 내 눈에는 정말 화려한데 우리나라 사람들은 괴불주머니의 아름다움을 잘 모르지! 여기 봐! 꽃이 주머니처럼 생겼지! 꽃이 피면 향기가 진해서 취할 정도야. 역시 독이 있어."

독이 있다고 하면 좋아합니다. 하수오 진을 손에 바르고, 며느리밑씻개 잎을 먹습니다. '아이, 셔!'

산자고라 부르는 '까치무릇'에 빠진 아이들이 있습니다. 딱 두 장 나온 가느다란 잎 사이에서 하얀 꽃이 고개를 내밉니다. 산에 올라가면서 핸드폰 사진을 까치무릇으로 채웠습니다. 현호색, 살갈퀴, 꿀풀도 좋아합니다. 벌레잡이통풀처럼 생긴 풀을 보고 식물도감을 보았더니 '천남성'입니다. 학교 밖으로 나갈 때마다 "천남성, 천남성" 합니다. 1년을 돌아보며 가장 좋았던 일로 천남성 본 걸 꼽기도 합니다.

풀은 이름에 얽힌 이야기가 한둘은 꼭 있고 대부분 나물이나 약재로 씁니다. 아무렇게나 밟히는 풀도 이야기가 있고 약효도 있다고 하니 신기하게 바라봅니다. 주변에서 찾아 화분에 심고 이름을 알아낸 풀은 돈 주고 산 것과 가치가 다릅니다. 다슬이는 소루쟁이를 알고는 지켜보며 자세히 관찰합니다.

소루쟁이

김다슬(3 여)

우리 반에서 자라는 풀 소루쟁이는 줄기가 붉은색을 띠며 잎이 넓다. 그리고 4~5월쯤에는 열매 같은 게 달리며 하얗고 작은 꽃이 핀다. 내가 알기에 소리쟁이라고도 불리는 것 같다. 잎이 꼬불꼬불하고 가을에는 소리가 나는데 어떤 소리가 날까? 내가 예상하기에는 딸랑딸랑 소리가 날 것 같다.

잎은 느낌이 부드러우면서 거칠다. 줄기는 줄이 그어져 있고 그래서 거칠다. 꽃은 하얀 작은 꽃이 눈송이처럼 많이 핀다. 소루쟁이 밑에는 잡초가 있는데 하트처럼 생긴 잡초이고 밑으로 내려갔다. 지금은 꽃봉오리가 피고 있다. 줄기는 나무처럼 쭉쭉 뻗어 있다. 소루쟁이를 인터넷에 검색을 해 봤더니 하나도 없다. 소루쟁이는 우리 아파트 곳곳에 피어 있다. 아빠 회사에 있는 소루쟁이는 키가 해바라기처럼 크다고 한다. 그리고 소루쟁이는 내가 가장 관심 있는 풀이다.

눈에 띄지 않지만 중요한 것, 자기만의 소중한 대상을 소개하라고 하세요. 친구, 가족, 인형 무엇이건 좋습니다. 소중히 여기는 걸 알아보세요. 시시하고 하찮게 보여도 귀하게 보아 주세요. 왜냐하면 정말 소중하니까요.

9. 대상을 잘 찾아라 – 설명문

설명문을 잘 쓰려면 간절하게 설명하고 싶은 대상이 있어야 합니다. 친한 친구를 잠시 만난 강사 소개하듯 할 수는 없습니다. 친구의 가치가 드러나도록 개성을 살려 자신과의 관련성을 써야 합니다. 친구에 대한 정보를 나열하지 말고 보여 주어야 합니다. '대상에 대한 정보'가 아니라 '대상 그 자체'를 표현해야 합니다.

설명문을 쓰려면 내용을 잘 알아야 하고, 상대방을 고려해서 설명해야 합니다. 아이들은 설명할 필요를 느끼지 못하기 때문에 읽는 이를 신경 쓰지 않고 대충 씁니다. 아이가 관심 두는 것, 신나게 쓸 만한 걸 찾아보세요. 대상을 정하고 읽는 사람이 이해하게 쓰라 하세요. 잘 알고 꼭 얘기하고 싶은 것이라면 가슴을 치면서 어떻게든 설명하려고 합니다.

체육 시간에 경기를 제대로 하려면 규칙을 알아야 합니다. 규칙을 모르면 이길 수가 없겠죠. 경기 하기 전에는 누가 규칙을 모르는지 모릅니다. 규칙을 조사하거나 설명해도 아이가 제대로 이해했는지 모릅니다. 그러다가 경기 시작하면 규칙을 몰라 당황합니다. 경기 규칙을 설명하는 글을 쓰면 누가 규칙을 모르는지 단번에 압니다. 규칙을 잘 설명한 친구 글을 읽고 규칙을 배웁니다.

돼지 씨름

김샛별(4 여)

제가 좋아하는 놀이는 돼지 씨름입니다. 하는 방법은 원을 동그랗게 그려서 상대편과 원 안에 같이 들어가서 앉아 밀어내는 것입니다. 이 놀이는 손을 이용하면 탈락이 됩니다. 요령은 엉덩이와 어깨에 힘을 주고 세게 밀칩니다. 물론 이것을 잘하려면 어깨와 엉덩이를 이용한 운동을 많이 해야 합니다. 장소는 넓은 운동장에서 원을 그려 놓고 합니다. 만약 상대편이 원에 있던 다른 상대편을 원 밖으로 밀치다가 밀쳤던 상대편도 원 밖으로 같이 나가면 늦게 밖으로 나간 사람이 이깁니다. 이것은 아주 편한 놀이입니다. 놀이 도구는 없어도 상관없습니다. 원을 그려 놓고 밀어 치기만 하면 되기 때문입니다. 벌칙은

원 밖으로 나갔다 넘어지면 그게 벌칙이 됩니다. 이렇게 하는 놀이가 돼지 씨름입니다.

설명문은 '설명'이 목적입니다. 왜 설명하는지 모르면 대충 씁니다. 설명하는 이유를 안다면 자세하게 씁니다. 조건을 붙여 주면 됩니다.

"오늘은 설명문을 써 보자."

"아이, 설명문은 지겨운데……."

"설명문은 설명하는 거지! 그래서 지겹지!"

"네!"

"오늘은 서울 아이들이 잘 모르는 걸 설명할 거야! 서울에 좋은 게 많아 보이지만 우리가 사는 곳에는 더 많아. 서울 아이는 벼와 옥수수를 구분 못 해. 땡삐와 말벌도, 미꾸라지와 모래무지도 구분 못 해. 우리만 아는 걸 서울 아이에게 설명해 보자. 우리가 당연하다고 생각하는 것도 서울 아이는 모르니까 자세하게 써야겠지!"

설명해야 할 이유가 생겼습니다. 서울 아이를 이기고 싶은 마음이 앞섭니다. '이것도 모른다고?' 하면서 열심히 설명합니다. 도시 아이는 시골 아이가 모르는 걸 설명하면 되겠죠!

사마귀 잡기 놀이

김시현(2 남)

서울 아이들이 100퍼센트 모르는 것이 있다. 바로바로 사마귀 잡기다. 사마귀를 잡을 땐 사람들은 거의 나뭇가지를 사용하지만 나뭇가지는 너무 싱겁다. 사마귀를 손으로 잡는 비법이 있다. 뭐냐 하면 사마귀 배 옆을 잡는 것이다. 배를 잡으면 사마귀는 꼼짝 못 한다. 왜냐 하면 사마귀는 팔이 갈고리 모양으로 꺾여 있어서 저항을 못 한다. 사마귀는 그렇게 잡는다. 사마귀는 발로 '툭!' 차면 공격 자세를 하고 있을 때 잡으면 좋다. 그런데 주의할 점이 있다. 손목이 사마귀 머리 쪽에 있으면 안 되고 볼록 튀어나온 배 옆쪽에 있어야 다치지 않는다. 아마 사마귀 잡기는 서울 아이들이 모를 것이다. 사마귀 잡기 놀이!

1학년은 학교를 잘 모릅니다. 3월에는 학교에 적응하게 도와주려고 학교 소개, 교실과 복도에서 생활하는 방법, 학교에서 일하는 사람, 인사 방법, 집에서 학교 오가는 방법 등을 배웁니다. 학교를 잘 아는 2~6학년이 동생을 위해 학교를 설명하면 어떨까요?

겨울방학 직전이나 2월에 〈학교 사용 설명서〉*를 써 보세요. 학교에서 일하는 사람 설명서, 교실과 특별실 설명, 생활 방법과 놀이 방법 설명서를 씁니다. 입학식 날부터 한 달 동안 학교 곳곳에 붙여 놓습니다. 교장실 문에는 교장선생님이 누군지, 무얼 하는지 설명한 글을 붙입니다. 급식소 앞에는 급식소 사용법을 붙이고 화장실에도 사용법을 붙입니다. 아이가 쓴 글이라 눈높이에 맞습니다. 자기들이 쓴 글이 학교 곳곳에 붙

* 독서 모임을 함께하는 정귀옥 선생님 아이디어입니다.

어 있기 때문에 모두 1학년에게 관심을 갖습니다. 1학년 선생님은 아이들 데리고 다니며 사용 설명서를 읽어 주고 학교에 잘 적응하게 도와주면 됩니다.

학교 텃밭 소개

이동환 (5 남)

우리 학교 주차장에 약간 언덕 같은 곳이 있어. 거기에 가 보면 흙이 잔뜩 있어. 거기가 밭이야. 우리는 해마다 거기에 고추, 상추, 땅콩, 가지, 바질, 딸기, 옥수수, 배추, 쪽파, 갓, 밀, 방울토마토를 심었어. 너희가 아는 것도 있고 모르는 것도 있을 거야. 나는 다 안다.

어쨌든 식물을 심고 1년 동안 최선을 다하고 열심히 길러야 돼. 알겠지? 몇 달 있으면 키가 크고 크기도 커지고 열매도 생겨. 그러면 다 함께 호로록 하면 되는 거야. 알겠지? 그렇다고 선생님 허락 없이 따 먹으면 혼난다. 그리고 네가 키운 만큼 먹는 거야. 그러니 아주 열심히 키우렴. 그만큼 보상을 받을 거야. 알겠지?

우리 학교에 너희 친구들 많이 데리고 와~

점심 먹고 나서

송예원 (4 여)

1학년들아, 내가 점심 먹고 나서 쉬는 시간 때 무엇을 하는지 알려 줄게. 밥을 먹는 시간은 4교시가 끝나고 나서 언니, 오빠가 우르르 달려갈 때야. 일단 밥을 먹고 쉬는 시간 때 너희들이 좋아하는 자율 시간, 산책(나들이), 개울가 같은 곳에 놀러가. 요즘은 공기놀이를 해. 그리고 삼사댐이라는 데도 가끔씩 산책 가. 동환이라는 오빠, 승희라는 언니, 나(예원이 언니), 지금은 전학 갔지만 가인이 언니가 같이 물을 막는 댐을 만들었어. 댐은 무엇이냐 하면 흐르는 물을 가둬 놓는 곳이야. 산책은 즐거워. 학교 뒷산에 가서 어떤 1,500년 된 나무를 보거나 개울가로 가. 자율 시간은 공기, 그리고 영어 교실에 가서 가게 놀이. 이렇게 하고 또 밖에 나가서 놀이터에서 놀거나 숨바꼭질을 해! 이제 알겠지? 안녕~!

10. 몸을 움직이면서 글을 써 보자
   —도전하고 글쓰기

아이마다 배우는 속도가 다릅니다. 빨리 배우면 좋겠지만 아무리 기다려도 변하지 않아 보이는 아이도 있습니다. 몇 년 동안 기다려야 한다면 지치겠죠. 꾸준히 써도 변화가 없으면 힘듭니다. 자세하게, 다양한 생각으로 깊이 있게 쓰면 얼마나 좋을까요!

변하지 않으면 지치고 짜증납니다. 짜증나면 싫어지고 더 변하지 않습니다. 악순환을 깨뜨릴 무언가가 필요합니다. 좋아하는 동물 기르면서 관찰 일기라도 쓸까요? 평소에 하지 못한 색다른 체험이나 여행을 할까요? 음식을 만들거나 영화를 보고 글을 쓸까요? 저는 '학급 도전 과제'를 준비합니다. 긴 줄넘기, 바다에서 수영하기, 높은 산 오르기, 자전거 하이킹에 도전합니다. 우리 반 열일곱 명이 '긴 줄넘기 열 번 하기'에 도전했습니다.

① 도전하기 전에 긴 줄넘기 잘하는 방법을 한두 문장으로 설명합니다.

- 우리 반이 다 들어가서 열 번을 넘어야 성공한다. 뛰는 사람과 돌리는 사람 사이에 정확한 호흡이 필요하다. 박얼
- 잡는 사람이 두 명이고 줄 쪽에 아이들을 세워 두 명이 돌리면 호흡을 맞춰 뛰면 된다. 백자욱

② 돌리는 사람, 뛰는 자리를 정하고 잘 뛰는 방법을 의논합니다. 도전하기 전에 운동장에서 각오를 씁니다.

- 지금 아주 긴 줄넘기를 쉽게 보고 있다. 열 번은 거뜬히 할 수 있을 것 같다. 조성권
- 어제 아홉 번까지 했으니 오늘은 열 번 할 수 있을 것 같다. 그리고 어제와 달리 더 열심히 할 수 있을 것 같다. 김은지
- 우리가 긴 줄넘기를 하려고 하니 부들부들 떨린다. 과연 우리가 성공할 수 있을까? 홍성표

③ 남녀가 섞인 열일곱 명이 함께 뛰기 어렵네요. 계속 실패합니다. 운동 잘하는 아이, 못하는 아이, 뚱뚱한 아이, 약한

아이, 말 많은 아이, 소리 지를 용기가 없는 아이 모두 마음이 맞아야 합니다. 몇 번이나 틀리니 하고 싶은 말이 많습니다. 한 사람 때문에 계속 틀리기도 하고, 틀리는 아이에게 소리 지르는 아이도 틀립니다. "지금 하고 싶은 말 많지! 마음 놓고 외쳐." 하면 고래고래 소리를 지릅니다. "덥고 힘들다. 잠깐 쉬어야겠다. 방금 전에 외친 말을 적어 보자."

- 성권이 앞으로 나오면 죽어! 니 때문에 애들 억지로 하는 거야! 손으로 때리면 몰라도 발로 때리는 게 어디 있어? 이성민
- 너무 아깝다. 아홉 번, 아홉 번 너무 아깝다. 어제 고생하고 오늘 고생을 이렇게 하는데 안 되고 너무 속상하다. 긴 줄넘기 막 질린다. 김은지
- 아홉 번까지 했는데 누구냐? 걸리기나 하고 하여튼 마음이 안 맞아! 잘 좀 하자고! 역시 열 번은 안 되는가 봐! 최현숙
- 누구인지 몰라도 되게 열 받게 한다. 이래 가지고 열 번 하겠나? 홍성표
- 나는 할 말이 없다. 왜냐면 나도 많이 틀리기 때문이다. 김설희

④ 열 번이 목표인데 아홉 번에서 계속 틀립니다. 얼굴은 벌게지고 숨이 차오릅니다. 아홉 번 넘을 때 긴장감이 넘치더니 열 번째 걸리는 순간은 공든 탑이 무너져 내리는 것 같습니다. 실망감과 짜증이 몰려오고 "우리가 이것밖에 안 되나." 합니다. '지금 마음을 써 보자'고 말합니다. 표현은 다르지만 안

타까운 마음은 똑같습니다.

- 정말 기분이 이상했다. 아홉 번 하고 나 때문에 죽었다고 생각하니 이상했다. 김형규
- 진짜 성공할 수 있는데 아이들이 마음을 합하지 않아서 실패하였다. 그래서 너무 마음이 아프다. 김설희
- 정말 화가 난다. 끝까지 최선을 다하면 열 번까지 할 수 있는데 아홉 번이 되었다고 최선을 다하지 않았다. 좀 더 최선을 다했으면 좋겠다. 진서영

⑤ 성공입니다. 한 시간은 뛴 것 같습니다. 서로 얼싸안고 웁니다. '드디어'는 이럴 때 쓰라고 만들었나 봅니다. 마음을 적습니다.

- 난 성공을 하고 나서 기분이 정말 좋았다. 숙제 안 내주는 것보다 거의 더 좋았다. 우리 반이 긴 줄넘기 대회에 나가 우승할 것이다. 덕분에 우리 반은 강해진 것 같다. 박얼
- 엄청 기분이 좋았다. 아홉 번에서 나 때문에 죽지 않을까 해서 온 힘을 다해 뛰었다. 그래서 성공했다. 나 때문에 죽지 않아서 참 다행이다. 김형규
- 나는 열심히 했다. 다 하고 나니 눈물이 나올라 했다. 열 번을 하다니 진짜 좋다. 우리 반 만만세! 진짜 기분이 좋다. 열 번을 하다니 와! 조현준

- 정말 좋다. 속이 뻥 뚫리는 기분이다. 힘들지만 성공하니 힘든 것도 별로 없다. 열 번째 줄이 넘어오는데 얼마나 기뻤는지 모른다. 다 하니 얼마나 놀라고 기뻤는지. 그 순간이 정말 너무 좋았다. 김은지
- 우리는 드디어 열 번을 성공하였다. 날아가듯 기분이 좋다. 이제 우리 반에 나쁜 점이 없어졌다. 이건 내 생각이다. 스무 번이라도 할 수 있을 것 같다. 5학년이랑 붙어서 이기고 말겠다. 최명규
- 정말 기분이 좋다. 열 번을 성공했기 때문이다. 꼭 혼자 하는 줄넘기를 오백 번 한 것보다 더 기분이 좋다. 진서영
- 가슴이 울렁하다. 그냥 뛰어 날고 싶다. 그동안 힘들었던 일이 싹 날아갔다. 변준호

열일곱 명이 긴 줄넘기 겨우 열 번 넘었는데 반응이 지나치죠! 직접 겪으면 이렇게 됩니다. 아이는 도전하고 겪으며 큽니다. 실패하고 좌절감을 견디며 극복하고 이뤄 냅니다. 이럴 때는 선물을 주어야 합니다. 아이스크림 사 올 동안 써 놓은 글을 연결해서 완성합니다. 줄넘기를 어떻게 하는지 설명하고 도전하기 전의 마음, 하다가 자꾸 틀릴 때 마음, 겨우 한 번 남겨 놓고 틀릴 때 마음, 도전 성공한 뒤 마음을 씁니다.

"자, 다 썼지? 아이스크림이 왔는데 먹을까?"

"조금만요, 거의 썼어요. 다 쓰고 먹을래요!"

"어제 쓴 글과 오늘 쓴 글을 비교해 봐! 어때?"

"차이가 많이 나요. 어제는 그냥 대충 쓴 것 같아요!"

"그래, 글은 솔직하게 쓰는 게 가장 중요해. 하지만 솔직함

을 돋보이게 하는 건 자세함이야! 꼼꼼하게 생각을 붙들어 써야 해! 앞으로 이렇게 써 보자!"

예전 모습으로 돌아가면 또 자극을 주어야지요! 친구 무릎에 우리 반이 다 둥글게 앉아 앞으로 걷고 제기차기에도 도전합니다. 마을 쓰레기도 치워 보고 밤에 담력 훈련도 합니다. 형편에 맞게 도전해 보세요. 뉴스포츠는 인기 만점입니다. 무얼 하건 과정을 기록으로 남기세요. 기억이 어렴풋하게 흐려지기 전에 문장으로 붙들어 놓으세요.

좋은 글은 글을 쓰는 과정 자체에서 나옵니다. 단순히 종이를 앞에 놓고 앉아서 생각과 마음에 있는 것을 글로 표현하기 시작할 때 우리를 놀라게 하며 우리가 미처 알지 못했던 내면의 장소로 우리를 인도할 새로운 아이디어가 나옵니다.[*] 과정을 겪으세요.

대학 입시철이 되면 수백만 원짜리 고액 논술이 생깁니다. 며칠 만에 논술 쓰기 비법을 모조리 배웠다 해도 연습하지 않으면 못 씁니다. 어설프게 흉내 내고 자기는 만족할지 몰라도 논술 글을 수천 장 읽은 채점자는 압니다. 속지 마세요. 단기간의 비법은 성실함을 이기지 못합니다. 이야기하고 글을 나누세요.

---

* 헨리 나우웬 지음, 박동순 옮김, 《영혼의 양식》, 두란노, 1997, 4월 28일.

4.
글을
쓴 뒤에

완성이란 덧붙일 것이 없을 때가 아니라
제거해야 할 것이 아무것도 없을 때 이루어지는 것이다.
_생텍쥐페리[*]

붓 끝을 도끼 삼아
거짓된 것들을 찍어 버릴 각오로 글을 쓰게나.
_박지원[**]

글을 잘 쓰려면 자기가 쓴 글에 만족해야 한다.
동시에 자기가 쓴 글을 부끄러워해야 한다.
무엇보다 성실해야 한다.
_권일한

[*] 강신재 외 지음, 《좋은 글, 잘된 문장은 이렇게 쓴다》, 문학사상사, 1993, 404쪽에서
   재인용.
[**] 설흔·박현찬 지음, 《연암에게 글쓰기를 배우다》, 예담, 2008, 155쪽.

처음부터 잘 쓰는 글은 없습니다. 처음에는 누구나 실수합니다. 초등학생, 신입 사원, 신병……. 초보는 어눌하고 부족합니다. 교사도 맞춤법과 띄어쓰기를 틀리고 말이 안 되는 문장을 씁니다. 내용은 말할 것도 없습니다. 어린아이는 밖에 나갈 때 얼굴과 옷을 살피지 않습니다. 초보자는 자기 글을 누가, 어떻게 읽을지 신경 쓰지 않습니다. 자기만 이해하면 다른 사람도 이해한다고 생각합니다. 왜 고쳐야 하는지 모릅니다.

전국에서 모인 삼십 명과 독서 캠프를 할 때, 처음 만난 대안 학교 아이들과 독서 캠프 할 때, 마지막 활동으로 글 고치기를 했습니다. 캠프에서 쓴 글을 함께 보며 글의 특징에 따라 어떻게 고쳐야 할지 알려 줬습니다. 글쓰기 싫어하는 아이도 글의 가치가 바뀌는 걸 보며 고치겠다 합니다. 고쳐 쓰면 글이 빛난다는 걸 알기에 지적을 비난으로 받아들이지 않습니다. 글이 좋아지는 과정을 겪으면 고칩니다.

저는 글을 귀하게 여깁니다. 말 한마디, 스쳐 지나갈 순간,

특별한 사건을 글로 남겨야 한다고 말합니다. 수천 시간 고심하며 글을 쓰고도 수십 번 고친 작가를 말해 줍니다. 글이 자기만의 색채로 빛나게 하려면 다듬어야 한다고 말합니다. 글을 귀하게 여기고 다듬을수록 얼마나 귀해지는지 맛보게 합니다.

맞춤법과 띄어쓰기를 고칩니다. 되풀이해서 쓰는 말, 계속 나타나는 이어 주는 말을 버립니다. 줄거리 요약은 전체 맥락을 설명하는 역할이 아니라면 뺍니다. 논술이라면 논리성은 살리고 비논리성은 버립니다. 그러나 핵심은 이런 게 아닙니다. 빨간 줄 그으며 난도질하지 않습니다.

부모는 이걸 잘해 주는 사람을 전문가라고 생각합니다. 줄 긋기 첨삭은 어린이를 위한 게 아니라 그래야 안심하는 부모를 위한 일에 불과합니다. 부모는 실력이 좋아진다고 기대하지만 아이는 주눅이 들어 빨간 줄 피하는 데만 신경 씁니다.

당연히 다듬어야 합니다. 생각하는 시간, 글 쓰는 시간만큼이나 다듬는 시간이 중요합니다. 글 다듬기는 자기 글에 책임지는 시간입니다. 보기 좋게 꾸미는 게 아닙니다. 글을 밖에 내보내기 전에 지퍼가 열렸는지 확인하는 시간입니다. 자기만의 색깔이 드러나도록 알맞은 그릇에 담는 일입니다. 아이 경험과 수준을 인정하고 어깨에 손을 얹어 주세요. 글다듬기도 마음이 먼저입니다. 다듬어 쓸 마음을 갖게 해야 합니다. 과정을 함께 나누세요. 고쳐 쓰는 것만으로도 글이 얼마나 달라지

● 김미란 지음, 《어린이 글쓰기의 전략》, 들녘, 2008, 88쪽.
●● 탁동철 지음, 《달려라, 탁샘》, 양철북, 2012, 377쪽.

는지 보여 주세요.

1. 함께 다듬으세요

글이 형편없어도 아이가 형편없다고 판단하지 마세요. "글이 이게 뭐냐? 1학년도 이 정도는 쓰겠다." 하지 마세요. "급하게 쓴 것 같은데 맞니? 차분히 쓴다면 이렇게 쓰지 않잖아……", "글 쓸 때 화가 많이 났구나. 생각을 쏟아 내느라 문장에 신경 쓰지 않았네. 마음은 느껴지지만 너를 모르는 사람이 읽으면 이해하기 어렵겠다. 마음이 전해지려면 어떻게 해야 할까?" 하세요.

글만 판단하지 말고 아이를 보세요. 마음을 알아주는 사람 말은 듣습니다. '여긴 말이 안 되고, 문장이 엉터리고, 똑같은 말을 되풀이했군……' '여긴 어떻고 저긴 고쳐야 하고, 이 문장 저 문장은…….' 하면 마음을 담아 듣지 않습니다. 비교는 금물입니다. 처음부터 잘 쓰는 아이가 있는데, 아무리 노력해도 저 아이만큼 못하는데, 자꾸만 비교하면 스스로 뱁새라고 생각합니다. 비교는 아이를 벼랑 끝으로 내모는 짓입니다. 벼랑 끝으로 내몰리면 글을 안 씁니다.

때로는 꾸짖어야 합니다. 아이를 일으켜 세우기 위한 꾸짖음이 필요합니다. 꾸중해서라도 고치겠다는 마음이 사랑에서 나올 때 하세요. "너 자신을 깔아뭉개는 짓 그만해라. 왜 매번

쓰레기 더미에 들어가서 나올 생각을 안 하냐? 넌 그런 애가 아니다."라는 말을 "선생님이 나를 사랑하는구나! 기대를 갖고 있구나!"로 받아들일 때 하세요.

- 쓸 내용이 많은데 이걸 쓰려고 생각한 까닭이 뭐지? 왜 기록으로 남기고 싶었어?
- 궁금한 내용이 있어. 내가 어디를 궁금해할지 네가 맞춰봐! 너는 알지만 다른 사람은 모르는 내용이 어디에 있을까?
- 어떤 상황에서 일어난 일이야?
- 어떻게 한다는 거지?
- 너는 무얼 했고 어떤 마음이 들었어?
  "축구했는데 재미있었어요."
- 네 마음을 한 낱말로 표현한다면 무얼 쓸까?
  "재미요!"
- 재미있어서 글로 남기고 싶었던 거구나. 그런데 글을 읽어도 '재미'가 느껴지지 않아. 네가 정말 재미있게 생각하는 건 뭐야?
  "축구요!"
- 축구가 어떻게 재미있어?
  "패스하는 것도 좋고 상대방을 발 기술로 따돌리는 것도 신나고 골 넣으면 진짜 좋아요!"
- 네가 쓴 글에서 그런 느낌을 읽어 낼 수 있어? 어느 부분

에서 재미가 표현되었지?

"참 재미있었다. 여기요."

• 다른 곳에는?

"없어요."

• 이겼을 때 기쁨이 잘 나타나려면 무얼 더 써야 할까?

• 국가 대표 경기라면 누구를 몇 대 몇으로 이겼다고 해도 충분하겠지. 누가 이겼는지 결과가 중요하니까. 그렇지만 글은 결과보다는 과정이 더 중요해. 네가 어떻게 느꼈는지, 느낌이 변해 간 과정을 적어야 좋은 글이야.

제 질문에 아이가 대답할 때마다 "아, 그런 뜻이구나! 네가 설명해 주니 이제 알겠네. 너는 잘 알지만 나는 겪어 보지 않아서 몰랐어." 합니다. 처음에는 함께 나눈 이야기를 자세하게 쓰라 해도 제대로 옮겨 쓰지 못합니다. 혼내려고 불러냈다 생각합니다. 글을 읽고 궁금해서 물어보는 사람을 만난 적은 없지만 혼난 기억은 많습니다.

"대답해 봐. 이기면 왜 기뻐? 이길 때 어떻게 표현해? 진 아이는 어떻게 반응해? 네가 질 때는 어떤 행동을 하고 어떤 마음이 들어? 지금 대답한 내용으로 글을 다시 써 봐. '기쁨이 잘 드러나려면 어떻게 써야 하나?' 고민해 봐. 그래도 안 되면 다시 도와줄게." 합니다.

독서 모임에서는 여럿이 함께 고칩니다. 저뿐만 아니라 친구들도 묻고 대답하니 저와 둘이 할 때보다 좋습니다.

① "자기 글을 돌아가며 소리 내어 읽어 보자."

"어때? 들은 사람도 느낌을 말해 보자."

소리 내어 읽으면 말이 안 되는 부분이 들립니다. 읽다가 "어, 여기 왜 이렇게 썼지?" 합니다. 겸연쩍게 웃으면서 "다시 쓸 테니까 그만 읽어도 돼요?" 합니다. 마음 아픈 글을 읽다가 힘들어하는 경우가 아니라면 끝까지 읽게 합니다.

② "친구 글 들었지? 궁금한 점이 있을 거야. 질문해 볼까?"

경험과 생각을 자기 위주로 쓰기 때문에 다른 사람이 이해하도록 설명하지 않습니다. "그게 무슨 뜻이야?", "무얼 했다는 거지?", "거긴 왜 갔어?", "왜 한 거야?" 읽는 사람을 생각하지 않고 쓴 부분을 어김없이 묻습니다. 친구가 물은 내용을 자세하게 다시 써야 합니다.

③ "비슷한 생각이나 경험을 이야기해 볼까?"

친구가 생각과 경험을 말하면 자기 글이 어떤지 금세 압니다. 공감하지 않으면 "왜 공감하지 않을까? 너만의 이야기가 없거나 자세하게 말하지 않기 때문이야. 글을 어떻게 고쳐야 공감할까?" 묻습니다.

④ "반대하는 부분이나 다른 의견을 말해 볼까?"

초등학생 글뿐만 아니라 중학생 글도 자기 생각으로 치우치기 십상입니다. 다른 의견을 알려 주어 균형을 잡게 해야 합니다. 미처 생각하지 못한 부분을 듣고 다시 쓰면 달라집니다. 감정을 드러낸 글에서는 이걸 묻지 않습니다. 마음을 표현한 글은 "그렇구나!" 해야지 "그건 옳지 않아!" 하면 안 됩니다.

⑤ "다른 경험이나 관련된 책, 사회현상을 찾아보자."
아이는 보는 눈이 좁습니다. 넓게 보지 못하고 고만고만하게 씁니다. 넓게 보고 글을 쓰게 하려면 관련 이야기를 찾아 연결해서 쓰게 해야 합니다. 연관된 이야기를 찾아 주세요. 작은 일을 크게 만들어 줄 연결 고리를 찾으세요. "네 경험이 중요하다. 읽은 책, 사람이 하는 말, 관련된 현상을 연결시켜 생각을 넓혀 쓰자." 합니다.

이야기한 내용을 정리해서 다시 쓰면 처음보다 좋습니다. 그래도 처음 쓴 내용, 처음 붙든 생각을 뛰어넘기 어렵습니다. 책과 사회현상을 써도 뛰어넘지 못할 때가 많습니다. 투박하게 보이는 질그릇이라도 담긴 음식이 맛깔나다면 그릇 나쁘다고 음식 마다하지 않습니다. 그릇이 어울리지 않는다면 다른 그릇에 옮겨 담으면 됩니다. 고쳐 쓰면 되지요. 하지만 음식이 맛없다면 어림없습니다. 처음부터 다시 써야 합니다. 그래서 저는 쓰기 전에 토론합니다. 생각을 넓게 펼친 뒤에 글로 정리하게 합니다.
글다듬기를 몇 번 한 뒤에는 친구끼리 고칩니다. 내용, 문장, 글의 짜임, 낱말, 맞춤법 등을 도와줍니다. 도움이 되지 않아도 괜찮습니다. 스스로 찾아보고 친구와 이야기하다 보면 보는 눈이 넓어집니다. 비판하는 분위기라면 하지 마세요. 서로 도와준다는 마음으로, 마음이 통할 때 하세요.

글을 쓰며 행복해하는 아이를 많이 만났습니다. 엄마가 시켜서 억지로 독서 모임에 나오던 아이가 어느 날 "책이 읽고 싶어졌어요.", "글을 쓰고 싶어졌어요." 합니다. 이런 마음이 생기면 1년 배울 내용을 한 달에 배웁니다. 글을 고치면서 "내가 이렇게 글을 쓰는지 몰랐어요. 읽어 보니 참 말이 안 되네요." 합니다.

처음부터 잘 쓰는 사람은 없습니다. 함께 나누며 다듬는 시간을 가지세요. 글 다듬는 방법은 수영 기술과 같아서 직접 물에 뛰어들어 배워야 합니다. 아이마다 글 쓰는 방식이 다양해서 원칙을 적용하기보다는 직접 고쳐야 배웁니다. 화려한 기술보다는 화내지 않고, 계속 기대하며, 기다리는 마음이 중요합니다. 가르치는 사람이 기대하고 안내하면 아이가 오래오래 글을 쓸 겁니다.

2. 마음을 울리는 소리를 들으세요

글쓰기 시간에 쓸 게 없으니 '비밀'을 써도 되냐고 합니다. 좋다고, 그런 걸 써야 한다고 했습니다.

"이건 선생님이 보면 안 돼요. 그래도 괜찮아요?"

"그럼, 안 보여 줘도 돼. 다 쓰고 기분이 어떤지만 말해 줘!"

"진짜 시원해요. 속이 확 내려가요."

"마음이 텅 빈 것처럼 좋아요."

두 아이는 이렇게 답하는데 한 명은 "텁텁해요. 안 풀려요. 그래도 쓰니까 좋네요." 합니다. "그럴 줄 알았어. 그래서 쓰라고 한 거야. 나한테 안 보여 줘도 좋으니까 마음을 확 풀어야 해."라고 해 줬습니다.

마음을 주고받으면 한 일을 뛰어넘습니다. 글을 쓰고는 "선생님, 절대로 부모님께 보여 주면 안 돼요.", "누구에게는 보여 주지 마세요." 합니다. 이렇게 쓴 글은 고치지 않습니다. 개울에서 헤엄치는 물고기를 보며 '거기 살고 있구나!' 하듯 가만히 지켜보기만 합니다. 며칠 뒤에 "아직도 엄마가 힘들게 해?" 묻고 이야기 나눕니다.

중학생 독서반에서 《모모》를 공부할 때입니다. 토론하고 글을 쓰려는데 답답합니다. 유달리 힘든 날이 있습니다. 늘 함께하는 아이가 낯섭니다. 답답한 마음을 누르며 어떻게든 글을 쓰자고 하다가 '이런 상태로 글을 쓰다가는 모모를 학원에 보내는 짓을 하겠구나!' 싶어서 이야기를 들려주었습니다.

"내가 만난 아이 중에 작가가 되라고 권해 준 아이가 있어. 글 잘 쓰는 아이를 여럿 만났지만 부모님께 글 쓰는 사람이 되면 좋겠다고 말한 아이는 얘뿐이야. 집안 형편이 어려웠지. '얘는 작가가 되면 좋겠어요. 글 쓰는 기술은 배우면 되지만 얘가 가진 마음, 세상을 바라보는 특별한 시각, 마음으로 표현

259

하는 능력은 배운다고 되지 않습니다. 얘는 타고났어요. 제가 뒷바라지할 테니 작가로 키우시죠!' 엄마는 글쟁이는 배고프다며 싫다고 했어.

일기 한 번 제대로 쓴 적이 없는데 쓰는 글마다 '놀라움' 자체였어. 읽을수록 깊어. 얘가 쓴 글을 읽으면 진실하게 살아야겠다 하는 마음이 생겨. 읽으면 마음이 가난해져. 글쓰기 강의에서 아이 글을 읽으며 여러 번 울었어. 슬픈 글이 아닌데도 눈물이 나는 거야.

헤어진 지 5년이 지났네. 어떻게 사는지 궁금해서 찾아갔어. 기본이 안 된 애들이 모이는 고등학교여서 걱정이 됐어. 순수한 마음으로 글을 쓴 녀석이니 잘 살고 있을 거라 생각했어. 선생님이 안타깝게 이야기하더라구. '친구 잘못 사귀고 애가 변했다'고. 내가 보기에도 그렇더라. 술 담배에 빠졌고 글은 내던졌어. 졸업식 날 '난 네가 마음을 울리는 작가가 되리라 믿어. 언젠가는 글로 세상을 따뜻하게 할 거야. 엄마가 반대했지만 마음 잃지 말고 일기라도 꾸준히 써.' 했는데 아닌 것 같아. 그래도 언젠가 돌아오지 않을까 생각하고 있어."

왜 이야기를 꺼냈는지 모릅니다. 만나고 온 지 얼마 되지 않아서일 수도 있습니다. 괜한 이야기를 했나 하며 우울한 마음으로 기다렸는데 쓴 글이 놀랍습니다. 글도 잘 썼습니다. 기억에 남는 수업 시간보다 훨씬 잘 썼습니다. 가슴에 대고 말해서인 것 같습니다. 억지로 시간 보내는 학원 같은 곳이 아니라 의미 있는 곳이라는 마음이 든 모양입니다. 아이가 쓴 글이 마음을 울렸기 때문일 수도 있겠네요.

스티븐 킹은 "내가 무엇보다 원하는 것은 독자들이 책을 덮고 서가에 꽂은 뒤에도 그들의 정신 속에(그리고 마음속에) 한동안 잔잔한 '울림'이 남아 있는 일이다. …… 내가 원하는 것은 울림이다."[*]라고 했습니다. 이름난 작가만의 희망 사항이 아닙니다. 아이도 느낍니다. 독서량, 글 쓴 분량, 나이와 경험의 많고 적음과 상관없습니다. 써 봐야 압니다. 교실 한쪽에서 울며 쓸 수밖에 없는 마음을 느껴야 깨닫습니다.

책벌레들의 책 없는 방학을 읽고

이가진(6 여)

루스와 나오미, 레이첼과 피비는 각자의 개성이 강하다. 물과 섞이지 않는 기름처럼 자신의 주장을 굽히지 않아 고집도 세다. 하지만 이 네 자매에게 딱 하나의 공통점이 있다. 모두 하나같이 책을 좋아한다는 점이다. 인터넷 중독과 같은 것처럼 생활에 영향을 끼칠 정도이니 얼마나 책을 좋아하는지 알 수 있다.

그러나 여름방학이 되고 네 자매의 집 안에서 집수리를 해야 하는 이유로 책이라곤 요리책밖에 없는 왕 할머니 집에서 여름방학을 보내게 되었다. 아마 콘로이 부인은 네 자매가 좀 더 얌전해지길 바라기도 한 것 같다. 하루 종일 책만 읽는 네 자매에게 왕 할머니 집은 스마트폰이 없는 우리와 같았다. 책이 없으니 지루함을 달래기 위해

● 스티븐 킹 지음, 김진준 옮김, 《유혹하는 글쓰기》, 김영사, 2002, 264쪽.

네 자매는 새로운 취미를 갖게 된다.

나는 피비의 취미가 가장 마음에 든다. 피비의 취미는 양동이 낚시인데 양동이 안에는 아무것도 없고 그저 낚싯대를 넣고 생각에 잠기는 게 끝이다. 하지만 난 피비의 취미가 정말 마음에 든다. 사람마다 소중한 친구, 가족에게도 말 못 할 고민이 한 가지씩은 있다. 그런 답답한 고민들을 양동이 낚시를 하며 차근차근 생각해 보는 것도 좋은 듯하다. 누구에게도 말하지 못 할 고민들이 종종 있다. 그럴 때마다 나는 인형을 앞에 세워 두고 이야기를 나눈다. 이렇듯 다른 사람들도 나처럼 말 못 할 고민들을 푸는 방법이 하나씩은 있을 것이다.

세상에 똑같은 사람은 없다. 밥 먹는 시간도 다르고 잠자는 시간도 다르며, 옷 입는 시간까지도 다르다. 루스와 나오미, 레이첼과 피비도 마찬가지이다. 그저 남들보다 책을 훨씬 좋아한다는 점이다. 물론 왕할머니 집에서 여름방학을 지내며 책이 아닌 또 다른 취미와 자신이 좋아하는 일을 찾게 되었다. 하지만 바뀐 것은 단지 그것뿐. 콘로이 부인이 원하는 얌전한 아이들이 아닌 또 다른 개성을 드러내는 새로운 루스, 나오미, 레이첼, 그리고 피비가 될 것 같다.

초등학교 6학년이 '사람은 누구나 고민이 있다. 고민을 해결하는 방법이 서로 다르다. 저마다 다른 개성으로 살아간다.'고 썼습니다. 놀랍습니다. 양동이 낚시를 보고 이런 생각을 하다니요! 사람은 정말 다릅니다. 자기만의 세계에 빠져 글을 쓰는 아이도 있고 이상한 것에 빠지는 아이도 있습니다.

무엇을 보고 쓰건, 전에 어떤 글을 썼건 상관없이 '울림'이 있는 글을 쓸 수 있습니다. 어느 순간 번쩍 다가오는 경험입니다. 순간을 붙들고 글을 쓴 아이는 "선생님, 제가 어떻게 이런 글을 썼지요?" 하며 놀라고, 그런 글을 쓰려고 노력합니다. 글을 쓰면서 가진 환희의 순간을 향해 또 달려갑니다.

한 번쯤 다른 사람 글에 매료된 경험이 없는 사람은 남들을 매료시킬 만한 글을 쓰지 못합니다. 자기 스스로도 매료시킬 수 없습니다. 글을 잘 쓰려면 글에 빠져든 경험이 있어야 합니다. 함께 마음을 느껴야 합니다. 건성건성 글을 쓰는 아이는 다른 사람 글도 건성건성 보고 고민도 건성건성 합니다. 좋은 글을 쓸 수 없지요.

화목한 가정을

○○○(5 여)
날씨: 비가 철철 내린다.

오늘 엄마가 너무 밉다. 일을 그만두신 엄마는 예전보다 성질이 많이 날카로워졌다. 부모님들은 우리 속마음을 모른다. 나와 동생은 엄마 방에서 침대에 올라타 놀이를 했다. 그 놀이는 그냥 발로 차고 손으로 막고 하는 놀이다. 동생이랑 나랑 계속 즐겼다. 아주 기뻤다. 동생이랑 이렇게 재미있게 노는 것은 처음이기 때문이다. 계속 동생이랑 즐기다가 엄마가 들어오셨다. 나는 놀랐다. 엄마가 화가 나서인지 소리를 꽥꽥 질렀다. 그리고 나를 향해 오시더니 주먹을 불끈 쥐면서 퍽퍽퍽 세 대를 때렸다. 나는 하마터면 눈물이 날 뻔하였다. 나만 때리고 동생은 가만히 놔두는 엄마가 너무 싫었다. 갑자기 스트레스가 팍팍 쌓여 갔다.

어른들은 너무 애들 마음을 몰라. 내가 엄마한테 얼마나 잘해 주려고 애쓰는데 왜 동생을 더 아끼고 사랑하는 거냐고? 나는 내 마음을 모르는 엄마가 너무 밉다. 엄마 앞에서 크게 울고 싶지만 이모 말이 생각났다. 울려면 구석을 찾아서 혼자 크게 울고 여러 사람들이 있는 곳에서 크게 울지 말라고. 나는 이모의 말이 생각나서 크게 울지 않았다. 나는 엄마가 너무 미웠다. 내 맘을 몰라 주는 엄마가 내 심장을 찢어 놓는 건 당연한 일이지! 우리 가훈은 '화목하게 살자'다. 하지만 너무 화목하지 않다. 엄마, 아빠, 동생은 지금 화목하실 것이라고 생각하지만 나는 이미 화목의 화 자는 산산조각이 났다.

비가 철철 내린다고 썼네요. 이런 글은 고치려고 덤비면 안 됩니다. 아이 바라보고 고개 끄덕이며 "알아! 네 맘 알아!"만 해 주세요. 사춘기 전이라면 "엄마는 이러이러해서 그렇게 한 거야. 널 사랑하는 거야."라고 말해 주세요. 사춘기에 들어서면 얼굴을 가만히 보는 게 낫습니다. 조금 안다고, 도와주겠다고 어설프게 덤비지 말고 느껴 주세요. 불쌍하다는 마음으로 다가가지 마세요. 마음을 털어놓을 만한 상대가 돼 주세요. 선생님을 믿으면 아이가 먼저 묻습니다. 그때 대답하세요.

우리 오빠

○○○

우리 오빠는 몸이 불편하다. 그래서 말도, 움직이지도 못하고 항상 누워 있다. 그런 오빠를 볼 때마다 나는 오빠가 미워진다. 왜 우리 오빠가 저렇게 아파야 할까? 무슨 죄를 지었길래……. 하지만 그런 생각은 하지 말아야 한다고 생각하고 있다. 오빠가 아프고 싶어 저렇게 아픈 것은 아니니까! 동생들한테 잘해 주는 다른 오빠들을 보면 가끔은 원망스럽기도 하다. 집에서 오빠는 가끔 갑자기 운다. 소리 없이. 내 생각엔 아파야 하는 것이 억울해서 그런 것이 아닐까? 하는 생각이 든다. 그런 오빠의 모습을 볼 때 잘해 주고 오빠를 아껴 주는 동생이 되어야겠다고 다짐을 한다.

오빠가 몸이 점점 마비되어 죽어 갑니다. 뛰어다니던 아이가 일어서지 못하게 되었고, 글을 쓸 때는 누워서 천장 한 부분만 볼 정도로 나빠졌습니다. 3년 뒤에 죽었습니다. 일기로 마음을 나누다가 여기까지 보여 줍니다. 마음 깊이 감춰 둔 이야기를 들어 줄 상대로 저를 선택해 주어서 감사했습니다. 아이와 마음을 나누고 조용히 기도해 주세요. 아이 마음에 마음으로 응답하는 교사, 부모가 되어 주세요.

애니 딜러드는 "아무리 적은 양이라 해도 이미 써 놓은 훌륭한 글은 작가에게 계속 희망을 공급한다. 자긍심은 그에게 용기를 주고 앞으로 나아가게 한다."*고 했습니다. 격려와 칭찬하라는 뜻으로 받아들이세요. 또한 울림이 있는 글을 향해 달려가라는 지침으로 삼으세요. 그런 글을 만나는 기쁨을 누리시기 바랍니다.

• 애니 딜러드 지음, 이미선 옮김, 《창조적 글쓰기》, 공존, 2008, 31쪽.

3. 줄이고 지우고 짧게 쓰세요

1) 맞춤법, 띄어쓰기를 고치자
빨리 읽어 보세요.

캠릿브지대학의 연결구과에 따르면, 한 단어 안에서 글자가
어떤 순서로 배되열어 있는가 하것는은 중요하지 않고, 첫째
번와 마지막 글자가 올바른 위치에 있것는이 중하요다고 한
다. 나머지 글들자은 완전히 엉진망창의 순서로 되어 있지을
라도 당신은 아무 문없제이 이것을 읽을 수 있다. 왜하냐면
인간의 두뇌는 모든 글자를 하나하나 읽것는이 아니라 단어
하나를 전체로 인하식기 때이문다.

"캠브릿지 대학의 연구 결과에 따르면……"으로 자연스럽게
읽힙니다. 천천히 읽으면 "캠-릿-브-지-대학의 연-결-구-과에
따르면……"입니다. 글자 순서가 바뀌어도 읽는 데 지장이 없
습니다. 한 글자씩 읽지 않고 낱말을 덩어리째 인식합니다. 책
을 많이 읽는다고 맞춤법, 띄어쓰기를 저절로 잘하지는 않는
다는 뜻입니다. 글을 한 글자씩 읽지 않고 전체로 읽습니다.
띄어쓰기를 알아도 쓸 때는 틀립니다. 맞춤법, 띄어쓰기는 따
로 연습해야 합니다.
　자기 글에서 맞춤법, 띄어쓰기 틀린 곳을 찾아보라고 하세
요. 스스로 찾아 고친다면, 알지만 맞춤법을 생각하며 글을

쓸 정도는 아니라는 뜻입니다. 글쓰기 전에 '맞춤법, 띄어쓰기 생각하자.' 하거나 글 쓴 뒤에 '고쳐 보자.' 하면 됩니다. 더 스트레스 주지 마세요. 맞춤법을 몰라서 틀린다면 알려 주어야 합니다. 잠깐씩 자주 가르쳐 주세요. 자주 틀리는 표현 몇 가지를 알려 드립니다.

- '안 했다. 하지 않았다.'
  꾸며 주는 말로 쓸 때는 '안 했다'이고 서술어로 쓰일 때는 하지 '않았다'로 씁니다.
- '왠지(왜인지의 줄임말)'만 빼고 모두 '웬'으로 씁니다.
  '웬일이니?, 웬만해선, 웬 떡이야?'라고 씁니다.
- 되어로 바꿀 수 있을 때 '돼'라고 씁니다.
  '안 되나요'('안 되어나요'는 안 돼요.)
  '안 돼요'라고 써도 되지. (되어지도 말이 안 되죠.)
- '~데'는 직접 겪은 일을, '~대'는 말을 전할 때 씁니다.
  '내가 들었는데 오늘 고기 준대.'
- 며칠(몇 일)은 모두 '며칠'로 씁니다.
- '어떻게 하니?', '어떡해'는 다릅니다.
- '조용히, 얌전히, 곰곰이'는 '하다'를 붙여 말이 되면 '히',
  말이 안 되면 '이'입니다.
  단 깨끗이는 '깨끗하다'가 되지만 '깨끗히'라고 쓰지 않습니다.
- 이건 내 거, 저것도 내 거 모두 '거'라고 씁니다. '할께요'도

'할게요'로 씁니다.*

　맞춤법과 띄어쓰기를 모르면 인터넷 맞춤법 검사기를 이용
하세요. 문장을 입력하면 틀린 부분을 알려 줍니다. 마음을
쏟아 놓아야 하는 글을 가르칠 때는 맞춤법, 띄어쓰기를 말하
지 마세요. 마음을 알고 싶다면 맞춤법과 띄어쓰기라는 장애
물을 치워 주어야 합니다. 국어 시간에 쓰는 글, 형식을 갖추
어야 하는 글을 쓸 때만 강조해도 됩니다.
　1학년 가르치면서 받아쓰기를 27번 연속 0점을 맞은 아이
를 만났습니다. 국어 책에서 틀리기 쉬운 낱말 가르쳐 주려
고 미리 알려 줬지만 계속 틀립니다. 아이도 힘들고 저도 지칩
니다. 평소에 자주 쓰는 낱말이 아닌 데다가 어려운 것만 골
라 외우게 해서 이렇습니다. 몇 번 0점 맞으면 방법을 바꾸어
야 하는데 어리석었습니다. 맞히면 우쭐하고 틀리면 좌절하는
받아쓰기는 도움이 안 됩니다. 아이가 쓴 글에서 자주 틀리
는 낱말을 골라 받아쓰기하세요. 늘 쓰는 낱말을 고쳐 주세
요. '이것도 모르냐?'가 아니라 '이건 알아야 한다.'로 알려 주
세요.

　2) 문장을 짧게, 접속사를 빼고 쓰자
　베스트셀러가 다 좋은 건 아니지만 재미있기는 합니다. 어

● 배상문 지음,《그러니까 당신도 써라》, 북포스, 2009. 부록에 틀리기 쉬운 맞춤법과
　띄어쓰기가 나옵니다.

찌나 잘 표현하는지 쏙 빠져듭니다. 수만 명 지갑을 열게 만듭니다. 사실 책 좀 읽은 사람이 추천하는 책은 어렵습니다. 고전 명작은 재미도 없는 내용을 질질 끕니다.《위대한 개츠비》는 엄청난 재산을 갖고도 한 여자를 얻으려고 발버둥 치다 죽습니다.《위대한 개츠비》읽다가 화가 나서 덮어 버리고 싶었습니다.《분노의 포도》는 한 가족이 비극을 얼마나 많이 겪을 수 있는지 시험하는 것 같습니다.

《호밀 밭의 파수꾼》읽다가 짜증이 밀려오고,《백 년 동안의 고독》이 어찌나 재미없는지 노벨상선정위원회가 위선자처럼 느껴졌습니다. 처음엔 그랬습니다. 시간이 지나고 책을 많이 읽은 뒤에《호밀 밭의 파수꾼》을 다시 읽어 보니 좋습니다. 줄거리 다 아는《메밀꽃 필 무렵》을 읽다가 감탄합니다.

1910년대에 미국은 자본주의 가치가 높아지면서 인간관계가 몰락했습니다. 1920년대는 거품경제로 졸부들이 생겨납니다. 1930년대는 대공황의 비극을 겪으며 가족이 해체됩니다.《미국의 비극》은 1910년대를,《위대한 개츠비》는 1920년대를,《분노의 포도》는 1930년대를 보여 줍니다. 이야기로만 읽으면 작품의 가치를 알지 못합니다.

내용을 읽는 수준을 넘으면 시대, 저자의 삶, 문장까지 봅니다. 같은 문장이라도 '우리는', '우리가' 중에서 무엇이 좋을지 고민합니다. 작가마다 문장 쓰는 특징(문체)이 있습니다. 이게 보이면 책 읽는 재미가 더합니다. 학생들에게 이런 수준을 요구할 수는 없지만 두 가지만 고쳐도 문장이 달라집니다.

지나치게 길게 쓰는 단점을 고쳐야 합니다. 아이는 문장을 길게 늘여 씁니다. 서너 줄은 기본이고 대여섯 줄도 씁니다. '나는'으로 시작했으면 '나는'에 맞는 생각이나 행동으로 끝내야 합니다. 도중에 개가 나왔다가 사라지고 엄마가 나와서 결국 '나는'과 어울리지 않는 서술어로 끝나면 안 됩니다. 짧게 끊어 쓰도록 가르치세요. 짧게 쓰면 말이 안 되는 문장이 줄어듭니다.

미국에서도 문장을 길게 쓰나 봅니다. 나탈리 골드버그는 '넬은 그녀의 어머니와 마주치지 않기 위해 상점에 갈 예정이었다.'를 '넬은 상점에 갔다. 어머니와 마주치기 싫어서였다.'로 고쳐 쓰라고 합니다.[●] 짧게 쓰라는 말 한마디에 변하는 아이는 없습니다. 짧게 쓸 마음을 갖게 하려고 《노인과 바다》이야기를 해 줍니다. 노인이 바다에 나가 84일 동안 아무것도 잡지 못하다가 85일째 청새치를 잡습니다. 상어에게 청새치 살은 다 뜯기고 뼈만 갖고 돌아옵니다. 고기 한 마리 잡아 오는 이야기가 뭐 그리 대단하다고 노벨문학상까지 줄까요?

헤밍웨이는 전성기가 지난 노인의 모습을 통해 '인간의 위대함과 존귀함'을 보여 줍니다. 아이에게는 "문장을 짧게 써서 노벨문학상을 받았다."고 말합니다. 헤밍웨이가 쓴 짧고 간결한 문체는 당시에 파격이었습니다. 헤밍웨이를 모른다고 해도 헤밍웨이 이야기를 들으면 '문장을 짧게 써야겠다.' 생각합니

● 나탈리 골드버그 지음, 한진영 옮김, 《글쓰며 사는 삶》, 페가수스, 2010, 241~242쪽.

다. 노인과 바다 한 부분을 읽어 주면 더 좋겠지요.

이효석 이야기도 해 줍니다. 이효석은 서정성 넘치는 문장으로 마음을 사로잡습니다. 《메밀꽃 필 무렵》에는 접속사가 없습니다. 작품 《산》에도 없고 《돈》에는 '그러나'가 두세 번 나올 뿐입니다. 접속사를 쓰지 않고 글을 써 보면 얼마나 어려운 일인지 압니다. 이효석은 우리 고유의 입말까지 살려 써서 문장이 기가 막힙니다. 메밀꽃 피는 봉평은 제가 사는 곳과 가까워서 친근합니다. 글을 쓰기 전에 이효석을 말하면 이어 주는 말이 줄어듭니다.

그래도 접속사를 많이 쓰면 글에서 접속사에 동그라미를 하라 합니다. 너무 많아서 웃습니다. 표시한 접속사 중에 쓰지 않아도 되는 걸 지우라고 하세요. 몇 개 남지 않을 겁니다. 이걸 자주 하세요. 접속사가 줄어들면 문장이 깔끔해집니다.

정민 선생이 석사 논문을 쓸 때입니다. 논문 지도 스승이 '텅 빈 산에 나뭇잎은 떨어지고 비는 부슬부슬 내리는데'를 짚더니 말이 많다고 나무랍니다. "원문에 '텅'이 어디 있나?", "나뭇잎이나 잎이나 똑같지. 그놈 참 말 많네!", "떨어지고의 '떨어'도 떨어 내!", "부슬부슬 했으면 됐지 '내리는데'가 왜 필요해 부슬부슬 올라가는 비도 있다더냐?" 하시며 22자로 쓴 시를 11자로 줄였습니다. 남은 부분은 '빈 산 잎 지고 비는 부슬부슬'입니다.* 멋지지 않습니까?

• 정민 지음, 《정민 선생님이 들려주는 한시 이야기》, 보림, 2003, 152~154쪽.

3) 부사, 대명사, '왜냐하면'을 줄이자

스티븐 킹은 "부사는 여러분의 친구가 아니다. …… 지옥으로 가는 길은 수많은 부사들로 뒤덮여 있다고 나는 믿는다."*라고 합니다. 아이들은 부사(꾸며 주는 말)를 많이 씁니다. 아름답다고 해도 느끼는데 '참' 아름답다고 씁니다. 별로 느끼지 않고도 '아주', '많이', '엄청', '굉장히', '정말' 느꼈다고 합니다. 무얼 느꼈는지 모르면서 말로만 정말 많이 느꼈다고 합니다. '정말'과 '많이'는 느꼈다는 뒷말을 약화시킵니다. '정말 슬프다.'라고 쓰지 말고 얼마나 슬픈지 묘사해야 합니다. 슬퍼서 몸이 떨리는지, 눈물 나는지, 아무 말도 못 했는지……, 부모님이 싸우는 걸 볼 때처럼 마음이 아픈지, 방학 끝날 때처럼 슬픈지 써야 합니다.

국어 시간에 꾸며 주는 말을 배웁니다. 꾸며 주는 말이 좋은 글의 필수 조건인 것처럼 말합니다. 꾸며 주는 말은 멋지게 보이도록 해 주지만 함부로 쓰면 안 됩니다. 부사를 잘못 넣으면 글이 두루뭉술해집니다. 자기만의 특징이 사라진 그저 그런 글에서 벗어나려면 함부로 쓰는 부사를 빼세요.(여기서도 '함부로 쓰는'을 빼야 깔끔하죠!) 글이 자기 자신이 되게 해야 합니다. 부사를 넣어 남과 다를 바 없는 글로 만들지 마세요.

대명사도 줄여야 합니다. '이, 그, 저, 이것, 그것, 이렇게, 그렇게'가 지나치게 많습니다. 자신이 없어서 한 말을 자꾸만 되

• 스티븐 킹 지음, 김진준 옮김, 《유혹하는 글쓰기》, 김영사, 2002, 152~154쪽.

풀이합니다. 대부분 빼 버려도 됩니다. 과감하게 빼 버리라고 말해 주세요. 소설가 안정효는 "있을 수 있는 것은 모조리 없애라."*고 합니다. '있다, 것, ~수'는 하나도 남기지 말고 모두 고치라고 합니다.

'너무'나 '같다'처럼 남발하는 낱말도 모두 없애야 합니다. 좋으면 좋다고 해야지 좋은 것 같다고 하지 마세요. 마음을 표현하면서 주춤거리지 마세요. '왜냐하면 ~때문이다.'도 줄이세요. "나는 학교에 늦게 왔다. 왜냐하면 아침에 늦게 일어났기 때문이다."는 군더더기가 많습니다. '학교에 늦게 왔다. 늦게 일어났다.'면 충분합니다.

논술을 쓰면 글 첫머리에 '지금부터 ~에 관해 쓰겠다.'고 쓰는 아이가 있습니다. '남녀평등에 대해 알아보겠다.' 하는 식의 표현은 글쓰기 중계방송**입니다. 글을 중계방송하듯 쓰지 마세요. 빼 버리세요. 어휘력이 부족하면 같은 낱말을 계속 되풀이합니다. 저학년은 '좋아요'를 자주 씁니다. 친구 이야기하다가 뜬금없이 '선생님이 좋아요'를 씁니다. 고학년은 뻔한 내용을 되풀이해서 씁니다. 다 빼세요.

겹치기 표현은 고치기 어렵습니다. '저희들은'에서 '저희'는 여럿이라는 뜻이므로 '들'을 쓰면 안 됩니다. '우리들'도 마찬가지입니다. 책임감을 느낀다(감이 느낀다는 말입니다), 겉보기에 인상이 좋다, 열심히 공부에 열중한다, 피해를 당했다(보았

● 안정효 지음, 《안정효의 글쓰기 만보》, 모멘토, 2006, 44~45쪽.
●● 강준만 지음, 《글쓰기의 즐거움》, 인물과사상사, 2006, 20쪽.

다).* 역시 같은 뜻을 두 번 표현하므로 고쳐 써야 합니다. 초
등학생은 이 정도만 알아도 충분합니다. 전문가가 아닌 이상
겹치기 표현은 찾기 어렵습니다.

4) 현재형으로, 능동태로, 우리말로 쓰자

아이는 과거형을 잘 씁니다. '갔다, 했다, 먹었다, 놀았다, 뛰
었다'라고 씁니다. '갔었다, 했었다, 먹었었다, 놀았었다'는 아예
없애 버리세요. '간다, 한다, 먹는다, 논다, 뛴다'로 써야 실감
납니다. 시제 변화가 없는 글은 현재형으로 쓰세요. 특히 일기
는 지금 현장에 있다고 생각하고 쓰게 하세요.

수동태도 자주 씁니다. '먹었다'는 '먹게 되었다'로, '갔다'는
'가게 되었다'로 씁니다. 자신감이 없는 표현입니다. '열심히 연
습해서 줄넘기를 잘하게 되었다'는 말은 자기가 책임지지 않
아도 되는 문장으로 느낍니다. '열심히 연습해서 줄넘기를 잘
한다'는 잘난 척하거나 건방져 보인다고 생각합니다. 괜찮습니
다. 능동으로 쓰세요. 느낀 일을 '느끼게 되었다'라고 쓰지 마
세요.

일본이 남겨 놓은 찌꺼기로 '의'와 '적'이 있습니다. 익숙해
진 표현이지만 우리나라 말법이 아닙니다. '어머니의 얼굴에
웃음의 꽃이 피었다'는 '어머니 얼굴에 웃음꽃이 피었다'로 써
야 합니다. 이현주 작가는 《바보 온달》을 고쳐 쓰면서 일본 말

● 강준만 지음, 《글쓰기의 즐거움》, 인물과사상사, 2006, 229~230쪽.

에 영향을 받은 '○○의'를 빼는 데 힘이 들었다고 합니다.*

'○○적'도 일본어 표현입니다. '사회적 약자', '정치적 견해', '개인적 의견'은 '사회에서 약자', '정치에 대한 생각', '개인 의견'으로 써야 합니다. '의'는 빼기 쉽지만 '적'은 어렵습니다. 이미 우리 말법으로 굳어졌습니다. 되도록(가급적이 아니라) 줄여 써야 합니다.

5) 쉽게 쓰자

글을 어렵게 쓰는 아이가 있습니다. 쉽게 쓰라고 해도 낱말과 문장을 굳이 어렵게 쓰던 아이가 어느 날 "선생님, 어렵게 쓰면 사람들이 인정하지 않나요? 그렇게 생각해서 일부러 어렵게 썼어요!"합니다. 책 많이 읽고 어려운 낱말 쓰는 아이는 잘 쓴다는 칭찬을 듣습니다. "어쩜, 쓰는 낱말 좀 봐! 어떻게 하면 저렇게 똑똑해질까?" 하는 소리를 듣고 자란 아이는 쉽고 편하게 쓴 글을 유치하게 생각합니다. 자신이 이런 아이였다고 고백하는 선생님을 만났습니다. 초등학교 1학년 담임인데 아이를 이해하지 못하겠다며 답답해합니다. 1학년이 유치해서 힘들고, 순진한 아이를 이해하지 못하는 자신을 힘들어합니다.

쉬운 낱말을 쓰면 창피한가요? 잘못된 생각입니다. 전문 서적이 어려운 건 어쩔 수 없습니다. 그러나 쉬운 말로 써도 되

• 이현주 지음, 김호민 그림, 《바보 온달》, 우리교육, 2003. 서문을 보세요.

는 글을 군이 어렵게 쓰는 사람이 있습니다. 한글 창제를 반대한 최만리를 스승으로 삼은 듯, 어려운 낱말로 도배를 합니다. 한자를 쓰면 유식하다고 생각하는지 죽은 사람 대신 '사망한 자'라고 씁니다. '요즘 신문 기사를 보면 죽은 인간은 한 사람도 없고 모두 사망한 놈뿐'[*]이라는 비판이 틀리지 않습니다.

아이가 '스승상'이 무슨 뜻이냐고 묻습니다. 스스로 알게 하려고 '인상', '허상', '몽상', '망상', '실상'을 되물었습니다. '상'이 대상에 대한 생각을 뜻하는지 못 찾습니다. 뜻을 모르면서 마구잡이로 씁니다. 정확한 뜻을 모르고 글을 쓰니 말이 안 됩니다.

당나라 시인 백낙천은 시를 쓰면 농부에게 읽어 주고 이해할 때까지 몇 번이고 고쳐 썼습니다. 백낙천의 시는 쉬우면서도 뜻이 깊어 오래도록 사랑을 받았습니다.[**] 표현이 쉽다고 가치가 떨어지지 않습니다. 《어린 왕자》, 《아홉살 인생》은 초등학생도 읽을 정도로 쉽지만 어른에게도 정말 좋은 책입니다.

이현세는 "사람들은 내게 만화 잘 그리는 법을 묻곤 한다. 그러면 나는 화장실 낙서처럼 그리라고 주문한다. 화장실 낙서는 재미있다. 정직하기 때문이다. 익명으로 그린 그림이기에 자기의 내면과 성적 욕구에 솔직하다. 그림이 세련됐는가 아닌가는 나중 문제다. 글도 마찬가지라고 생각한다. 작가가 중학교 1학년이라면 그에 맞는 자신의 이야기를 정직하게 쓰고 그림을

• 강신재 지음, 《좋은 글, 잘된 문장은 이렇게 쓴다》, 문학사상사, 1993, 355~356쪽.
•• 위 책, 409쪽.

그러면 최소한 또래들은 재미있게 본다. 그런데 그림 좀 잘 그린답시고 여기저기서 인용해 고등학생처럼 꾸미면 정작 고등학생들은 절대 보지 않는다. 중학생은 무슨 말인지 몰라서 못 보고 고등학생은 같잖아서 안 보는 식이다."라고 말합니다.*

쉽게 쓴다고 가치가 떨어지지 않습니다. 어려운 말을 써서 글의 가치가 높아지지 않습니다. 어른 흉내 내려다 같잖은 글로 만들지 말고 정직하게 써야 합니다. 쉬운 말로 써도 생각과 논리를 잘 드러내면 충분히 통합니다. 말은 쉽되 수준 높은 글을 목표로 삼으세요.

멋지게 살아가는 이웃에게 "살아가는 모습이 참 멋집니다. 살아온 이야기를 글로 써 보세요. 책으로 낼 만한 가치가 있습니다." 권하면 "내가 무슨, 이 정도 이야기를 어떻게 책으로 냅니까?" 합니다. 대단한 사람이 어려운 표현을 써서 내는 게 책이라 생각합니다. 책을 귀하게 여기던 선비의 가치관입니다. 지금은 다릅니다. 소박한 삶을 담은 이야기가 얼마나 귀한지요! 우리가 겪는 하루하루가 소중합니다. 쉽게 읽고 편하게 나누는 이야기가 귀합니다. 굉장한 '그들의 이야기'가 아니라 '이웃 사람 이야기'가 있어야 합니다.

6) 자세하게 쓰자

초등학생을 위한 글쓰기 책에 '육하원칙을 갖추면 좋은 글

---

* 이현세 지음,《신화가 된 만화가, 이현세》, 예문, 2006, 249쪽.

이 된다'고 소개합니다. '왜'와 '어떻게'만 제대로 써도 내용이 좋아집니다. '오늘 식당에 가서 맛있는 삼겹살을 먹었다.'라는 문장에는 많은 이야기가 숨어 있습니다. '왜 갔는지, 어디에 갔는지, 누구랑 갔는지'뿐만 아니라 삼겹살에 얽힌 이야기, 자주 가는 식당인지, 왜 자주 가는지, 처음 가는 곳이라면 어떻게 가게 되었는지 쓰면 좋은 글로 바뀝니다. 아이는 이런 걸 쓰지 않습니다. 자기 글을 읽는 사람이 있다고 생각하지 않습니다.

"너는 알지만 나는 전혀 모르겠다. 식당이 어떻게 생겼지? 왜 거기 갔지? 주인이랑 친해? 맛이 있어서 자주 가는 식당이야? 달걀 장조림이 맛있어서 가? 삼겹살이 특별해? 값이 싼가? 너는 가기 싫은데 아빠가 좋아하는 게 있어서 가는 거야? ……." 하면서 질문을 줄줄이 왕창하고는 아이를 빤히 쳐다봅니다. 그러고는 "봐! 선생님이 궁금한 게 너무 많지. 너는 안 써도 된다고 생각하지만 나는 아주 궁금해. 궁금해 죽겠어. 글은 읽는 사람이 충분히 이해하도록 써야 해. 그런 걸 자세하게 쓴다고 하는 거야."라고 가르칩니다. 그러고 나서 다시 씁니다.

다음에는 자세하게 쓸까요? 안 씁니다. 습관은 쉽게 고쳐지지 않습니다. 자세하게 쓰는 건 귀찮거든요. 또 되풀이합니다. "어땠어? 뭐야? 왜? 어떤 거야? ……." 줄줄이 묻고는 얼굴을 봅니다. 몇 번 이러고 나서 아이에게 자세히 쓰기를 가르치려고 쳐다보면 웃습니다. "이번에는 네가 질문해 봐. 선생님이 무얼 궁금해할까? 흐흐흐. 다음에 내가 할 말은?" 그러면 아이가 웃습니다. "이걸 알도록 자세하게 써라!!"

이런 과정을 거쳐야 자세하게 쓰입니다. 자세하게 쓰는 습관이 붙을 때까지 계속 말합니다. 지겹고 귀찮게 들리지 않도록 웃기고 살살 달랩니다. 독서반에서도 자세히 쓰라는 말을 수없이 되풀이합니다. 덩어리 문장을 그대로 두지 말고 자세하게 쪼개 쓰라고 되풀이합니다. 계속 이야기하지 않으면 대충 간단하게 씁니다.

랜디 포시는 췌장암으로 죽어 가면서 〈마지막 강의〉를 합니다. 인터뷰에서 포시는 사랑을 담은 편지와 비디오를 자녀에게 남길 계획이라고 했습니다. 앵커 다이앤 소여는 '결정적으로 중요한 것은 포시와 아이들을 연결하는 특별하면서도 구체적인 이야기'라고 권합니다. 포시는 "나는 네가 웃을 때 머리를 뒤로 젖히는 모습을 매우 사랑한다."는 말처럼 명확하고 생생한 것들을 담으려 했다°고 말합니다. "너희를 사랑한다."는 "네가 웃을 때 머리를 뒤로 젖히는 모습을 사랑한다."와 견줄 수가 없습니다. 이걸 써야 합니다.

어떻게 고칠지 모르겠으면 문장 쪼개기를 하세요. 한 문장을 세 문장으로 쪼개는 겁니다. 새로운 내용을 쓰는 게 아닙니다. 문장 안에 숨은 이야기를 세 문장으로 바꾸어 쓰는 겁니다.

난 오늘 독서 일기를 쓰고 싶었다. 그런데 일기를 쓰려다 보니 읽은 책이 없었다. 내일은 책을 읽어 독서 일기를 꼭 쓸 것이다.

• 랜디 포시·제프리 재슬로 지음, 심은우 옮김, 《마지막 강의》, 살림, 2008, 254쪽.

4학년 일기인데 이게 다입니다.

각 문장을 세 문장으로 쪼갭니다. 쉽게 설명하는 겁니다.

1. 난 오늘 독서 일기를 쓰고 싶었다.

1-1. 저번 주에 아빠가 독서 일기를 쓰자고 했다.

1-2. 난 그때 일주일에 한 번 독서 일기를 쓰기로 했다.

2. 일기를 쓰려다 보니 읽은 책이 없었다.

2-1. 그래서 독서 일기를 못 쓰게 되었다.

2-2. 이럴 줄 알았으면 책을 한 권이라도 읽는 건데…….

3. 하지만 이미 늦어 버려서 어쩔 수가 없다.

3-1. 내일은 책을 읽어 독서 일기를 꼭 쓸 것이다.

3-2. 고조선을 읽을 것이다.

3-3. 무척 재미있어 보이기 때문이다.

처음 쓴 1, 2, 3을 세 문장으로 만들면 됩니다. 세 문장으로 쓴 글을 아홉 문장으로 쪼개면 괜찮게 바뀝니다. 별것 아니지만 교사를 대상으로 한 연수에서 '문장 쪼개기'가 도움이 되었다는 분이 많습니다. 새로운 내용을 생각하라는 게 아니라 한 문장을 세 문장으로 설명하는 거라 쉽게 받아들입니다.

자세히 쓰라는 말만으로 부족해서 '세부 묘사(자세하게 쓰기)'를 설명한 책*을 읽어 줍니다. 이 책 참 좋습니다. 세부 묘사는 자세하게 묘사하는 방법입니다. 읽어 주기만 해도 도움이 됩니다. 자세하게 쓰면 칭찬해 주세요. 다른 아이가 칭찬 듣는 소리만 들어도 세부 묘사가 좋아집니다.

4. 가치를 나눠 주세요 – 문집

글쓰기 비법을 딱 하나만 꼽으라면 '가치 부여'입니다. 가치를 부르짖으세요. 가치를 느끼면 글을 씁니다. 글이 얼마나 가치 있는지 저는 글로 아이를 기억합니다. 글에서 삶을 읽고 기쁨을 누립니다. 가치를 느끼는 가장 좋은 방법이 '기록'입니다. 기록은 가치를 만들어 남기는 활동입니다. 기록하면 자랍니다. 아이를 키운 과정이 고스란히 기록으로 전해진다면 부모 모습이 달라지지 않을까요? 교사로 지낸 나날이 모두 기록으로 남는다면 지난해와 똑같은 올해를 보내지는 않을 겁니다. 저는 꾸준히 가족 신문을 만듭니다. 날마다 기록한 묵상 글을 남깁니다. 독서반, 독서 캠프 문집을 남깁니다.

다달이 학급 문집을 만듭니다. 학년 말에 추억으로 받아 가는 문집과 다릅니다. 공부 시간에 쓴 글, 일기, 시, 미술 시간에 그린 그림, 행사 사진……, 넣어서 다달이 냅니다. 다달이 내는 문집은 피드백 효과가 큽니다. 며칠 전에 일어난 일을 친

● 게일 카슨 레빈 지음, 김연수 옮김, 백지원 그림,《행복한 글쓰기》, 주니어김영사, 2008. 46~48쪽.

구가 어떻게 생각하는지 읽습니다. 같은 사건을 다르게 생각하는 글도 만납니다. 생활지도에도 좋습니다. 친구 글을 읽고 글쓰기에 자극을 받습니다. 내가 쓴 글이 인쇄되어 책으로 나오는 기쁨은 정말 큽니다. 다음 문집을 기다리며 즐겁게 글을 씁니다.

첫 장에 문집 이름 하나만 있고 남은 부분 모두 글로 채워도 됩니다. 글을 나누면 아이뿐만 아니라 학부모도 변합니다. 아이 생활이 가득 담긴 문집을 다달이 받은 부모는 학급 문집 애독자가 됩니다. 두 번째 문집을 나눠 주는 어린이날 즈음에 숙제를 냅니다.

"얘들아, 집에서 숙제하라는 잔소리를 많이 하시지! 이번에는 부모님이 하는 숙제를 내 줄 거야! 문집 보여 드리고 소감을 써 달라고 해 봐. 숙제니깐 꼭 써 달라고 그래. 숙제하라고 잔소리 들은 만큼 너희가 잔소리를 해 봐! 부모님이 숙제 잘하면 너희도 잘할 거라고 해. 그러면 써 주실 거야! 대신 선생님께 보내는 편지가 아니라 문집 읽은 소감을 써 달라고 해! 나한테 편지 쓰는 분들이 많았거든. 알았지! 평소에 잔소리 많이 들었으니 이번에 너희가 잔소리해 봐!"

시영이, 시현이 엄마

문집 〈그루터기〉를 계속 읽으면서 우리 아이들의 미처 몰랐던 생각뿐만 아니라 학교 아이들 마음을 이해하고 알게 되었다. 그래서 동네에서나 어디에서 만나게 되어도 더욱 친근감이 들고 말 한마디라도 마음이 통하는 대화를 할 수 있게 되어서 기뻤다. 처음에는 <그루터기>를 읽었을 때 글쓰기에 서툴렀던 우리 <그루터기> 아이들이 몇 달이 지난 지금은 자신들의 생각을 더욱 잘 표현하고 아이들이 쓴 글이 문집에 실리니까 아이들 스스로 뿌듯해하고 성취감을 느낀 것 같다.

　마을 아이들은 사실 시골에서 가정환경이나 시내 아이들처럼 문화적인 환경에 익숙하지 않기 때문에 소극적으로 살기 쉬운데 자신도 할 수 있다는 적극적인 마음과 긍정적인 생각이 심어지는 것 같다. 더욱 중요한 것은 <그루터기>를 통해 아이들 간에 서로에 대해 몰랐던 성격이나 마음을 글을 통해 알게 되면서 서로 친구를 이해하고 또 배려하는 모습이 보인다. 아직은 서로 사랑하는 법이 서투르지만 서툰 모습 그대로 정말 사랑스럽고 대견한 것 같다. <그루터기>는 우리 아이들에게 없어서는 안 될 서로의 마음을 읽을 수 있는 마음의 돋보기와도 같다.

　어느 날 시내버스 안에서 마을 사람이 아닌 분이 출장소에서 <그루터기>를 읽고 무척이나 감동적이어서 좀처럼 하지 않는 학교 홈페이지에 글을 남기셨다고 하셨다. 마을 어른과 여러분들이 <그루터기>를 통해 학교의 행사나 아이들에게 더욱 관심을 갖게 되는 계기가 된 듯하다. 우리 아이들의 순수하고 깨끗한 마음을 산과 강에서 맘껏 뛰어놀며 체험하고 책을 접하면서 우리 아이들만 할 수 있는 이야기들로 <그루터기>에서 마음껏 표현했으면 하는 바람이다.

학부모와 아이가, 가정과 학교에서 글로 마음을 나누는 기쁨을 보고 싶으세요? 문집을 만드세요. 형식은 간단합니다.

A4 크기로 만든다면 1면 문집 이름, 발간일, 학급 소식 또는
우리 반 한 명에 대한 소개나 설명 2~3면 공부 시간에 쓴 글
이나 과제로 낸 보고서, 기록문. 4~7면 일기 글. 8면 미술 작
품, 퍼즐, 퀴즈 또는 선생님 글. 이렇게 하면 됩니다. A5 8면으
로 편집해서 A4 2장 양면으로 복사하면 쉽습니다. 일단 한번
해 보면 압니다. 만들면서 얼마나 즐거운지 놀랄 겁니다.*

문집을 읽고

○○○(6 여)

엄마가 없다. 이럴 땐 문집을 봐야 한다. 아직은 문집을 자세하게
읽어 보지 못했다. 일기를 쓰면서 문집을 읽고 있다. 선영이 글이 보인
다. 선영이는 글을 참 잘 쓰는 것 같다. 어떻게 저렇게 긍정적이면서
도 자기 생각을 잘 표현하는지…… 한덕이도 보면 괜찮은 것 같다.
얼굴을 보면 싫다. 하는 행동, 말…… 에휴 싫다. 형태 글이다. 형태
는 말도 귀엽고 얼굴도 귀엽고 글도 귀엽다. 대근이 글. 오늘 생각한 건
에 그렇게 싫던 대근이가 귀엽다. 달라는 것은 다 준다. 멍청한 순댕
이다. 신애 글이다. 가장 재미있는 글이다. '흰머리', '엄마 죽지 마'
정말 재미있다.

내 글이다. 몇 장 넘겨 보니 나온다. 난 폭 내 글을 읽고 지나간다.
이상하다. 한 장 넘겨 보니 내 글이 하나 더 있다. 읽어 보니 '아이들
의 희망을 갉아먹지 말아야지!'라는 말이 있다. 들으면 좋은 말인데

• 우리교육에서 펴낸 《빛깔이 있는 학급문집 만들기》를 참고하세요.

희망이 무엇을 의미하는지 모르겠다. 희망, 희망 모르겠다. 빛날 희 자인가? 국어사전을 찾아봤다. 빛날 희 자는 아니다. '어떤 일을 이루고자 또 그걸 얻고자 하는 바람'이라고 쓰여 있다. 아, 이제야 알겠다. 우리가 바라는 것이나 원하는 것을 없애지 않겠다는 뜻이다. 맞는지는 모르겠다. 그냥 느낌이다.

첫 번째 문집에서 선생님 글을 봤다. 차라리 실망하더라도 더 많이 기대하고 싶다고 그랬다. 무리이다. 우리에게 더 많이 주고 더 많이 기대한다는 것은…… 인간은 악에서 헤어날 수 없는 곳까지 왔다. 아직 순진할 것만 같은 아이들에게 실망이 이만저만이 아닐 것이다. 질투하고 시기하고 싸우고 울고 이 자체가 순진하고 어린 가시라고 생각할 수 있지만 나는 아니라고 생각한다. 독거미의 거미줄에 걸리고 말았다. 거미가 벌레를 잡아먹는 그때 우리는 죽음을 맞이하는 것이다. 악과 선이 갈라진다. 세상에서 가장 아름다운 이야기처럼 그 이야기에 나오는 천진난만한 아이처럼 그렇게 아름답다면…… 죽는 것은 없을 것 같다. 하지만 악과 선의 한계는 어디이며 무엇이 기준인지 모르겠다. 도대체.

5월 문집을 읽고 6월 21일에 쓴 글입니다. 이렇게 풀어냈기 때문에 더 밝은 세상을 살아가지 않을까요? 생각이 깊어지지 않았을까요! 아이가 고등학교 다닐 때 힘들어한다는 말을 듣고 담임선생님과 함께 자주 기도했습니다. 글은 고민하게 하고 생각하게 합니다. 그게 글을 쓰는 이유 아닙니까!

<그루터기>를 돌아보며

진가원(6 여)

1년 동안 글을 썼다. 처음에 <그루터기>를 읽기 전에 <그루터기>가 무엇인지 몰랐고 글을 잘 쓸 수 있다는 희망이 없었다. 그런데 <그루터기>가 나올 때면 글을 못 쓴다는 희망을 접고 차츰차츰 나아지기 시작했다. 희망을 가졌기 때문이다. 그리고 다른 사람 글을 읽으면서 생각을 알 수 있었다. <그루터기>는 나에게 희망을 준 신문이다. <그루터기>가 없을 때 난 그냥 작은 나무뿌리였다. <그루터기>를 읽고 다른 사람의 처지를 생각해 보면서 나무가 돋고 점점 크게 되었다. 내년이면 <그루터기>가 사라진다. 졸업하기 때문이다. 하지만 지금 <그루터기>를 읽으면서 내가 얼마만큼 자랐는지 <그루터기>를 통해 알아볼 것이다. <그루터기>는 나를 키운 나무이고 생각을 깊게 만들어 준 소중한 나무이기 때문이다. <그루터기>가 다른 학교로 가도 다른 학교 사람들이 <그루터기>를 보며 많은 것을 느끼고 배웠으면 한다. <그루터기>는 글도 못 썼던 나를 생각의 나무로 바꾸었기 때문이다.

체스터튼은 "희망이란 절망적인 상황에서 유쾌해질 수 있는 힘"*이라고 했습니다. 글은 절망을 희망으로 바꿉니다. 함께 나누세요.

---

* 앤 라모트 지음, 송정희 옮김, 《글쓰기 잘 쓰기》, 중앙일보사, 1996, 63쪽.

작가는 의지와 노력으로 글을 씁니다. 2011년에 우리나라 청소년이 가장 좋아하는 작가로 뽑은 베르나르 베르베르는 20년 이상 관찰하고 《개미》를 썼습니다. 베르베르처럼 해야 한다면 견뎌 낼 학생이 없습니다. 초등학생은 작가가 아닙니다. 표현하고자 하는 바를 알맞은 형식에 맞게 쓰는 수준이면 됩니다.

초등학생을 위한 글쓰기에서 가장 중요한 것은 '쓰고자 하는 마음'입니다. 글은 마음에서 시작합니다. 잘 쓰려는 의지와 글을 고치려는 노력이 필요합니다. 글쓰기 역시 행운보다는 노력입니다. 하지만 마음 없는 의지와 노력은 아이를 절망으로 내몹니다. 공책을 펼치는 순간 갖는 마음이 정확한 설명과 확실한 기법보다 중요합니다.

글 쓰는 일을 소명으로 삼고 살았던 권정생 선생님 이웃은 "그 사람 유명해질라 해서 그런 거 아이고, 보고 느낀 거 가지고 글을 쓴 기라, 개똥벌거지가 어떻게 움직이나 이런 거 보고 듣고 느낀 거 가지고 글을 쓴 기라."* 말합니다. 돈과 유행을 따라가지 않는 마음, 개똥벌거지 보고 쓰는 마음이 귀합니다. 《강아지똥》이 훌륭한 이유는 선생님이 연필을 드는 순간 가진 마음이 귀하고 아름답기 때문입니다.

방송에 기록의 달인들이 나옵니다. 일기를 수십 년 쓴 사람도 있고 이웃과 나눈 대화나 겪은 일을 빼곡하게 적기도 합니다. 마음이 시켰기 때문에 열심히 씁니다. 기록이 이웃과 모여 앉아 이야기 나누는 통로가 되고 추억 저장소가 되지만 쓰는 사람은 별 뜻 없이 마음 가는 대로 썼습니다.

'써야 한다'를 '쓰고 싶다'보다 앞세우지 마세요. '의지와 노력'보다 쓰고 싶은 마음을 갖게 도와주어야 합니다. 글은 마음에서 시작합니다. 온전한 글쓰기는 자신과 이웃, 자연과 사회를 자신만의 시각으로 바라보면서 시작합니다. 자기만의 생각을 글에 담아 보관합니다. 글을 쓰면서 마음에 품은 생각을 정리합니다. 중요한 것은 기법이 아니라 어떤 마음으로 기법을 사용하느냐에 있습니다. 수단으로서의 글쓰기가 아니라 낮은 곳에서 세상을 바라보는 눈, 자신을 올바로 바라보는 눈으로 써야 합니다.

많은 분들이 저를 만난 아이는 좋겠다고 말합니다. 잘 모르고 하는 말씀입니다. 아이를 만난 제가 행운아입니다. 아이 글을 만나지 않았으면 이해하지 못하고 마음대로 했을 겁니

• 〈고래가 숨 쉬는 도서관〉, 2007년 가을호, 30쪽.

다. 받아 주기보다 밀쳐 냈을 거고요. 글을 나누어서 변한 사람은 바로 접니다. 글을 읽으며 아이를 다른 눈으로 보게 되었습니다.

한 아이 한 아이 글이 마음에 남아 있습니다. 어떤 글은 기쁨과 힘을 줍니다. 개그 프로그램보다 웃긴 글도 있습니다. 어떤 글은 눈물이 나고 아픕니다. 아무에게도 보이고 싶지 않아 깊이 숨겨 둔 비밀을 털어놓고 아파하면서, 아픔을 드러냈다는 사실만으로도 위로받던 아이도 기억납니다. 비행기가 공습하듯 아픔을 적어 나간 아이는 글을 쓰는 행위를 치유로 받아들입니다. 쓰고 또 쓰고…… 쓰다가 울고…… 친구와 나누다가 울고…….

일기에 비밀을 털어놓습니다. 시에 마음을 담고 상담 글쓰기를 하며 외칩니다. 무엇과도 바꿀 수 없는 귀한 보석입니다. 글에는 아픔과 슬픔을 내보인 아이의 진심과 용기가 들어 있습니다. 아픈 과거를 끄집어내어 이겨 내려는 의지가 담겨 있습니다. 글은 마음에 보물로 남아, 아픔과 맞서는 다른 아이에게 힘과 용기를 줍니다. 글은 아이를 보여 줍니다. 저는 글로 아이를 만났습니다.

T. S. 엘리엇은 글쓰기를 '표현할 수 없는 것에 대한 공습'이라고 했습니다. 표현하지 못해서 답답해하던 아이가 계기를 만나 글로 쏟아 내고 쏟아 냅니다. 마음이 슬프고 아파서, 차마 표현할 수 없어서 묻어 둔 것을 글로 공습한 거라 생각합니다. 속에서 곪아 썩어 가는 것을 꺼내 깨끗하게 하는 거죠.

글을 쓰면서 울고, 울면서 회복하는 아이는 아름답습니다.

표현할 수 없는 것을 공습하듯 글을 쓴 아이가 자라서 어떻게 살아갈까 기대합니다. 아무것도 모르는 제게 마음을 열어 준 아이 모두에게 감사합니다. 글을 쓰며 함께 울고 웃었던 소중한 시간이 마음에서 열매를 맺게 했습니다. 글을 쓰면서 마음을 풀어 가는 아이가 가득하길 기도합니다.

"애들아, 너희를 만나 내가 더 많이 배웠단다. 사랑한다."

동화를 읽으며
글쓰기를 가르치는
독서 토론(5~6학년)

독서 감상문은 책을 읽고 마음에 남은 흔적을 쓴 글입니다. 책이 남긴 인상이 깊을수록 글을 잘 씁니다. 책을 많이 읽는 아이는 내용을 잘 파악합니다. 그러나 인물의 특징, 일이 일어난 순서를 잘 알아도 글을 쓸 때는 줄거리를 요약해서 쓰거나 판에 박힌 정답을 씁니다. 경험을 책과 연결 지어 생각하지 못 하기 때문입니다.

《빨강 연필》*을 함께 읽어 보면 아이들은 재규와 민호, 수아 사이에서 일어난 일을 잘 찾습니다. 독서 골든벨에서 문제를 대부분 맞힙니다. 그러나 책과 자신을 연결하지 못합니다. 자신의 삶에서 '빨강 연필'이 무엇인지 생각하지 못합니다.

저는 책과 아이들을 연결해 주려고 독서 토론을 합니다. 어떤 질문을 해야 아이들이 책을 자기 이야기로 연결할까 고민하며 발문합니다. 아이들 삶에서 '빨강 연필'이 무엇인지 찾게

● 신수현 지음, 김성희 그림, 《빨강 연필》, 비룡소, 2011.

하려고 배경지식, 대상 도서 내용, 아이들 삶으로 이어지는 질문을 합니다. 첫 시간에는 주로 대상 도서 내용을 얼마나 이해했는지 알아봅니다. 책을 이해하지 못하면 경험이나 고민과 연결하지 못하겠지요.

●대상 도서 내용을 알아보기 위한 발문●

1. 민호는 어느 날 수아에게 말하지 못할 비밀이 생긴다. 어떤 비밀일까?
2. '빨강 연필'에 대해 알고 있는 사실을 모두 찾아보자.
3. 민호네 집 형편이 어떤지 설명해 보자.
4. "그때부터였을 것이다. 민호는 일기를 쓸 때 다른 사람이 봐도 괜찮을 내용만 썼다. 정 쓸거리가 없으면 예전에 썼던 일기를 보며 내용을 조금 바꿔서 다시 써내기도 했다. 그리고 비밀 일기장을 만들었다."(33쪽) 민호가 이렇게 한 까닭은 무엇일까?
5. '빨강 연필'이 민호 대신 써 준 글이 무엇인지 설명해 보자.
6. 책에는 여러 인물들이 나온다. 핵심 인물 다섯 명을 정하고 특징을 간단하게 적어 보자.
7. 민호가 쓴 글 '우리 집'은 무엇이 문제인가?
8. 민호는 수아를 만나 시금치에 대한 이야기를 나눈다. 어떤 내용일까?

9. 엄마는 왜 갑자기 쿠키를 굽게 되었을까?

10. 동그라미 백일장에서 일어난 일을 설명해 보자. 백일장 결과는 어떻게 되었을까?

20분 정도 각자 답을 찾게 합니다. 잘 찾지 못한다면 책을 안 읽어서 못 찾는지, 다 읽었지만 제대로 읽지 않아서 못 찾는지 확인합니다. 확인한 뒤에 모르는 내용을 책에서 찾아보라고 합니다. 제대로 읽지 않으면 책을 보고도 못 찾습니다. 문제를 다 풀면 정답을 맞힙니다. 10초 안에 답 맞히고 끝내지 않고 5분 이상 관련 이야기를 나눕니다. 그러다가 아이들 삶과 연결할 수 있는 순간을 찾으면 책 이야기에서 우리 이야기로 옮깁니다. 문제를 다 풀고 나면 책 내용을 자세하게 이해합니다. 그러면 "'빨강 연필'을 무엇을 뜻할까? 우리 각자에게 '빨강 연필'이 무엇일까?" 묻습니다.

둘째 시간에는 책 내용을 깊이 나눕니다. 미리 준비한 질문을 하고 대답에 맞춰 관련 질문을 더합니다. 예를 들어 "민호는 어느 날 수아에게 말하지 못할 비밀이 생긴다. 어떤 비밀일까?" 물은 뒤에 "민호가 감추고 있는 비밀을 모두 찾아보자." 고 합니다. 민호는 수아의 유리 천사를 깨고도 시치미를 뗍니다. 저절로 글을 써 주는 '빨강 연필'만 믿고 친구, 선생님, 엄마를 속이고 자기 자신까지 속이는 지경에 이릅니다. 아이들이 민호의 비밀을 열심히 찾아 말할 때 대뜸 묻습니다. "비밀이 많아야 좋을까? 적어야 좋을까?" 그러고는 "여러분이 가졌던 비밀이나 지금도 갖고 있는 비밀 중에 고백할 수 있는 비밀을 이야기해 보자."고 합니다.

다른 예를 들어 볼까요?

1. 수아의 유리 천사가 없어지고 나서 아이들 사이에 어떤 대화가 오갈까?

1-1. 작가가 민호의 불안한 마음을 어떻게 묘사하는지 책에서 찾아보자.

1-2. 유리 천사를 찾기 위해 교실에서 어떤 일이 일어나는가?

1-3. 이 사건 때문에 민호는 학교에 가기 싫어한다. 이런 이유로 학교에 가기 싫어하는 게 말이 될까?

1-4. 여러분은 언제 학교에 가기 싫어졌나? 민호 같은 경우가 있었나?

대상 도서에 따라 문장을 나누기도 합니다.

문장 1. "너무 오랫동안 쓰지 않았더니 이제는 뭘 써야 할지 모르겠어. 쓸 게 생각나지 않아."(76쪽) 정말 그럴까?

(일기를 한 번 안 쓰면 계속 쓰기 싫어진다. 오랜만에 쓰면 무얼 쓸지 모른다. 글은 계속 써야 한다. 그러면 쓸 게 계속 생각난다. 쓰지 않으면 쓸 게 도무지 생각나지 않게 된다.)

문장 2. "우리 집. 우리 집에 대해서는 정말이지 쓸 게 없었
다. 아빠가 집에 없다는 것을 쓰고 싶지는 않았다. 엄마
가 회사에 다녀서 학교를 마치고 집에 가면 혼자 있다는
것도 쓰기 싫었다. 물론 엄마가 자신을 사랑한다는 건 알
지만, 그것만으로 '우리 집'을 다 채워 쓸 수는 없었다. 전
에는 어디 놀러 가거나 맛있는 거 먹는 일에 대해 쓰기
도 했지만, 이제 그런 걸로는 부족했다. '우리 집'을 쓰려
면 뭔가 더 있어야 했다."(79쪽) 어떻게 생각하는지 말해
보자. 감추어 둔 비밀을 확 쓰는 게 속 시원하고 좋지 않
을까? 아니면 자기만의 비밀로 감추고 뭔가 더 필요한 걸
찾아 속여서 써야 할까?

(찬반 토론-속이는 게 옳지 않다는 점에서 접근하지 말고 그럴
만한 용기가 있느냐는 점을 토론해야 한다. 찬반 토론한 뒤에 어
느 편이 이기느냐 따지지 말고 '용기 내서 속 시원하게 쓰자'고
말한다.)

문장 3. "'이건 새빨간 거짓말이야!' 민호는 심장이 떨려서
빨강 연필이 쓴 글을 제대로 읽기 힘들었다."(81쪽)
3-1. 민호는 왜 이렇게 생각했을까?
3-2. 여러분도 민호처럼 느낀 때가 있나?

둘째 시간을 마무리하며 재규와 민호, 재규 글과 민호 글의
차이점을 찾아보았습니다. "작가가 민호를 좋게 평가해서 우

리는 재규에게 편견을 갖기 쉽다. 공정하게 평가할 때 재규와 민호의 장점과 단점은 무엇일까?" 재규는 글쓰기를 좋아하고 열심히 노력하지만 마음을 표현하기 위해 쓰지 않고 자신을 과시하기 위해 씁니다. 친구는 안중에도 없고 최고가 되기 원합니다. 민호는 글을 쓴다는 게 어떤 의미를 가지는지 고민하며 알아 가는 반면에 '빨강 연필'로 거짓말을 썼습니다. 대상 도서는 민호가 '빨강 연필'을 버리고 자기만의 글을 쓰는 걸로 끝나지만 현실에서는 '빨강 연필'을 버리기 어렵습니다.

셋째 시간에는 책의 주제, 작가가 책을 쓴 까닭을 찾고 글을 씁니다.

1. "빨강 연필은 민호가 글을 잘 쓰도록 도와준다. 민호를 뛰어난 존재로 만들어 주지만 무언가 부족하다. 무엇이 부족한 걸까?" 물었습니다. '빨강 연필'은 좋은 결과를 가져다주지만 민호 실력이 좋아지는 게 아닌 데다가 거짓 글이어서 불안감에 시달린다고 대답합니다. 상장과 친구들의 칭찬, 엄마의 기대는 축복이 아니라 언제 떨어질지 모르는 벼랑 끝에 세우는 거라고 합니다.

2. '빨강 연필'이 무엇을 나타내는지 토론하고, '빨강 연필'과 비슷한 역할을 하는 다른 도구들을 책이나 영화에서 찾아보았습니다. 우연히 발견한 것들이 평범한 사람을 뛰어나게 만들거나 모험으로 이끄는 이야기가 의외로 많았습니다.

3. "여러분에게 '빨강 연필'이 주어진다면 어떤 곳에 쓰고 싶은가?" 물었습니다. 부자가 되고 싶다거나 연예인이 되고 싶다는 이야기는 하지 않았지만 '목소리를 고치고 싶다.', '연예인을 만나고 싶다.'고 합니다. 소망을 이루게 해 준다면 '빨강 연필'을 사용하겠다고 글을 쓰는 아이도 있습니다.

4. 둘째 시간에 나눈 재규와 민호의 차이점을 글쓰기로 발전시켰습니다. "재규는 형식을 잘 갖춘 모습, 민호는 내용을 잘 갖추어 가는 모습을 보여 준다. 형식은 겉모습을, 내용은 속에 담은 모습을 의미한다. 형식과 내용 중에 무엇이 더 중요하다고 생각하나?" 모두 내용이 중요하다고 대답합니다. 재규는 글을 잘 쓰지만 글을 쓰는 진짜 이유를 찾지 못할 거라고 합니다. 반면에 민호는 형식은 부족하지만 마음을 담아 쓰기 때문에 형식을 차차 배우면 진짜 좋은 글을 쓸 거라고 합니다.

"민호가 쓴 글이나 다른 내용 중에서 마음에 드는 글이 있어?" 민호가 자기 마음을 솔직하게 쓴 글이 책에 나옵니다. 아이들 마음에 들 겁니다. 글을 어떻게 쓰는지 알아 가면서 민호가 생각하는 내용도 좋습니다.

"뾰록? 뺘위익? 저 새소리는 뭐라 적어야 할까. 새소리는 책에서 배운 낱말과는 달리 소리마디가 분명하지 않았다. 민호는 자신의 귀에 들리는 대로 적고 싶었다. 소리에 집중하기 위해 눈을 감았다. 쓰북, 쏩? 속이 간질간질하니 웃음이 새어 나왔다. 글자로 옮길 수 없는 오묘한 소리였다. 새로운 힘이 자신의 내부에 차오르는 것을 느꼈다.

츠와아아아. 도로를 달리는 타이어 마찰음. 소리에 촉촉한 물기가 있었다. 간밤에 이슬이라도 내렸나 보다. 먼 곳에서 버스가 정차하는 소리도 들렸다. 취위이이이쉿. 또 웃음이 나왔다. 낮이라면 다른 소음에 묻혀 들리지 않았을 소리다."(133~134쪽)

각자 좋아하는 글을 찾아 함께 읽고 이야기를 나눈 뒤에 제가 아이들에게 말합니다. "관심을 가지면 들린다. 자세히 보면 보인다. 글은 이렇게 쓰는 거다. 다른 사람이 보지 못한 걸 보고 듣지 못한 걸 듣고 생각하지 못한 걸 생각하는 거다. 뻔히 눈에 보이고 들리는데도 표현하지 못한 걸 쓰려고 귀를 기울이는 거다."

"달리고 싶었다. 소리치고 싶었다. 울음을 토해 내고 싶었다. 지금 당장 뭐라도 쓰지 않으면 온몸이 다 터져 버릴 것만 같았다."(178쪽) 이 마음을 써야 한다고 말해 줍니다.

'빨강 연필'을 쓸 때 민호가 느낀 불안감, 재규의 경쟁심, 나만의 비밀, '빨강 연필'의 의미, 형식과 내용, 소망 중에서 하나를 골라 글을 썼습니다. 넷째 시간에는 친구들 앞에서 자기 글을 읽고 생각을 나눈 뒤에 고쳐 썼습니다.

전예진(정라초 6 여)

나는 가끔 불안하다. 지금까지 사람들은 나를 뭐든지 잘하는 아이로 본다. 하지만 솔직히 그렇지도 않다. 친구들은 잘 알고 있을 테지만 나는 무엇이든 잘하는 아이가 아니다. 사람인데, 사람은 완벽하지 않은데 친구 엄마들은 나를 뭐든 잘하는 아이로 본다. 가끔 선생님도 그러실 때가 있다. 어려운 것은 나를 시킨다. 엄마도, 친구들도, 선생님도 나에게 불안감을 심어 준다. 내가 시험을 못 보면 친구들은 "예진이가 시험 못 봤대!" 이런 식으로 말하고 엄마와 선생님도 "예진이가 잘하다가 왜 이럴까? 무슨 일 있냐?" 하신다. 그럴 때마다 나는 '아, 나는 공부를 항상 잘해야 하는구나!'라는 생각에 불안하다. 불안을 친구들과 부모님에 대한 짜증으로 표출한다. 짜증을 낼 때는 모르겠는데 짜증내고 돌아보면 '내가 왜 그랬지? 정말 미안하네…….' 하는 생각을 하게 된다.

예전에는 대부분의 사람들이 날 몰랐는데 크면서 거의 다 나를 알게 되었다. 내가 외향적이어서 그런 것 같다. 나를 아는 주위 사람들 때문에 더 잘할 수밖에, 잘하려고 할 수밖에 없었다. 이제는 이런 불안에서 벗어나고 싶다. 보통 학생들처럼 눈길을 받지 않고 못해도, 잘해도 그냥 못 본 척, 모르는 척, 그냥 그런 척 지나갔으면 좋겠다. 사람들이 나를 알게 된 이상 계속 나에 대한 지적을 할 것이고 수군댈 것이다. 하지만 나는 충고는 받아들이고 수군댐과 헛소문은 그냥 못 들은 척하고 지내는 게 좋을 것 같다.

민호는 다른 사람들의 기대를 만족시키기 위해 '빨강 연필'

을 썼습니다. 예진이는 '자신을 향한 다른 사람들의 기대'로 글을 썼습니다. 예진이는 재규와 민호를 '지나친 기대에 힘들어하는 아이'로 읽었습니다. 같은 문제로 고민하기 때문입니다. 아이 마음에서 제가 모르는 고민을 보게 해 주어서 좋은 글입니다. 책을 읽고 자기만의 생각을 표현했으니 좋은 글입니다. 책을 읽으며 자기 마음을 돌아보고 글로 표현하는 모습이 아름답습니다.

저는 책 한 권을 90분씩 4주 동안 나눕니다. 책 한 권을 이해하고 글을 쓰기 위해 정한 최소한의 시간입니다. 한 권으로 1년 내내 이야기할 수도 있습니다. 책 한 권으로 한 학년 국어 수업을 다 해내는 선생님도 있습니다. 한 권을 백 번 읽는 것이 백 권을 한 번씩 읽는 것보다 좋습니다. 되풀이해서 읽으면 책을 깊이 이해합니다. 책 끝부분에서 송지아 선생님은 민호를 '날아라 학교'에 초대하며 이렇게 말합니다. "너는 용기가 있어. 자신을 돌아보고 고민하며 글을 쓸 용기."(192쪽) 오래도록 책을 읽는 이유가 이것 아닐까요? 자신을 돌아보며 고민하는 것. 한 가지 더한다면 책이 지독하게 재미있다는 것!